中国经济实验研究院实证中国系列丛书

中国的卡尔多事实研究

曹 博 著

The Research on Kaldor Facts of China

中国社会科学出版社

图书在版编目（CIP）数据

中国的卡尔多事实研究/曹博著. —北京：中国社会科学出版社，2016.6
ISBN 978-7-5161-8605-3

（中国经济实验研究院实证中国系列丛书）

Ⅰ.①中… Ⅱ.①曹… Ⅲ.①中国经济—研究 Ⅳ.①F12

中国版本图书馆CIP数据核字（2016）第170107号

出 版 人	赵剑英
出版策划	卢小生
责任编辑	谢欣露
责任校对	周晓东
责任印制	王 超

出 版	中国社会科学出版社
社 址	北京鼓楼西大街甲158号
邮 编	100720
网 址	http://www.csspw.cn
发 行 部	010-84083685
门 市 部	010-84029450
经 销	新华书店及其他书店
印刷装订	三河市君旺印务有限公司
版 次	2016年6月第1版
印 次	2016年6月第1次印刷
开 本	710×1000 1/16
印 张	16.25
插 页	2
字 数	254千字
定 价	60.00元

凡购买中国社会科学出版社图书，如有质量问题请与本社营销中心联系调换
电话：010-84083683
版权所有 侵权必究

中国经济实验研究院实证中国系列丛书编委会名单

顾　问：郝如玉　刘树成　张卓元
主　编：张连成　张　平　刘霞辉
副主编：袁富华　王　军　张自然
编　委（按姓氏拼音序）：

　　陈昌兵　陈昆亭　常　欣　龚　刚
　　李文博　刘霞辉　郎丽华　卢小生
　　田新民　徐　雪　汪红驹　王　军
　　王少国　王宏淼　吴延兵　杨春学
　　袁富华　周明生　张连城　张　平
　　张晓晶　张自然

前　言

作为全球人口最多的国家，1978年之后中国经济改革开放所取得的成绩无疑是令世界瞩目的。渐进式的改革道路使中国避免出现中东及独联体国家转型后的急剧经济衰退，从一开始中国的经济增长就超出了大部分经济学者的心理预期，保持了年均10%左右的增长率。当前，中国已步入"增速换挡期"、"转型阵痛期"以及"改革攻坚期"，那么，如何评判中国改革开放期间取得的成绩，如何看待中国由高速到中高速增长的转变，如何面对和解决"转型阵痛"、"改革攻坚"……这些问题的探讨对于下一阶段宏观经济政策的制定都是十分重要的。

本书从经济增长理论出发，基于经济发展阶段理论，将卡尔多提出的成熟工业化国家所具备的一系列典型化特征作为评判标准，对中国1978年之后的经济发展历程从资本要素和劳动要素的投入与产出角度进行分析、对比，以此判断中国当前经济增长所处的阶段以及与OECD成员国相比所处的位置。本书整体结构分为三个部分：第一部分为导论，介绍本书的选题背景、研究意义、相关研究情况、主要内容和研究方法，以及本书的创新和不足之处；第二部分是本书的主体，包括对人均资本存量增长率、资本收益率、资本产出比、劳动生产率、要素收入份额等指标的文献综述、核算方法、对比分析以及收敛性分析，并对人均资本存量增长率和劳动生产率、资本收益率和劳动收入份额之间的关系进行了总结和论述；第三部分为全书的结论及展望，对中国的卡尔多事实进行了总体论述，并对新卡尔多事实在中国的研究提出下一步的展望。

本书的创新性主要体现在：(1) 对中国的卡尔多事实的研究既是对卡尔多事实在发展中国家表现的实证补充，也是对经济增长理论的完善；(2) 对发展中国家的卡尔多事实进行研究提供给我们一把"放大镜",既放大了卡尔多事实各个指标在完成工业化之前的收敛路径,又可以判断中国在人均资本存量增长率、资本产出比等指标收敛区间所处的位置;(3)对中国卡尔多事实的研究既是对当前经济发展状况作出判断的需要,也是对新常态下结构性减速的一种理论解释;(4)对卡尔多事实的整体研究及各个指标之间关系的研究是对中国特色经济增长理论的必要补充。

在论证的过程中,本书使用了定性分析、定量分析、对比分析等多种经济学的研究方法,以定量分析和对比分析为主、定性分析为辅;以实证分析为主、理论分析为辅。其中,定量分析体现在对中国及OECD成员国及巴西关于卡尔多事实各个指标的核算上,定性分析体现在中国经济增长事实的逻辑框架的构建以及发展中国家向卡尔多事实的收敛性研究上。对比分析作为全书的主要研究方法,在第一章至第五章中均有所体现,并在第六章资本与劳动之间关系的研究中作为主要的论证方法。

目　录

导　论 ··· 1

第一节　选题背景及研究意义 ······················· 5
　一　问题的提出 ··· 5
　二　研究意义 ·· 7
第二节　研究基础 ······································ 9
　一　相关理论研究 ······································· 9
　二　相关实证研究 ······································ 11
第三节　主要内容与研究方法 ······················ 13
　一　主要内容 ··· 13
　二　研究方法 ··· 15
第四节　创新与不足之处 ···························· 16
　一　创新 ··· 16
　二　不足之处 ··· 17

第一章　人均资本存量增长率 ······················ 18

第一节　研究方法 ····································· 19
　一　关于资本形成与投资效率 ······················ 19
　二　关于资本存量的核算方法 ······················ 22
第二节　中国人均资本存量增长率的核算 ······· 29
第三节　人均资本存量增长率的国际比较 ······· 32
　一　中国和美国 ·· 32
　二　中国和日本、韩国 ································ 35
第四节　人均资本存量增长率的收敛性分析 ···· 38

第五节　本章小结 …………………………………………… 41

第二章　资本收益率 …………………………………………… 42

第一节　研究方法 …………………………………………… 42
　　一　关于资本收益率的内涵及核算方法 ………………… 42
　　二　关于资本收益率变动趋势的研究 …………………… 46
　　三　关于资本收益率的影响因素 ………………………… 47
第二节　中国的资本收益率 ………………………………… 49
第三节　资本收益率的国际比较 …………………………… 51
　　一　中国和各国平均水平 ………………………………… 52
　　二　中国和美国 …………………………………………… 54
　　三　中国和日本、韩国 …………………………………… 57
第四节　资本收益率的收敛性分析 ………………………… 61
第五节　本章小结 …………………………………………… 64

第三章　资本产出比 …………………………………………… 65

第一节　研究方法 …………………………………………… 65
第二节　中国的资本产出比 ………………………………… 68
第三节　资本产出比的国际比较 …………………………… 73
　　一　中国和各国平均水平 ………………………………… 73
　　二　中国和美国 …………………………………………… 75
　　三　中国和日本、韩国 …………………………………… 78
　　四　中国和巴西 …………………………………………… 81
第四节　资本产出比的收敛性分析 ………………………… 83
第五节　本章小结 …………………………………………… 84

第四章　劳动生产率 …………………………………………… 86

第一节　研究方法 …………………………………………… 86
第二节　中国的人均和劳均产出增长率 …………………… 87
　　一　中国的人均产出增长率 ……………………………… 87
　　二　中国的劳均产出增长率 ……………………………… 90

第三节　人均和劳均产出增长率的国际比较 …………… 97
　　　一　人均产出增长率的对比分析 …………………………… 97
　　　二　基于实物量方法的劳均产出增长率对比分析 ………… 104
　　　三　基于价值量方法的劳均产出增长率对比分析 ………… 111
　　第五节　本章小结 …………………………………………… 115

第五章　要素收入份额 …………………………………………… 116
　　第一节　研究方法 …………………………………………… 116
　　　一　关于中国要素收入份额的核算方法 …………………… 116
　　　二　关于要素收入份额的对比及影响因素分析 …………… 121
　　第二节　中国的要素收入份额 ……………………………… 124
　　　一　劳动收入份额 …………………………………………… 124
　　　二　资本收入份额 …………………………………………… 136
　　第三节　要素收入份额的国际比较 ………………………… 139
　　　一　中国和美国 ……………………………………………… 139
　　　二　中国和日本、韩国 ……………………………………… 140
　　　三　中国和OECD成员国 …………………………………… 142
　　第四节　要素收入份额的收敛性分析 ……………………… 143
　　第五节　本章小结 …………………………………………… 145

第六章　资本和劳动之间的关系 ……………………………… 146
　　第一节　人均资本存量和人均产出 ………………………… 148
　　第二节　资本收益率和劳动收入份额 ……………………… 155
　　第三节　本章小结 …………………………………………… 161

第七章　结论及展望 …………………………………………… 163
　　第一节　结论 ………………………………………………… 163
　　　一　与资本要素有关的指标不符合卡尔多事实 …………… 163
　　　二　与劳动要素有关的指标不符合卡尔多事实 …………… 164
　　第二节　中国经济增长路径的展望 ………………………… 167
　　　一　人口红利正在消失 ……………………………………… 167

  二　资本效率下降 …………………………………… 167
  三　规模供给效率递减 ……………………………… 168

附　录 ………………………………………………………… 169

参考文献 ……………………………………………………… 235

后　记 ………………………………………………………… 248

导 论

中国持续了近40年的经济腾飞让国内外经济学家喜忧参半,喜的是经济改革让国内大多数民众的生活水平有了普遍提高,忧则来自现代经济学奠基人马歇尔所言"自然并不会创造飞跃"[1]的挑战。总体而言,中国经济的发展依赖于一系列渐进的制度性改变,绝对贫困的缓解、市场制度的逐步完善以及逐渐融入全球市场都让世界开始瞩目中国。

根据IMF公布的数据,2014年按照购买力平价计算的中国GDP为17.6万亿美元,中国作为世界第二大经济体在全球增长中的占比超过1/3。[2] 选取1979年和2014年作为时点,以美国作为比较对象,以GDP、人均GDP评估中国在这几十年里的表现,如表1所示。

首先,从横向上看,1979年中国的GDP为2008.57亿美元,仅为美国的3.38%,2014年上升到52700.61亿美元,为美国的35.62%;1979年中国的人均GDP为207.28美元,相当于美国的0.78%,2014年上升到3862.92美元,为美国的8.32%。其次,从纵向上看,2014年中国的GDP为1979年的26.24倍,美国的GDP为147966.40亿美元,为美国1979年的2.49倍;2014年,中国的人均GDP为1979年的18.64倍,美国的人均GDP则为46405.25美元,为1979年的1.76倍。最后,2014年中国GDP及人均GDP的增长率分别为7.27%和6.73%,即便最近面临着新常态经济下的结构性减速,但仍保持着与1979年大致相当的发展速度;而2014年美国的GDP及人均GDP增长率相比

---

[1] 马歇尔:《经济学原理》,中国社会科学出版社1890年版,第1页。
[2] 数据来源于IMF官方网站,http://www.imf.org/external/pubs/ft/weo/2013/01/index.htm。

1979年均有所下降，仅维持在1979年的3/4左右。虽然从绝对额来看当前中国的GDP、人均GDP水平与美国相比仍有较大差距，但中国这样一个人口总量占世界人口20%以上的大国，在短短30多年的时间里能够取得这样的发展成绩无疑是非常令人瞩目的。

表1　　1979年与2014年中国与美国经济发展的绩效对比[①]

年份	GDP 中国 绝对额（亿美元）	GDP 中国 增长率（%）	GDP 美国 绝对额（亿美元）	GDP 美国 增长率（%）	人均GDP 中国 绝对额（美元）	人均GDP 中国 增长率（%）	人均GDP 美国 绝对额（美元）	人均GDP 美国 增长率（%）
1979	2008.57	7.60	59481.04	3.18	207.28	6.17	26429.56	2.04
2014	52700.61	7.27	147966.40	2.39	3862.92	6.73	46405.25	1.63

根据OECD数据库，1978—2016年间中国和美国的产出增长率[②]如表2所示，变化趋势如图1所示。可以看出，1978年之后中国产出增长率持续高于美国。中国和美国的产出增长率均于1984年达到最高点，分别为15.18%和7.26%，但中国的产出增长率是美国的近2倍；1990年中国的产出增长率降至最低点3.84%，仍比美国高出1倍；2009年美国的产出增长率降至最低点-2.78%，中国的产出增长表现仍然十分惊人，为9.21%。按照平均数计算，1978—2016年间中国GDP的平均年增长率为9.64%，而美国仅为2.76%。根据OECD数据库给出的GDP发展趋势预测，2016年中国的产出增长率为6.90%，美国为3.01%，中国仍比美国高出1倍多。

[①] 表格中GDP及人均GDP的绝对额均为2005年不变价美元，数据来源于世界发展指标数据库。
[②] OECD数据库中 Economic Outlook NO.96 对各个国家2015—2016年的产出增长率进行了相关预测。

表2　　　　　　1978—2016年中国和美国的产出增长率　　　　单位:%

年份	中国	美国	年份	中国	美国
1978	11.67	5.56	1998	7.80	4.45
1979	7.75	3.18	1999	7.60	4.69
1980	7.84	-0.24	2000	8.40	4.09
1981	5.24	2.59	2001	8.30	0.98
1982	9.06	-1.91	2002	9.10	1.79
1983	10.85	4.63	2003	10.00	2.81
1984	15.18	7.26	2004	10.10	3.79
1985	13.47	4.24	2005	11.30	3.35
1986	8.85	3.51	2006	12.70	2.67
1987	11.58	3.46	2007	14.20	1.78
1988	11.28	4.20	2008	9.60	-0.29
1989	4.06	3.68	2009	9.21	-2.78
1990	3.84	1.92	2010	10.45	2.53
1991	9.18	-0.07	2011	9.30	1.60
1992	14.24	3.56	2012	7.65	2.32
1993	14.00	2.75	2013	7.67	2.22
1994	13.10	4.04	2014	7.26	2.17
1995	10.90	2.72	2015	7.14	3.07
1996	10.00	3.80	2016	6.90	3.01
1997	9.30	4.49	—	—	—

30多年的改革开放让中国取得了非常惊人的成绩,完成了从低收入国家向中等收入国家的转变,但增长始终没有摆脱政府主导模式,当前阶段的经济发展面临着种种问题和挑战:动员大量资本、土地、矿产等资源的"低价工业化"和土地垄断、土地财政激励下的"高价城市化"造成的内外失衡、产能过剩、城乡发展不平衡、地区发展差距和居民收入差距过大等问题积重难返;人口结构变化和劳动力拐点出现,表明"人口红利"、低劳动成本比较优势消失;城市化引领经济结构服务化趋势逐渐形成,而随着服务业比重的扩大,服务业产出增长速度较低的特征也已将中国的经济增长引入结构性减速通道。

4 中国的卡尔多事实研究

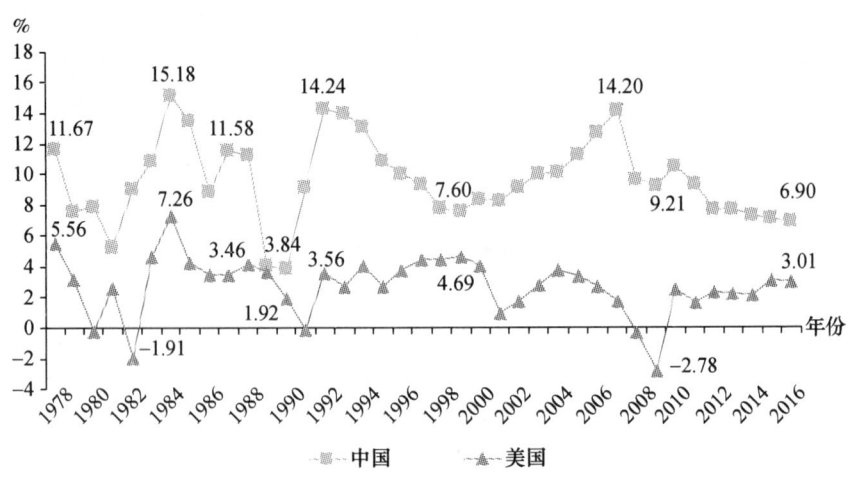

图1 1978—2016年中国和美国产出增长率的变化趋势

从国内来看，贫困人口显著下降但收入不平等程度也在增加，有限的经济租金被一代又一代新的利益集团所攫取，使政策制定者始终面临着改革不彻底的问题，结构性减速已成为中国经济发展的必然选择。从全球范围看，根据世界银行发布的2015年《全球经济展望》，高收入国家经济的缓慢复苏和新兴经济体增长速度的下降意味着中国仍然面临着一个不确定的全球环境，中国要实现长期的增长必然不能过度依赖出口，加上当前国内投资率过高、消费不足带来的产能过剩，众多经济学者开始思考中国下一步的发展模式。

1961年，卡尔多提出了一个成熟的工业化国家在长期经济发展中的六个典型化事实：（1）总产出和人均产出均以稳定的速率增长；（2）无论资本以何种方式测量，人均资本存量持续增长；（3）实际利率基本保持稳定，至少在发达的资本主义社会中长期利率是高于"金边债券"利率的；（4）资本产出比不变（即资本和产出的增长率相同）；（5）要素收入份额保持不变（即投资系数稳定）；（6）不同国家之间产出增长率和劳动生产率的增长率不同，保持在2%—5%。此即卡尔多典型化事实，也称为卡尔多事实。那么，中国当前所处的经济发展阶段是否符合卡尔多事实？如果答案是否定的，中国是否在向卡尔多事实收敛？如果答案依然否定，卡尔多事实的各个指标中，中国有哪些是趋近的，哪些又是背道而驰的？趋近的原因是什么？背道而驰的原因又是什么？这种背离究竟是发展的必然还是中国本身发展模式造成的"陷阱"？我们应该如何解释卡尔多事实所显示的不规则经济变动和中国自改革开放以来如此稳定的经济增长？

本书基于卡尔多提出的六个典型化事实对中国的经济增长路径进行分析，通过与以美国为代表的发达国家以及以日本、韩国为代表的亚洲邻国进行对比，来评估和判断中国取得的成绩和所处的发展阶段，为新常态经济下不可避免的结构性减速提供政策制定的理论基础，也为中国进一步融入全球经济提供发展建议。

第一节 选题背景及研究意义

本节主要依托国外经济增长理论，结合中国改革开放后的经济发展事实，探讨本书的选题背景和研究意义。

一 问题的提出

从新中国成立至1978年改革开放之前，中国在计划经济体制下走出了一条"低价工业化"的道路，重工业优先发展模式要求的资源投入保障使工业部门的国有化和农业部门的"人民公社化"成为合乎逻辑的制度安排。这种情况下，以农业促进工业、高投资低消费的发展模式使得经济发展目标与资源禀赋结构之间的矛盾滋生，资本价格及其他生产要素价格的人为压低造成了改革开放之初中国极低的劳动收入份额和极高的工业投资率，微观技术低效和宏观配置低效等一系列表现让中国的领导人重新思考中国经济的发展模式。但是，对于一个没有市场机制作为基础、经济发展水平极低，以致不能承受大幅度经济衰退的国家来说，从短期内用"一揽子"政策改变这种典型落后经济的"休克疗法"是难以保证中国的改革成功的（蔡昉，2009）。于是，中国的政策制定者选择了一条渐进式的改革道路，一定程度上避免了绝大部分负面的冲击。相对中东欧和独联体国家在转型后出现的急剧的经济衰退，中国的经济发展绩效从一开始就超出了绝大多数人的心理预期：预算内和预算外收入在GDP中所占比重的上升使政府有足够的能力加大对基础设施建设的投资；损失相对较少的"价格双轨制"在保持现有的生产基础上逐渐放松了中央对国有部门的控制，乡镇企业的大规模扩张赋予了地方一定的公共权力，农业领域的改革首先取得了胜利；允许改革中出现损失推进了国有企业的大规模改制，经济中的竞争性日益增长，市场力量的影响逐步上升；在传统苏联式的单一银行体系下，有限度地允许一部分新银行和金融机构的加入保证了中国政府的实际控制能力，从而有效地避免了国有银行的预算软约束问题和私人金融机构的失败；二元经济体制虽然带来了一定的城乡收入差距，但也给中国政府提供了建立劳动和社会保障体系的时间；缓慢的、渐进式的改革为中国的政策制定者建立相对完善的法律体系提供了丰富的经验。

总体而言，尽管经济表现在不同的省份和地区之间有所不同，尤其是以上海为中心的长江三角洲和深圳经济特区等发展极点与青海、西藏、新疆等西部地区存在着巨大的差异，但中国的整体经济依然表现良好，既没有出现匈牙利、克罗地亚、罗马尼亚等转型经济体在20世纪90年代出现的恶性通货膨胀，也没有经历捷克等国家劳动生产率大幅度下降带来的"无就业增长"。另外，我们也要看出中国在当前阶段面临的诸多问题：经济增长持续乏力，实体经济需求偏软，M_2[①]居高不下但融资的内生性增长动力明显不足，整个国民经济的资金运用效益明显下降；收入分配发生了不利于低收入阶层的变化，地区之间、省市之间、城乡之间出现了愈加严重的收入差异，且有进一步加剧的趋势；总人口持续增加但劳动力所占比例持续下降，老年抚养比由1982年的8.0%上升至2013年的13.7%[②]，快速的人口老龄化为医疗体系和社会保障体系带来了持续的政策压力；等等。以上诸多问题都在提醒我们：中国当前经济发展面临着巨大考验。

20世纪90年代起，中国的经济学研究开始进入以数量分析为主的阶段，一些现代西方经济学的理论、模型和研究方法被介绍并广泛

[①] 广义货币，与狭义货币相对应，货币供给的一种形式或口径，以 M_2 表示，其计算方法是交易货币（M_1，即社会流通货币总量加上活期存款）以及定期存款与储蓄存款。

[②] 数据来源于国家统计局网站，http://data.stats.gov.cn/。

应用到中国经济的研究中（成九雁等，2005）。同时，宏观经济学领域也开始关注在西方得到广泛应用的新古典增长理论和以新古典增长模型为基础发展起来的实际经济周期理论。但是，将新古典增长模型引入中国经济分析的逻辑起点应该是中国到底在多大程度上符合卡尔多事实，如果经过理论分析后发现存在差异，就要关注到底是中国经济尚处于转型阶段，还是从根本上中国的发展就偏离了新古典增长模型的基本路径。对以上问题的回答具有非常重要的意义：若不存在差异，那我们仍然可以继续使用索洛模型作为基本的理论范式来讨论中国当前面临的发展问题；若存在差异，我们所要做的就是对新古典范式进行修改，或者发展一个新的、适合中国宏观经济的新范式。所谓的逻辑分析，即按照形式逻辑和辩证逻辑的规则进行推导和演绎，以分辨和寻找经济现象背后的主要影响因素，在根本因素和经济现象之间建立起一个逻辑严密的传导机制分析系统（王诚，2007）。由此看来，将新古典增长模型直接引入并作为中国宏观经济研究的前提是非常不符合逻辑的，中国经济"典型化事实"的研究仍然是一个尚未完成的任务，而对于判断中国经济增长路径、制定未来发展政策，卡尔多提出的典型化事实是一个非常重要的切入点。通过分析人均资本存量增长率、资本产出比等一系列成熟的工业化国家已经达到的指标水平，我们可以非常清晰地对中国改革开放取得的令人瞩目的成绩进行冷静的评判和分析，同时，通过比照发达国家的经济发展路径，也能对当前面临的诸多问题有一个清醒客观的认识。

二 研究意义

经济理论是政策实践的基础和前提，理论研究可以为政策实践提供科学的指导，而各国不同的政策实践成为理论体系不断深入和完善的驱动力。从理论意义上讲，中国的卡尔多事实研究是经济增长理论在发展中国家的拓展；从实践意义上讲，卡尔多事实既可以为我们提供一个工业化发展进程的评判标准，也能为中国宏观经济政策的制定提供国外经济发展的相关经验。

（一）理论意义

自1961年卡尔多以美国为例提出经济增长的典型化事实以来，各国经济学者以发达国家的不同经济发展历程为基础纷纷展开了相关的实证研究。但是，由于发展中国家在全球经济中所处的地位较低、学术研究具有相对滞后性，发展中国家及落后国家如何实现卡尔多事实、是否收敛于卡尔多事实等问题并未引起足够的关注。而20世纪二三十年代，美国等发达国家才开始定期发布全国的相关经济统计数据，使这些在世界范围内处于领先地位的国家在工业化过程中如何达到卡尔多事实所述的状态被人知晓。从这两方面看，研究发展中国家的经济增长事实将会为我们重现美国、英国等发达国家已然"消逝"的经济发展历程，同时，这些发达国家实现卡尔多事实后的经济政策选择，可以为发展中国家及落后国家提供相应的"他山之石"。

因此，研究中国的卡尔多事实，其理论意义在于拓展国外的经济增长理论，将发达国家实现卡尔多事实所述状态之前的经济发展历程具体化、细节化。这是一面穿越时空隧道的"放大镜"，既让我们有机会回到"过去"，又能让我们重新审视"过去"，既是对经济增长理论的细化，又是对经济增长理论的补充。

（二）现实意义

相对于中国卡尔多事实研究的理论意义而言，其现实意义更为重要。首先，卡尔多事实从资本和劳动两个要素的角度量化了一个国家经济发展所处的阶段，通过对人均资本存量增长率、劳动生产率等相关指标的测算和对比，可以让我们更清晰地了解中国改革开放所取得的成绩，同时也可以知晓当前发展的不足以及未来所要选择的政策重点。其次，根据卡尔多的研究，典型化事实是一个成熟的工业化国家所具备的典型特征，那么，通过与发达国家相关指标的对比，我们可以了解到当前中国经济发展存在的差距和不足之处，从而为下一阶段的政策制定提供相应的经验依据。最后，通过对卡尔多事实中各个指标的收敛性分析，我们可以看到中国在收敛路径中所处的具体位置，并对中国各个指标是否具备相应的收敛性进行客观评判。

即便"条条道路通罗马"，各个国家的经济增长路径显然都是不同且各具特色的，那么，卡尔多事实就可以为我们提供一个一般意义上的特殊视角，让我们客观地审视和判断发展中国家的经济实践，既是对卡尔多事实在各国实证研究的补充，也是对发展中国家经济增长事实的关注。

第二节 研究基础

本节对国内外关于卡尔多事实的相关研究进行文献综述，由于卡尔多事实极具规律性的特征，数十年来关于卡尔多事实的整体研究并不多，对单个指标的核算和分析以人均产出增长率和要素收入份额为代表的相对较多。因此，考虑到本书的行文逻辑，关于人均资本存量增长率、资本收益率、劳动生产率等各个指标的文献综述将在第二章到第五章中的"研究方法"一节中进行相应的总结。

一 相关理论研究

从索洛（Solow，1956）和斯旺（Swan，1956）构造的新古典增长模型开始，现代经济增长理论真正起步，他们通过一个简单的新古典生产函数与不变的储蓄率假设，创建了一个一般经济均衡模型，其结论是所有的经济体都在经历着一个经济增长不断减速的趋势，且相对于长期稳态位置越低，产出增长率越高。

1960 年，美国经济学家罗斯托在《经济增长的阶段》一书中将所有社会的经济发展划分为五个阶段：传统社会阶段、为起飞创造前提条件阶段、起飞阶段、向成熟推进阶段、大规模消费阶段。第一个阶段为传统社会阶段，它于封闭、孤立的环境中及有限的生产函数内发展起来，基本事实是其所能达到的人均产量水平存在一个最高限度，生产功能极其有限、技术相对落后。第二个阶段为起飞前阶段，即为起飞创造前提条件阶段，在这个阶段中，国家开始经济改革，以农业或劳动密集型的制造业为主导。第三个阶段是起飞阶段，是稳定增长的障碍和阻力最终得以克服的时期，新兴工业迅速扩张，大量劳动力从第一产业转移到制造业，外国投资明显增加，出现区域或梯度性的增长极。这个阶段是现代社会生活的巨大"分水岭"，在国际贸易中的比较优势从农业转向了劳动密集型产品的出口。由于现在正常增长的经济推动着现代技术在各个经济领域中广泛使用，起飞之后是一段长时期的增长，即第四个阶段——向成熟推进阶段。在这个阶段中，产业及出口的产品开始多样化，投资重点从劳动密集型产业转向资本密集型产业，交通和通信设施显著改善，企业开始向国外投资。第五个阶段是大规模消费阶段，主导部门转向耐用消费品生产部门和服务业，大众在休闲、教育、保健、国家安全、社会保障项目上的消费逐渐增加。目前，主要的发达国家已经进入这一发展阶段。

卡尔多事实表明，从长期来看，产出增长率和收入分配均是稳定的。无论是利润对收入的比率、工资率、利润率还是资本产出比和资本劳动比都随经济周期而波动，统计资料所显示的事实是如此具有规则性，这个结果是令人惊讶的。卡尔多事实为新古典增长理论提供了经验证据的支持，是整个20世纪经济增长理论研究的逻辑框架。

美国管理学家迈克尔·波特的《国家竞争优势》一书，提出产业与经济结构的演化同样可以分为四个阶段：生产要素导向阶段、投资导向阶段、创新导向阶段和富裕导向阶段（迈克尔·波特，2007）。第一阶段为生产要素导向阶段，具有产业的成功依赖于基本的生产要素、产品类型单一、技术水平低、企业之间的竞争多以价格为条件等特征。第二阶段为投资导向阶段，这一阶段国内需求水平不高、劳动者收入普遍偏低、发展动力主要来自供给面，技术接近国际前沿，现代化、高效率、大量生产的企业成为增长的主要力量，全社会都致力于经济发展。第三阶段为创新导向阶段，企业之间由低生产成本的价格竞争转到生产率竞争上，产业集群开始出现，世界级具有竞争力的新产业也开始产生。处于这个阶段的国家或地区应致力于刺激或创造更多、更高级的生产要素以改善国内需求。第四阶段为富裕导向阶段，是经济开始走向衰退的时期，劳动者与企业之间为了维持自己的既得权益，关系开始僵化，企业在国际上的竞争优势逐渐丧失，经济创新速度锐减。罗斯托的研究发现，高收入或中等收入陷阱的发生与富裕导向阶段的过早出现密切相关。

当前，多种迹象表明中国正在向工业化后期推进。尽管"低价工业化"和"高价城市化"的"双引擎"驱动取得了经济发展的巨大成就，但也引致了"结构收敛一致性"现象，即国内人口转型、城市化、收入分配政策调整、开放条件下要素流动价格均等化机制等都迫使中国经济部分指标，如投资率、产业结构、要素弹性等向经济发达阶段收敛，同时与之形成强烈反差的是增长质量不佳、经济效率低下、二元经济明显、两极分化严重、区域经济失衡、消费不振等一系列发展中国家所具有的全局性、根本性问题依旧严重（黄志钢、刘霞辉，2014）。这种现象与实质之间的矛盾，使得对中国当前所处阶段的评判以及相应的量化研究极为迫切和紧要。

二 相关实证研究

2004年，根据《总统经济报告》所提供的1960—2000年的数据，美国学者重新对卡尔多事实的相关指标进行了核算（见表3），这些数据说明卡尔多事实在今天的美国仍然成立（Kehoe，2005）。

表3　　　　1960—2000年美国卡尔多事实的核算结果[①]

指标	符号	核算结果
人均实际产出	Y_t/L_t	$3.84 \times 10^4 \times (1.016)^{t-1960}$ 美元/人
人均资本存量	K_t/L_t	$9.36 \times 10^4 \times (1.016)^{t-1960}$ 美元/人
实际利率	$r_t - \delta$	8.25%
资本产出比	K_t/Y_t	2.438
资本收入份额	$r_t K_t/Y_t$	31.5%
劳动收入份额	$w_t L_t/Y_t$	68.5%
人均产出增长率	g	1.016%

同时，还有学者关注了中国等新兴工业化国家的宏观经济事实。系列的研究显示，这些新兴国家所发生的情况与卡尔多事实具有明显的不同之处：（1）经济增长的轨迹是一条递增但非平稳的曲线；（2）大规模要素积累而非稳定增长是赶超型增长曲线的最主要特征之一；（3）技术进步与生产性投资保持着稳定的比例关系，即技术进步并非随机和外生的；（4）人力资本作为一种新要素，其投入和积累具有巨大的增长效应和分配效应；（5）出口导向、政府干预、协调分配等宏观调控政策对于促进增长起到显著的积极作用，而不是没有作用或负面作用更大；（6）不同国家之间的经济增长率并非都具有很大差

---

① 表中的"t"为年份。

别。虽然人均 GDP 增长率的跨国差别很大，但富裕国家之间经济增长率的差异很小，低收入和中等收入国家之间经济增长率的差别非常大。发达国家的经济增长率在长期中保持稳定，低收入和中等收入国家的增长不稳定。初始收入水平与其后的经济增长率没有相关性；(7) 作为卡尔多事实的支撑，库兹涅茨曲线所显示的"随着工业化和经济增长，社会收入差距迅速扩大，直到中等发达状态才逐渐缩小的趋势"并不明显。

以中国经济的特殊发展路径为出发点，部分学者（费方域，2005；刘树成，2005、2006）提出了中国的宏观经济典型化事实，归纳为以下八个方面：(1) 1978 年改革开放之后，中国的人均 GDP 提高了 7 倍多，创造了发达国家历史上未曾达到的经济增长纪录；(2) 中国出口额以每三年翻一番的速度增长，贸易增长占世界贸易增长的 1/4；(3) 1/4 的劳动力从农业转入工业和服务业；(4) 近 4 亿人摆脱了贫困，1981 年以来，贫困人口占比从 53% 下降到 8%；(5) 收入差别扩大，基尼系数从 1978 年的 0.28 上升到 2000 年的 0.45；(6) 从 1952 年至今，中国经济波动可被划为 9 个周期（或 10 个周期），从生产率冲击角度分析，"文革"前外部冲击的产出效应明显，此后的周期为增长型周期，波动趋于"平缓"；(7) 改革后中国经济波动的特征是投资、财政、货币、价格波动大，产出、就业波动小；(8) 经济增长率与通货膨胀率中度相关，在时间上前者领先于后者一年左右。

曹静（2006）认为，卡尔多事实中所述的统计变量与中性技术进步有关，而现实中的技术进步是随着时间加速的，并不呈现出完全中性的特征。因此，她提出一个新的模型，并以此为基础重新解释了卡尔多事实。

琼斯和罗默（Jones and Romer，2009）考虑了 21 世纪以来创新、制度和人力资本对经济增长的影响，提出了一个经济体的"新卡尔多事实"，包括以下六个方面：(1) 市场体制的不断深化和范围的不断扩大，即全球化和城市化带来的产品创新、金融发展和人口流动；(2) 人口和人均 GDP 增长加速；(3) 前沿科技水平的差异导致了人均 GDP 在不同国家和地区间的巨大差异；(4) 国民收入和全要素生产率在不同国家之间差距较大，而要素投入仅能解释人均GDP国别差异的一半左右；（5）世界范围内工人的人均人力资本不断增加；（6）相对工资在长期中保持稳定，人力资本相对于非熟练工人的增长并未带来后者劳动力价格的相应下降。

此外，刘霞辉（2003）对于中国是否可以保持中长期的持续增长给出了一个肯定的答案。通过构建一个经济增长的模型，他将一个经济体的长期增长过程分为加速增长和减速增长两个阶段。其中，加速增长阶段表现为快速工业化和利用效率过低的农村劳动力大规模城市化，目前中国尚处于工业化、城市化过程中，而且这一过程还要维持相当长的一段时间。

综上所述，关于卡尔多事实的大多数实证研究，基本上都围绕着发达国家进行，发展中国家是否符合卡尔多事实、是否向卡尔多事实收敛并未得到足够的关注。同时，国外对发达国家经济增长的研究已经开始聚焦在"新卡尔多事实"上，而以中国为代表的发展中国家的经济社会状况远未达到该程度。因此，从这个意义上讲，以卡尔多事实作为出发点，研究中国改革开放后的经济发展状况是极具理论意义和现实意义的。本书基于卡尔多事实，结合刘霞辉（2003）提出的经济发展阶段理论，对中国当前所处的发展阶段予以量化分析和评判，既是对卡尔多事实在发展中国家的实证补充，也是对经济增长阶段理论的实践检验。

第三节　主要内容与研究方法

本节主要介绍中国卡尔多事实研究的主要内容和方法。其中，第一部分为本书各个章节的内容安排，即全书的逻辑结构；第二部分介绍本书的研究方法，包括定性定量分析、对比分析等。

一　主要内容

本书的技术路线如图2所示。

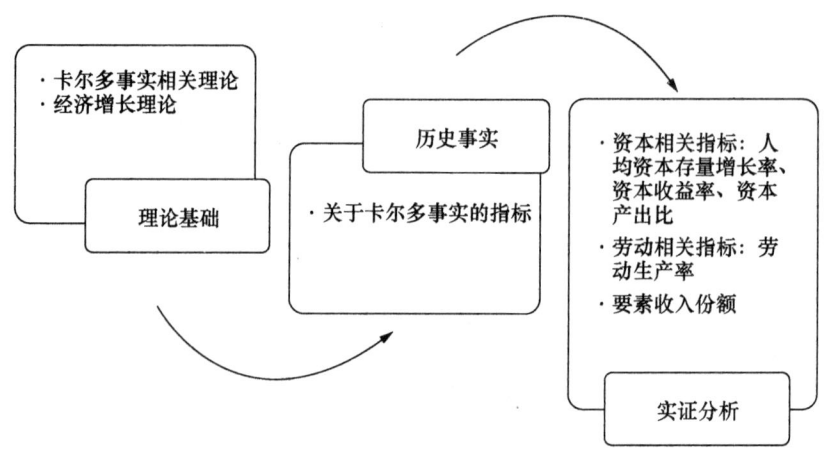

图 2　本书的技术路线

本书第一部分为导论，主要介绍中国卡尔多事实的选题背景、研究意义、主要内容、研究方法以及本书的创新和不足之处。其中，第一节为选题背景及研究意义，包括中国改革开放后的经济发展形势和当前阶段遇到的主要问题，重点分析中国卡尔多事实研究的必要性、理论意义及现实意义；第二节为研究基础，即文献综述，介绍国内外学者关于卡尔多事实的研究情况，主要是各个国家卡尔多事实的实证研究；第三节为主要内容与研究方法，介绍全书的逻辑结构和研究方法，即全书的研究思路；第四节为本书的创新和不足之处。

第二部分为本书的研究主体。其中，第一章至第五章对卡尔多事实中提到的相关指标，以中国 1978 年之后的统计数据为基础进行核算和对比分析，这五章中各节的内容安排基本一致。此外，本书将人均资本存量、劳动生产率等相关指标分为资本和劳动两个要素进行研究，并按照先"资本"后"劳动"的顺序进行论述。由于资本收入份额和劳动收入份额之和为 1，为了便于阐述，"要素收入份额"一章对劳动收入份额和资本收入份额同时进行核算和分析。

第一章研究卡尔多事实中的"人均资本存量增长率"。其中，第一节介绍资本存量的研究方法，并确定本书对中国人均资本存量增长率的核算方法；第二节对中国人均资本存量增长率进行核算，并将核算结果与其他学者的研究成果进行对比分析,以考量本书核算的准确性和分析的有效性;第三节将中国与美国、日本和韩国的人均资本存量增长率进行对比,以考察中国人均资本存量增长率与发达国家之间存在的现实差距;第四节对 OECD 成员国及巴西 1960 年之后人均资本存量增长率的收敛性进行分析,并判断中国在此收敛区间所处的大致位置;第五节为全章的研究小结。

第二章至第五章分别对中国资本收益率、资本产出比、劳动生产率以及要素收入份额进行核算和分析,各节内容安排与第二章基本保持一致,即按照研究方法、指标核算、国别比较、收敛性分析及本章小结的顺序进行论述。

第六章对卡尔多事实中人均资本存量和劳动生产率之间的关系、资本收益率和劳动收入份额之间的关系进行研究,主要目的在于寻找这两组指标之间存在的规律和相关特征,并以 OECD 代表性国家和中国的统计及核算结果对其进行论证。

第七章为全书结论,主要对第一章至第六章的核算结果及相关分析进行总结,以此探寻卡尔多事实在以中国为代表的发展中国家的具体表现。同时,结合刘霞辉(2003)在《论中国经济的长期增长》一书中对经济增长阶段的研究成果,对中国当前所处的发展阶段进行评判。最后,从新卡尔多事实的角度提出中国经济增长理论未来的研究重点以及研究展望。

二 研究方法

本书所用的研究方法包括理论分析和实证分析、定性分析和定量分析、对比分析等。其中以定量分析和对比分析为主、定性分析为辅,以实证分析为主、理论分析为辅。

首先,本书坚持理论分析与实证分析相结合,将卡尔多事实作为全书研究的逻辑起点,以中国 1978 年以后的经济增长事实为基础,通过总结国内外学者的相关研究成果探讨人均资本存量增长率、资本收益率、资本产出比以及劳动生产率、要素收入份额的核算方法,对中国和 OECD 成员国及巴西的典型化事实进行实证分析。因此,本书是在经济增长理论的基础上进行实证研究的,即理论分析与实证分析相结合。

其次，定性分析和定量分析相结合。经济学本身具有很强的逻辑性，需要在定性分析的基础上进行定量的实证检验，从而为定性分析的结论提供现实基础。本书在研究过程中以定量分析为主、定性分析为辅。其中，定量分析体现在对中国、OECD 成员国及巴西关于卡尔多事实各个指标的核算上，定性分析体现在中国经济增长事实逻辑框架的构建以及发展中国家向卡尔多事实的收敛性研究上。

最后，对比分析法。卡尔多（1963）对卡尔多事实的研究以美国这一成熟的工业化国家的经济增长事实为背景，那么，仅仅对卡尔多事实在中国的相关表现进行研究是远远不够的，必须结合对比分析才能了解中国当前发展阶段与发达国家之间的差距，并确定中国在各个指标收敛区间所处的位置。因此，对比分析作为全书的主要研究方法，在第一章至第五章中均有所体现，并在第六章资本与劳动之间的关系研究中作为主要的论证手段。

第四节　创新与不足之处

一　创新

本书研究的创新主要体现在以下几个方面：

第一，研究了卡尔多事实各指标在中国的表现。由于卡尔多事实本身所具备的规律性特征，发达国家大多数经济学者将其作为经济增长模型的前提假设，或直接将其视为一种普遍存在的一般性规律。而以卡尔多事实为开端的经济增长理论在发展中国家的研究多被直接使用或套用，现实的经济发展基础又远未达到美国、英国等多数发达国家已经具备的"成熟"工业化状态，理论研究根基十分不稳。因此，从这个角度上看，本书对中国卡尔多事实的研究既是对卡尔多事实在发展中国家表现的实证补充，也是对经济增长理论的完善。

第二，研究了卡尔多事实各指标的收敛性。由于美国在 20 世纪已经达到了卡尔多事实所述的"成熟"工业化状态，而发达国家相关统计数据的发布在 20 世纪二三十年代才开始，所以我们已经无法回顾发达国家在完成工业化之前的经济发展历程。在这种情况下，对发展中国家的卡尔多事实进行研究将提供给我们一把"放大镜",既"放大"卡尔多事实各个指标在完成工业化之前的收敛路径,又可以判断中国人均资本存量增长率、资本产出比等指标在收敛区间所处的位置。

第三,对中国卡尔多事实的研究符合当前经济发展状况的判断需要,也是对新常态下结构性减速的一种理论解释。按照罗斯托的经济起飞理论,资本要素和劳动要素在不同的经济发展阶段所扮演的角色有所不同。那么,在这种情况下,以中国经济增长统计数据为基础的卡尔多事实各个指标的核算和分析将为我们提供一个要素投入及产出的独特视角,从而可以为当前中国经济增长换挡提供一个"要素"角色转变的理论解释。无论从政策制定的角度还是从实证研究的角度,这种判断都是十分必要和紧迫的。

第四,对卡尔多事实的整体研究及各个指标之间关系的研究也是本书的创新点之一。如前所述,卡尔多事实在发达国家已经作为一种理论研究的前提条件,相应地,这种关于卡尔多事实的整体性研究在中国从未出现过,对单个指标及指标之间关系的研究也非常零散,极其缺乏系统性。从这个角度而言,中国的卡尔多事实研究具有创新性。

二 不足之处

本书研究的不足之处体现在对卡尔多事实中各个指标的核算方法上。由于相关的数据都来源于各个国家的统计部门,各个国家资本存量、国内生产总值等指标的统计方法和统计途径不同,虽然本书尽可能保证核算方法的一致性和准确性,但实际上仍然存在着一定的现实误差。在各国统计方法和统计途径实现一致性的前提下,未来对发展中国家关于卡尔多事实的实证研究可以进一步提高定量分析的准确性。

第一章 人均资本存量增长率

卡尔多事实提出，一个成熟的工业化国家"人均资本存量（K_t/L_t）以连续不变的速度增长"，即在长期中人均资本存量增长率为常数。在新古典增长模型中，人均资本存量增长率的收敛性来自递减的资本收益。相对于经济体的稳态位置而言，人均资本较低的经济体，资本收益率和人均产出增长率也就较高。新古典增长模型中的收敛之所以具有条件性，是因为稳态人均资本水平和稳态人均产出水平取决于储蓄倾向、人口增长率以及生产函数的位置等特征，而这些特征在不同的经济体之间会发生变化。之后对新古典增长模型的拓展考虑了跨国差异的其他来源，特别是关于消费支出水平、产权保护、国内国际市场扭曲等方面的政府政策。

新古典增长模型中资本的概念可以从物质资本扩展到教育、经验和健康等形式的人力资本（Lucas, 1988; Rebelo, 1991; Caballe and Santos, 1993; Mulligan and Sala–I–Martin, 1993; Barro and Sala–I–Martin, 1995）。初期人力资本对物质资本的比率偏离其长期值，且该偏离程度影响人均产出趋向其稳态值的速度，但长期中经济体趋于人力资本对物质资本比率的稳态位置。但是，即使扩展新古典增长模型已包括人力资本因素，新古典增长模型的另一个预言也仍然是：一旦技术进步不能持续，人均增长最终必然停止。类似于马尔萨斯（Malthus, 1798）和李嘉图（Ricardo, 1817）的预言，这种判断来源于广义资本概念的收益递减假设。然而，许多国家的长期数据表明，正的人均资本存量增长和人均产出增长可以保持一个世纪以上，而且增长率并没有明确下降的趋势。此外，受"新卡尔多事实"提出的影响，国内对资本和经济增长关系的研究主要集中在人力资本方面（杨建芳等，

2006；余长林，2006），对人均物质资本存量增长率的收敛性分析则十分缺乏，几近没有。

我国当前正处于经济增速换挡期、经济结构调整期和前期刺激政策消化期"三期叠加"的新阶段，投资的强势驱动造成了大量产能过剩、低水平重复建设、地区分割、资源耗竭、环境污染、过度投资等问题，人均资本存量作为评判经济发展水平的重要指标，对确定中国下一步的增长路径有着至关重要的意义。验证人均资本存量的增长率是否为常数的前提在于对资本存量的准确核算，本章首先探讨资本存量的核算方法以及相关文献资料的研究成果，然后对中国的人均资本存量进行核算，并将其结果与美国、日本和韩国进行对比，以分析中国人均资本存量增长率的变化趋势及当前所处的阶段，最后分析部分OECD成员国及巴西人均资本存量增长率的收敛性。

第一节　研究方法

国内关于我国资本存量的研究集中在资本存量的估算上，包括农业、工业等行业层面资本存量的估算以及省际资本存量的估算，此外还有部分学者关注了我国资本存量的结构问题，包括公共资本存量的区域差异及优化等，而受到新卡尔多事实的影响，绝大多数学者开始关注人力资本存量。因此，从本章主题出发，本节关于人均资本存量增长率文献资料的整理和总结，集中在资本形成与投资效率以及资本存量的核算方法上。

一　关于资本形成与投资效率

国内对资本存量的实证研究主要集中在中国的资本形成路径以及行业资本存量的测算和结构优化上，本节将从资本形成与投资效率以及行业资本存量这两方面进行总结。

关于宏观经济的"动态效率"问题，最早由菲尔普斯（Phelps）于1961年提出，之后索洛—斯旺模型及拉姆齐模型中对资本存量都进行了精确的数学描述。以索洛—斯旺模型为例，人均资本存量的积累方程为：

$$\dot{k} = s \cdot f(k) - (n + g + \delta) \cdot k \qquad (1-1)$$

式（1-1）中，令 $\dot{k} = 0$，即可得到达到稳态的有效人均资本存量，如式（1-2）所示：

$$\frac{f(k^*)}{k^*} = \frac{n + g + \delta}{s} \qquad (1-2)$$

其中，k^* 即为资本积累的"黄金律"水平，此时，有效的人均消费水平 c^* 达到最大，即为：

$$c^* \cdot (1-s) \cdot y^* = (1-s) \cdot f(k^*) \qquad (1-3)$$

如果一个经济体达到稳态时 k^* 超过了资本积累的黄金律水平，该国就存在资本积累过度的问题。正如布兰查德和费希尔（1998）所述，如果一个国家或地区达到经济稳态时资本存量水平超过了黄金律，那么每个人都可以通过降低资本存量而提高生活水平，即通过资本的重新配置达到帕累托最优状态。而且，未实现帕累托最优的经济体被认为是"动态无效"的，原因在于资本积累过度。

埃布尔（Abel，1989）提出了 AMSZ 准则，根据 AMSZ 准则，如果一个国家在投资上的总收益始终大于投资本身，那么该国的投资从总体上而言是"动态有效"的；反之则是"动态无效"的。通过收集美国、日本等发达国家的宏观经济数据，依据 AMSZ 准则，埃布尔的实证研究结果表明：1980 年之后日本基本达到了"动态有效"，韩国始终处于"动态无效"状态，而美国的资本积累是"动态有效"的。

国内学者测算资本存量的目的是分析中国的资本形成路径以及投资效率，而实证分析的结果各有不同，对于中国投资效率是否过低众说纷纭。

李治国、唐国兴（2003）对中国在经济转型期间的资本形成路径进行了分析和研究，从总体上考察了我国生产性资本的总量水平、形成路径以及调整机制，实证结果表明，我国的资本形成路径明显分为两个阶段：第一阶段为渐进式改革导致资本配置效率不断提高，使 1978—1994 年的资本产出比不断下降；第二阶段为 1994 年之后，经济增长对资本深化的倚重导致资本形成速度加快，全方位的结构改革是避免我国经济增长减速的唯一方式。

沈坤荣、孙文杰（2004）基于金融发展的视角对中国1978年以来投资效率的不断下降进行了研究，计量分析的实证结果表明，金融体系对投资效率的提高和储蓄转化效率的改善作用十分有限，而投资效率过低导致的全要素生产率低下是造成我国宏观经济波动的主要因素。

庞明川（2007）对中国的投资效率和过度投资问题进行了研究，实证结果却表明，中国经济并不存在过度投资的问题，即投资效率并不低。但从局部上看，个别地区和产业存在一定程度的低效投资，但不能使用"一刀切"的方式，必须健全市场机制、依靠市场的力量提高投资效率。

雷辉（2009）在分析已有资本存量测算方法以及相关资本形成研究的基础上，结合国家统计局发布的最新统计数据，对中国1952—2007年的资本存量进行核算，并分析我国的宏观投资效率问题，结果发现，我国的总量资本产出比不断上升、增量资本产出比偏高，宏观投资效率较低且有一定的金融风险。

刘宇春、景维民（2011）从所有制结构分析中国转型期投资效率下降的问题，认为国有经济的边际投资效率逐年递增、非国有经济的边际投资效率递减。通过构建一个关于投资效率的所有制结构模型，作者认为，不同所有制的融合共生之路是提高中国总体经济效率的唯一途径。

林仁文、杨熠（2013）吸收了之前学者的研究成果，利用时变经济折旧率对1952—2010年中国的资本存量进行估算，并在此基础上研究了我国宏观的资本回报率。结果发现，资本存量估算的准确性大幅提高，并且1978—2007年中国的宏观资本回报率是逐年上升的，而非大多数文献资料中所述的长期趋于下降。

白重恩（2013）认为，中国的宏观投资效率在不断恶化，而收入在各个部门之间的分配对经济结构有着重要的影响。他认为，资本收入在居民、企业和政府三个部门之间应该这样分配：一方面要增加居民的财产性收入，另一方面要增加企业在投资过程中的分红。

此外，还有很多学者关注了行业及省际层面的资本存量结构优化问题。

曹跃群、刘冀娜（2008）基于空间经济学，对中国服务业资本存量的地区差异及原因进行了研究，他们通过永续盘存法（PIM）对不同地区第三产业的资本存量进行了估算，并利用 Moran 指数方法探讨了服务业资本存量的空间分布机理。结果发现：1978 年改革开放之后，中国服务业的资本存量增长十分迅速，且东部、中部以及西部的分布极不均衡，并呈现出非常明显的空间集聚特征。

李谷成等（2014）利用永续盘存法，在国民收入核算的基本框架下对 1978—2011 年中国省际层面的农业资本存量进行了估计，实证研究结果表明：二元经济体制中，在农村劳动力转移和人地关系紧张的前提下，资本积累及其深化以及制度的创新是中国农业产出增长的主要动力，未来农业的发展应从现代生产要素的投入和制度设计的创新着手。

综上所述，关于资本存量的宏观经济研究都集中在投资效率是否过度方面，卡尔多事实中所述的人均资本存量增长率并没有引起足够的关注和重视。

二　关于资本存量的核算方法

计算人均资本存量，首先要计算出社会总资本存量，然后将社会总资本存量除以人口总数即可。社会总资本存量的核算主要采用永续盘存法（Goldsmith，1951），其基本原理是将投资流量按照资本使用效率折算成可以整合的同质资本存量，计算公式为：

$$K_t = \frac{I_t}{P_t} + (1 - \delta_t) K_{t-1} \tag{1-4}$$

式（1-4）中，K_t、I_t、P_t 及 δ_t 分别为第 t 期的实际资本存量、现价投资额、定基价格指数以及资本折旧率，K_{t-1} 为第（$t-1$）期的实际资本存量。可以看出，要计算各期的资本存量，需要确定初期的资本存量 K_0，各期的投资额、价格指数以及资本折旧率。自 20 世纪 70 年代美国商业部运用永续盘存法估计美国的总资本存量以来，该方法已在 OECD 成员国中被广泛采用。1976 年，乔根森（Jorgenson）在戈德史密斯（Goldsmith）研究的基础上，根据最优资本积累假设，推导出资本投入数量—价格对偶的投资行为模型，即 PIM 拓展资本投入度量方法。Arvid Raknerud 等（2007）结合商业会计信息，提出一种估算企业层面资本存量的方法，与 PIM 相比，这种方法有两个优点：（1）投资序列数据不需要很长；（2）部门资本存量可以通过企业的进入和退出得到自动调整。

国内对于资本存量的研究认为，资本流量 K_t 作为社会生产中必须投入的要素，对其进行准确的核算基本上是不可能的。以一台机器为例，它作为一种要素对于生产者的价值在于它在生产线的使用时间，而不是以货币形式计算的价值，而一年中这台机器使用时间的核算是非常困难的，同时考虑到多台机器运转时间和不同厂家生产计划的不同，完全准确的资本存量核算在实际中根本不可能完成。但是，资本存量的估算是研究投资率、全要素生产率、实际经济周期理论甚至气候变化综合评估模型的重要前提。为了简便，学者首先将不同类型的资本品以相同的量纲（某一年的不变价格）按照市场价值进行评估，然后将其加总得到整体的资本存量。因此，对 K_t 进行度量主要需解决资本品的跨时加总问题（Barro and Sala－I－Martin，2004），一方面要考虑到由于实际使用带来的物质损耗不同，另一方面要考虑到由于技术进步不同类型、不同年代的资本品在实际生产中的效率是不同的，即精神损耗。资本存量一般包括生产性资本存量和资本存量财富（陈昌兵，2014），本书中所述的资本存量不含土地和人力资本，仅指生产性资本存量。

众所周知，国家统计局并没有给出中国资本存量的官方明确数据，而可靠的资本存量数据是很多宏观经济研究的前提，这使得一些学者要么使用别人的估算结果（黄赜琳，2005；胡永刚、刘方，2007），要么自己估算（Bai，2006）。但是，对中国资本存量的估算存在很多差异较大的版本（李宾，2011），这些差异主要表现在对基期资本存量的确定、现价投资数据的选取以及定基价格指数和固定资产折旧率的确定上[①]（见表 1－1），这就造成了很多宏观经济实证检验结果的不确定性。

---

① 除已标明的以外，基期资本存量均为 1952 年价格；Chow 和 Li（2002）对折旧率的设定是分时段的，1978 年之前为净投资额，折旧率为 0，1978—1993 年折旧率为 5.4%，1993 年之后通过对各省的折旧额进行加总然后整体扣除；Bai（2006）和孙文凯等（2004）对折旧率的设定按照类别区分，其中建筑为 8%，设备为 24%。

表 1-1　　不同文献在资本存量核算中处理方法的对比

文献资料	基期及基期存量额	新增投资	价格指数	折旧率
贺菊煌，1992	1952 年，2648 亿元	—	—	—
Chow，1993	1952 年，1750 亿元	总积累额	无须考虑	0
谢千里等，1995	—	工业新增固定资产	将建筑和设备的价格进行加权合成	0
王小鲁、樊纲，2000	1952 年，1600 亿元	新增固定资产；固定资本形成总额	固定资产投资价格指数	5%
卜永祥、靳炎，2002	—	资本形成总额	—	5%
Chow 和 Li，2002	1952 年，2213 亿元	总积累额及推算	无须考虑	分段
何枫，2003	1952 年，5428.16 亿元（1990 年价格）	固定资本形成总额	资本形成价格指数	0
Wang 和 Yao，2003	1952 年，1750 亿元	Hsueh 和 Li（1999）核算的投资额；固定资本形成总额	Hsueh 和 Li（1999）中的投资价格指数；固定资产投资价格指数	5%
张军、章元，2003	1952 年，800 亿元	生产性累计额；固定资产投资	上海市的固定资产投资价格指数	0
何枫等，2003	1952 年，5318.90 亿元（1990 年价格）	固定资本形成总额	拟合资本平减指数与商品零售指数	—
张军等，2004	1952 年，807 亿元	固定资本形成总额	固定资本形成价格指数；固定资产投资价格指数	9.6%
Bai，2006	1952 年，按阶段分类推算	固定资本形成总额	Hsueh 和 Li（1999）	分类

续表

文献资料	基期及基期存量额	新增投资	价格指数	折旧率
Holz，2006	1952 年，2087.54 亿元	新增固定资产	固定资本形成价格指数；固定资产投资价格指数	2.7%
单豪杰，2008	1952 年，342 亿元	固定资本形成总额	固定资本形成价格指数；固定资产投资价格指数	10.96%
雷辉，2009	1952 年，800 亿元	固定资本形成总额	固定资产投资价格指数	9.73%
黄梅波等，2010	1952 年，558.25 亿元	固定资本形成总额	未说明	6.67%
孙文凯等，2010	—	固定资本形成总额	GDP 平减指数；固定资产投资价格指数	分类

由表 1-1 可以看出，由于资本存量的正确估算表现出愈加重要的价值，很多学者付出不少努力，如张军等（2004）、单豪杰（2008）。然而，对资本存量的正确估算至今仍然难以达到，一方面在于研究者所用的方法和所形成的观点存在极大的差异，另一方面在于其他的研究者对此项工作提出一些异议。根据李宾（2011）的研究：基期资本存量的确定对整个研究期内资本存量的影响很小，原因在于初期资本投入 K_0 的折旧和后期投资额 I_t 的不断提高；新增固定资产投资不适合用于资本存量的计算，而固定资本形成总额与全社会固定资产投资表现相近；1991 年起开始公布的固定资产投资价格指数是最合适的指标，1991 年之前则使用隐含的固定资本形成价格平减指数；折旧率的设定对资本存量估算结果的影响较大。此后，孙琳琳、任若恩（2014）进一步区分了资本财富存量估算和资本服务流量估算之间的差异，使用 OECD 的资本测算框架估算了具有国际可比性的中国行业层面的资本存量和资本流量数据。其中，1980 年建筑和设备的资本

存量分别为4815亿元和1765亿元，2005年分别达到了249533亿元和57835亿元。吴清峰、唐朱昌（2014）对之前关于资本存量计算的文献进行了总结，认为在投资数据缺失的条件下资本存量测算结果的准确性和可信度大幅降低，提出利用"等资本产出比"法和"哈罗德—多马"法对资本存量进行估计，并比较了两种核算方法的优劣。

综上所述，关于新增投资和价格指数的选择，当前大多数学者无太大异议，认为应选择固定资本形成总额和固定资产投资价格指数；关于基期资本存量和折旧率的选择，至今却尚无定论。因此，本书对基期资本存量和折旧率的研究文献进行了整理，并在书中分别进行介绍。

（一）基期资本存量的确定

多数文献将1952年选定为测算资本存量初始期（见表1-1），将1978年作为测算资本存量初始期的文献并不多（陈昌兵，2014）。贺菊煌（1992）将资本分为生产性资本和非生产性资产，利用生产性积累指数和非生产性积累指数，通过一定的假设推算出1952—1990年生产性资本和非生产性资产，利用价格指数得到1978年的生产性资本为8617.87亿元（1978年价格）。此生产性资本与本书所述的资本存量一致，其值可作为1978年资本存量的估计值。Chow（1993）以1952年为初始期测算了1952—1985年的资本存量，利用价格指数得到1978年的资本存量为14112亿元（1978年价格）。张军等（2003）以1952年为初始期测算1952—2001年中国固定资本存量，他们测算的1978年固定资本存量为12485.58亿元（1978年价格）。利用1950—1995年《中国固定资产投资统计年鉴》，郭庆旺等（2004）得到1978年全民所有制工业企业的固定资产净值为2225.7亿元，由当年全民所有制工业企业产值占整个GDP的58%，大致推算出初始期1978年中国固定资产净值为3837亿元（1978年价格）。孙琳琳等（2005）利用永续盘存法推算出1952年初始期资本存量并测算各年中国的资本存量，他们测算1978年的资本存量为5800亿元（1978年价格）。单豪杰（2008）通过重新构建资本存量估算的四个指标，利用永续盘存法测算1952—2006年中国的资本存量，得到

1978年中国的资本存量为5847.89亿元（1978年价格）。李宏瑾（2008）将1952年作为初始期测算1952—2007年中国的资本存量，得到1978年资本存量为7807.55亿元（1978年价格）。黄梅波等（2010）将1952年作为初始期测算1952—2008年中国的资本存量，得到1978年资本存量为7468.28亿元（1978年价格）。古明明等（2012）根据《中国统计年鉴》公布的全民所有制企业平均折旧率计算平均综合折旧率为3.1%，1978年之前资本年均增长率为7.5%，基于这两个数据及1978年固定资本形成总额1073.9亿元（1978年价格），根据初始期资本存量增长率公式得到初始期1978年资本存量为10131.13亿元（1978年价格）。可以看出，学者关于1978年资本存量值存在较大的差异，最大值与最小值之比达到了3.68以上，因此在本书的核算中这些数据都不能直接使用。考虑到资本产出比变化的相对稳定性，我们可以从资本产出比出发对基期资本存量进行推算。

基期资本存量的核算主要有两种方法：一种为增长率法，另一种为计量法。增长率法基于"经济稳态下投资额与资本存量的增长率相等"，根据式（1-5）进行核算：

$$K_0 = \frac{I_0}{g+\delta} \tag{1-5}$$

在式（1-5）中，K_0为初期资本存量，I_0为初期的投资流量，g和δ分别为投资增长率和固定资本折旧率。莱因斯多夫等（Reinsdorf et al.，2005）通过变量之间的关系将式（1-5）修正为式（1-6）：

$$K_0 = \frac{I_0(1+g)}{g+\delta} \tag{1-6}$$

我们将利用投资增长率测算初始期资本存量的方法称为初始期资本存量增长率法。由上述可知，由增长率法测算的初始期资本存量存在诸多假设，该方法虽然优于人为设定的初始期资本存量，但仍然依赖增长率、折旧率等因素对基期资本存量进行估计。

按照计量法，初始期资本存量为过去所有投资的总和，则初始期资本存量与投资之间存在如下关系：

$$K_0 - \int_{-\infty}^{0} \Delta K_t d_t = \frac{\Lambda K_0 e^{\theta}}{\theta} \tag{1-7}$$

式 (1-7) 中，$\Delta K_t = \Delta K_0 e^{\theta(t+1)}$，$\theta$ 为投资增长率。由式 (1-7) 对初始期的资本存量进行估算忽略了资本折旧，这样可能造成初始期资本存量的高估。Wu (2007) 测算得到 1981—1995 年中国固定资本年均增长率为 21.5%，该值是其他学者测算值的 2 倍多。麦迪森 (1999) 认为，1978—1995 年中国固定资本年均增长率为 8.86%，世界银行测算的 1979—1995 年中国固定资本的年均增长率为 7.90%。

由式 (1-7) 可得：

$$K_0 = \int_{-\infty}^{0} I_t d_t = \frac{I_0}{\theta} \qquad (1-8)$$

式 (1-8) 中，$I_t = I_0 e^{\theta t}$，可得到：

$$\ln I_t = \ln I_0 + \theta t \qquad (1-9)$$

利用投资序列对式 (1-9) 进行回归估计可得到 θ 和 I_0，由式 (1-8) 可得到初始期资本存量。我们将由计量方法估计得到初始期资本存量的方法称为计量法。相比增长率法，计量法得到的基期资本存量是较为可靠的，但使用该法的前提是资本增长率较为平稳。

(二) 折旧率的确定

不同国家在不同发展阶段的设备和机器使用年限是有区别的，因此，国内外学者关于固定资产折旧率的确定进行了一系列深入的研究和探讨。

Hulton 和 Wykoff (1981a，1981b) 利用役龄价格函数和 Box - Cox 转换方法对资本投入进行计量。Chow (1993) 使用公式 "折旧额 = 国内生产总值 - 国民收入 + 补贴 - 间接税" 计算 1978—1993 年的折旧额。任若恩、刘晓生 (1997) 提出，折旧率可以通过政府规定或公司账目中估计的机器设备服务寿命来确定。因 1994 年之前国家统计部门没有公布各省的固定资产折旧序列，李治国和唐国兴 (2003) 为了保持数据的连续性，将各省份的折旧额进行加总用以代替折旧率核算资本存量。而大部分研究中所采用的方法都是估计一个合理的折旧率，对历年资本存量进行核算。由于折旧率的估计方法存在较大的不同，不同文献中的折旧率差异很大。珀金斯 (Perkins，1998)、胡永泰 (1998)、王小鲁 (2000) 以及 Wang 和 Yao (2001) 均假定折旧率为 5%；Young (2000) 则假定折旧率为 6%，这也是霍尔和琼斯

(Hall and Jones，1999）研究 127 个国家资本存量时采用的通用折旧率。黄永峰等（2002）在中国制造业资本存量的研究中，估算出设备的经济折旧率为 17%，建筑为 8%。龚六堂和谢丹阳（2004）对全国各省都假定了 10% 的折旧率。宋海岩等（2003）则假定各省每年的折旧率为全国折旧率加上各省该年的经济增长率，其理由是各省资本实际使用情况不同，那些经济增长较快的省份必然会比增长较慢的省份更快地使用资本，从而导致折旧更快。陈昌兵（2014）关注到折旧率对资本存量核算影响较大的问题，通过构建四种折旧率模型确定了不同类型的折旧率水平，其实证分析结果显示：劳动力弹性系数为 0.4 左右；固定不变折旧率为 5.65% 左右；可变折旧率与 GDP 增长率相关，且在 1993 年发生结构变化，可变折旧率均值为 5.63% 左右。

本书使用《可变折旧率估计及资本存量测算》（陈昌兵，2014）一文中使用的折旧率模型确定固定资产的折旧率，以 1978 年作为基期，结合固定资本形成总额和固定资产投资价格指数对中国的资本存量进行核算。

第二节 中国人均资本存量增长率的核算

由《可变折旧率估计及资本存量测算》一文中资本存量的核算结果，利用式（1-10）：

$$\text{人均资本存量} = \text{资本存量}/\text{人口总数} \qquad (1-10)$$

得到中国的人均资本存量，再根据增长率的计算公式得到中国的人均资本存量增长率（见表 1-2）。

表 1-2   1978—2013 年中国的人均资本存量增长率

年份	资本存量（亿元）	人口总数（万人）	人均资本存量（元/人）	增长率（%）
1978	14331.97	95616.5	1498.90	—
1979	15601.81	96900.5	1610.09	7.42

续表

年份	资本存量（亿元）	人口总数（万人）	人均资本存量（元/人）	增长率（%）
1980	17040.45	98123.5	1736.63	7.86
1981	18299.76	99388.5	1841.24	6.02
1982	19785.26	100863.0	1961.60	6.54
1983	21525.67	102331.0	2103.53	7.24
1984	23835.11	103682.5	2298.86	9.29
1985	26532.24	105104.0	2524.38	9.81
1986	29361.71	106679.0	2752.34	9.03
1987	32774.07	108403.5	3023.34	9.85
1988	36440.63	110163.0	3307.88	9.41
1989	38875.00	111865.0	3475.17	5.06
1990	41196.95	113518.5	3629.10	4.43
1991	44329.87	115078.0	3852.16	6.15
1992	48721.27	116497.0	4182.19	8.57
1993	54538.92	117844.0	4628.06	10.66
1994	61488.27	119183.5	5159.13	11.47
1995	69288.96	120485.5	5750.81	11.47
1996	77790.24	121755.0	6389.08	11.10
1997	86519.29	123007.5	7033.66	10.09
1998	95957.05	124193.5	7726.41	9.85
1999	105879.00	125273.5	8451.83	9.39
2000	116815.15	126264.5	9251.62	9.46
2001	129001.31	127185.0	10142.81	9.63
2002	143500.92	128040.0	11207.51	10.50
2003	161675.04	128840.0	12548.51	11.97
2004	182853.86	129607.5	14108.28	12.43
2005	206777.00	130372.0	15860.54	12.42
2006	235385.48	131102.0	17954.38	13.20
2007	268309.02	131788.5	20359.06	13.39
2008	304098.40	132465.0	22956.80	12.76
2009	350652.58	133126.0	26339.90	14.74
2010	403394.66	133770.5	30155.73	14.49

续表

年份	资本存量（亿元）	人口总数（万人）	人均资本存量(元/人)	增长率（%）
2011	460116.33	134413.0	34231.53	13.52
2012	521445.35	135069.5	38605.71	12.78
2013	590948.93	135738.0	43536.00	12.77

注：表中资本存量及人均资本存量均以1990年价格计算，由于本章研究人均资本存量增长率，因此无论以何种价格进行核算都不影响人均资本存量增长率的国际比较。

根据表1-2的计算结果，将中国人均资本存量增长率的变化趋势作图（见图1-1）。

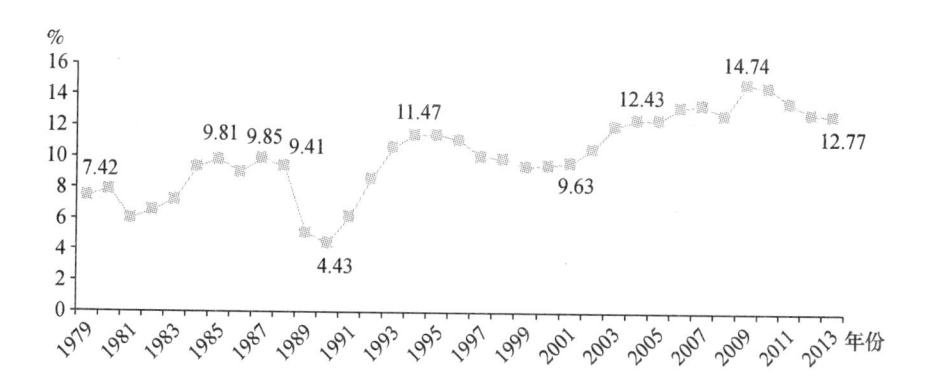

图1-1 中国人均资本存量增长率的变化趋势

由图1-1可知，首先，1978年之后中国人均资本存量增长率整体表现为上升趋势，且保持为正数，即人均资本存量绝对额持续增长；其次，1987—1990年人均资本存量增长率下降，由9.85%下降至4.43%，其余年份偶尔略有下降但整体上升趋势明显；再次，人均资本存量增长率在2009年达到最高点14.74%，1990年处于最低点4.43%，1993年之后保持在9%以上；最后，1979年中国人均资本存量的增长率为7.42%，2013年为12.77%，上升了5.35个百分点。因此，中国人均资本存量的增长率并非常数，而是经历一个逐渐上升的过程。

中国人均资本存量绝对额和增长率的提高是有其原因的。改革开放以来，中国政府首先适当放开部分最终产品的价格，以低工资、低地租、低税收降低企业的经营成本，同时通过吸引各类资源投入加大社会总供给，提高了企业的竞争力，产业资本收益相对较高，经济增长潜力得到有效释放，计划经济体制下政府过度集中和使用资源的弊端逐步消除，资本得以迅速积累，社会生产需要的要素投入得到有效供给，保证了人均资本存量的持续高增长率。中国的发展经验说明了，在经济增长没有进入起飞轨道之前，为人均资本存量的增长创造条件完全比总资本存量绝对额的增长更为重要，而只有形成资本的稳定增长路径，才会走出经济无序波动的怪圈。

第三节 人均资本存量增长率的国际比较

本书采用 Nehru 和 Dhareshwar（1993）的数据对部分 OECD 成员国及巴西 1960—1990 年的资本存量进行核算，并将原有的价格转换成 2005 年不变美元价格，同时，根据该数据计算的折旧率和世界发展指标数据库中的各国固定资本形成数据，采用永续盘存法，得到 29 个国家 1960—2012 年的最终资本存量，如附录 1-1 所示。由世界发展指标数据库查阅各个国家的人口总数，得到各国的人均资本存量（见附录 1-2），并以此为基础，得到各国人均资本存量的增长率（见附录 2-3）。

由于数据所限，仅能得到 2012 年及之前部分 OECD 成员国及巴西的人均资本存量增长率，因此本节对中国和其他国家人均资本存量增长率的比较仅限于 2012 年及之前。

一 中国和美国

根据附录 1-3，得到美国 1961—2012 年的人均资本存量增长率（见表 1-3）。

表 1-3　　1961—2012 年美国的人均资本存量增长率　　单位：%

年份	美国	年份	美国
1961	3.18	1987	1.94

续表

年份	美国	年份	美国
1962	3.87	1988	3.20
1963	3.45	1989	3.12
1964	4.00	1990	2.51
1965	4.72	1991	1.75
1966	4.44	1992	1.58
1967	4.68	1993	1.57
1968	4.67	1994	1.84
1969	4.18	1995	1.97
1970	4.18	1996	0.99
1971	3.49	1997	2.51
1972	3.33	1998	2.51
1973	3.46	1999	3.03
1974	3.11	2000	2.92
1975	2.67	2001	2.96
1976	2.43	2002	2.67
1977	1.94	2003	2.68
1978	1.58	2004	2.54
1979	1.60	2005	2.70
1980	1.50	2006	2.66
1981	0.65	2007	2.78
1982	1.30	2008	3.00
1983	1.01	2009	2.42
1984	2.08	2010	1.38
1985	1.66	2011	1.51
1986	1.70	2012	1.30

将1979—2012年中国和美国人均资本存量增长率的变化趋势进行对比（见图1-2）。

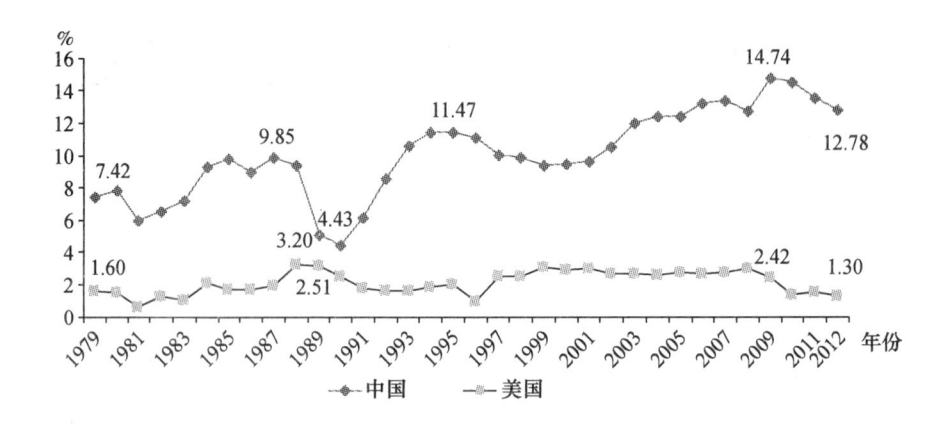

图 1-2 中国和美国人均资本存量增长率变化趋势的对比

可以看出，中国和美国的人均资本存量增长率均保持正值，即1979—2012年期间人均资本存量的绝对额持续上升；中国的人均资本存量增长率曲线位于美国的上方，1990年两者相差最小，2009年两者相差最大；2012年，中国的人均资本存量增长率为12.78%，高出美国11.48个百分点；最后，美国的人均资本存量增长率相比中国而言波动性较小，保持在1%—3.2%。

事实上，1960年以来，美国的人均资本存量增长率一直保持在5%以下（见图1-3）。

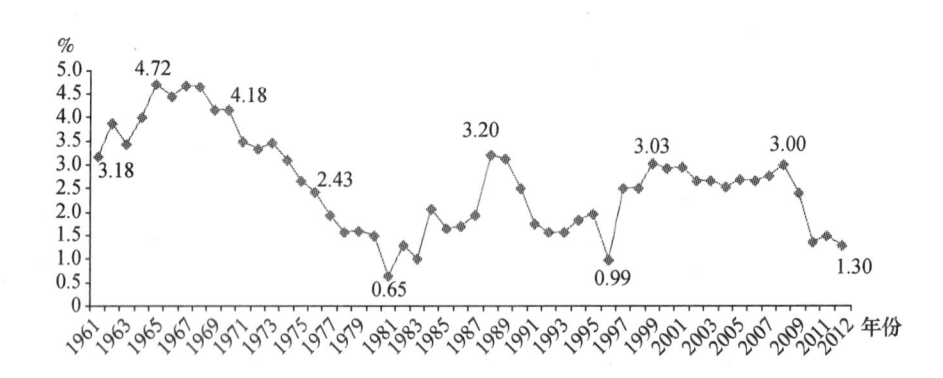

图 1-3 1961—2012年美国人均资本存量增长率的变化趋势

由图1-3可以看出，美国的人均资本存量增长率经历了一个不断下降的趋势,由 1965 年的最高点 4.72% 下降至 2012 年的 1.30%。由于数据资料所限,我们已经无法观察 1960 年之前美国的人均资本存量增长率经历了怎样的变化,尤其是美国在工业化过程中的资本积累过程。但可以得到的结论是,1960 年之后美国的人均资本存量增长率已经达到了卡尔多事实中的常数状态,保持在 0.6%—5%。

二 中国和日本、韩国

根据附录 1-3,得到 1961—2012 年日本和韩国的人均资本存量增长率(见表 1-4)。

表 1-4　日本和韩国 1961—2012 年的人均资本存量增长率　　单位:%

年份	日本	韩国	年份	日本	韩国
1961	5.72	12.04	1981	2.52	5.00
1962	7.62	12.02	1982	2.20	4.06
1963	7.43	11.51	1983	1.93	3.70
1964	5.79	11.88	1984	2.23	3.76
1965	4.19	10.34	1985	2.08	5.20
1966	4.31	10.48	1986	2.21	4.05
1967	4.84	11.42	1987	2.31	4.25
1968	5.89	12.40	1988	2.56	5.76
1969	4.24	13.09	1989	2.85	5.87
1970	4.92	1.37	1990	2.06	5.66
1971	4.40	12.15	1991	2.90	5.74
1972	4.69	11.34	1992	2.65	4.91
1973	4.63	11.43	1993	1.74	4.25
1974	3.23	7.28	1994	1.57	3.76
1975	2.98	6.88	1995	1.81	3.49
1976	3.50	5.84	1996	1.66	2.58
1977	1.79	5.25	1997	1.89	3.47
1978	2.01	6.09	1998	1.89	3.47
1979	2.67	5.52	1999	2.05	2.78
1980	2.33	3.96	2000	2.17	2.41

续表

年份	日本	韩国	年份	日本	韩国
2001	2.37	2.36	2007	2.37	1.67
2002	2.36	2.27	2008	2.40	1.33
2003	2.43	1.93	2009	2.10	1.31
2004	2.37	1.95	2010	1.29	0.80
2005	2.37	2.03	2011	0.89	0.47
2006	2.33	1.68	2012	1.22	0.76

选取与中国地理位置相近、工业化特征相类似的日本和韩国，与中国的人均资本存量增长率进行对比，如图1-4所示。

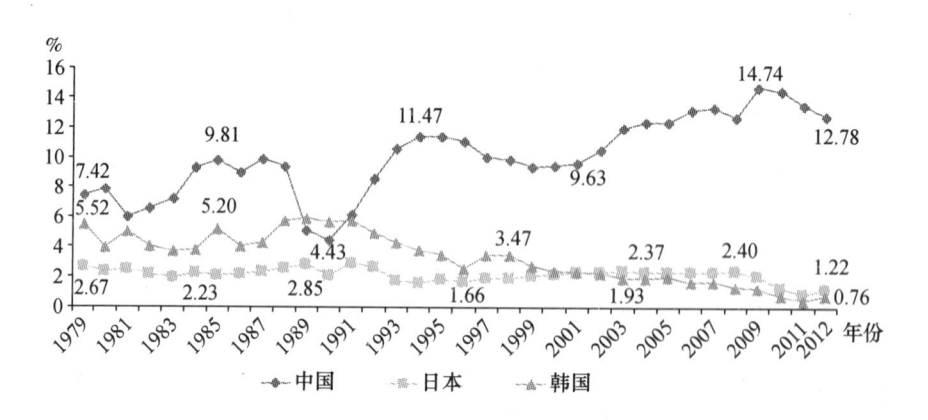

图1-4　1979—2012年中国与日本、韩国人均资本存量增长率的对比

由图1-4可以看出，日本的人均资本存量增长率曲线自1979年之后较为平缓，韩国趋于下降，中国则保持上升；除1989年和1990年以外，中国的人均资本存量增长率在三个国家中保持最高；1979年中国的人均资本存量增长率为7.42%，2012年上升到12.78%；1991年后韩国的人均资本存量增长率下降明显，2012年为0.76%，比1979年降低了4.76个百分点；日本的人均资本存量增长率维持在0—3%。

工业化是指工业生产部门在传统农业社会中形成、发展和壮大，并带动传统农业社会向现代工业社会转变的过程。从人均资本存量增长率角度分析，中国当前正处于向成熟的工业化国家转变的过程中，资本不断累积，人均资本存量不断上升。为了更好地说明工业化过程中人均资本存量增长率的变化情况，对日本和韩国 1961—2012 年人均资本存量增长率的变化趋势作图，如图 1-5 和图 1-6 所示。

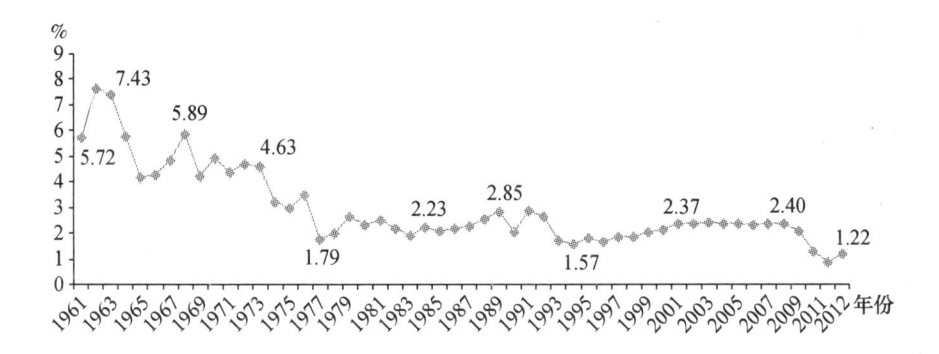

图 1-5　1961—2012 年日本人均资本存量增长率的变化

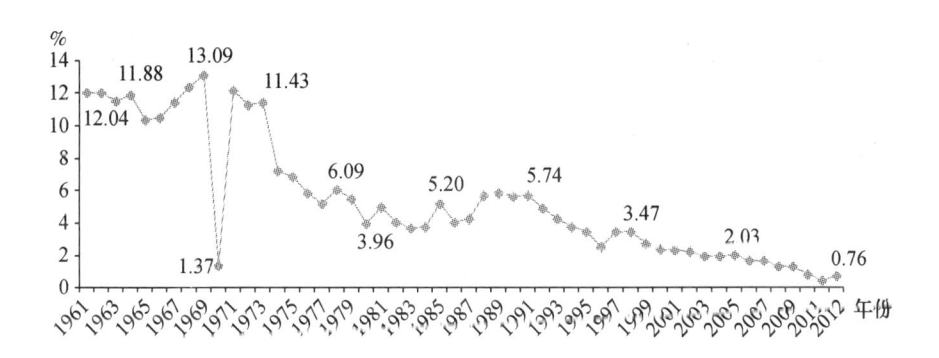

图 1-6　1961—2012 年韩国人均资本存量增长率的变化

由图 1-5 可以看出，日本的人均资本存量增长率在 1960 年以后保持在 10% 以下，且逐年下降。1946—1955 年，即第二次世界大战后的经济恢复期，通过"倾斜生产方式"的产业政策，日本优先发展并重点支持钢铁、煤炭、电力工业，工业化得以迅速发展。1956 年之后，日本的工业化进程迅速加快，经济进入高速增长的阶段。由于资本存量数据有限，我们无法获知1945—1960年日本人均资本存量的变化情况，但由20世纪60年代日本的GDP平均增长率达到10.12%可以看出，日本的工业化在这一时期完成。1970年以后，日本的人均资本存量增长率由4%左右开始缓慢下降，2012年为1.22%。

与日本人均资本存量增长率曲线相类似，韩国人均资本存量的增长率变化也是呈逐年下降趋势的，如图1-6所示。不同的是，韩国的工业化相比日本较晚，与图1-5相比，图1-6中人均资本存量增长率为5%左右的部分处于1976—1992年（个别年份除外），而日本大致在1964—1973年。因此，从人均资本存量增长率的角度来讲，韩国的工业化比日本晚了15年左右，这与日本和韩国经济史的记载是相吻合的。1973年之后，韩国的人均资本存量增长率开始缓慢下降，2012年为0.76%。

由此可以得出结论，一个国家的工业化过程和人均资本存量增长率的变化趋势是相互对应的。在工业化过程中，人均资本存量增长率保持在10%左右，完成工业化的资本积累条件后，人均资本存量增长率才会缓慢下降。从1990年的4.43%开始，中国经历了一个人均资本存量增长率上升的阶段，2012年为12.78%，这从资本积累的角度说明，中国的工业化尚未完成，中国还需要很长一段时间的发展才能成为一个成熟的工业化国家。

第四节 人均资本存量增长率的收敛性分析

根据卡尔多事实中的描述，人均资本存量增长率在长期中以连续不变的速度增长。而由以上两节的分析可以看出，中国当前人均资本存量增长率处于上升阶段，并不符合卡尔多事实。但是，一个国家或地区完成工业化进程之后人均资本存量增长率是否收敛？也就是说，中国的工业化进程结束之后，人均资本存量增长率是否也会下降，并趋近于一个常数？

表1-5为2012年部分OECD成员国及巴西的人均资本存量增长率。可以看出，只有丹麦的人均资本存量增长率为10%以上，智利处

于5%—10%，澳大利亚、西班牙、美国、英国等24个国家在0—5%，冰岛和以色列分别为-0.45%和-2.71%。近90%的OECD成员国的人均资本存量增长率在0—7%，且大部分国家呈现出逐年下降的趋势。这说明卡尔多事实关于人均资本存量增长率为常数的描述在现实中是有一定根据的。

表1-5　2012年部分OECD成员国及巴西的人均资本存量增长率

单位:%

国家名称	人均资本存量增长率	国家名称	人均资本存量增长率
澳大利亚	3.27	日本	1.22
奥地利	1.53	韩国	0.76
比利时	1.34	卢森堡	1.72
巴西	3.25	墨西哥	2.18
加拿大	2.48	荷兰	3.27
智利	6.29	新西兰	1.34
丹麦	12.17	挪威	1.36
芬兰	1.29	葡萄牙	3.15
法国	1.47	西班牙	1.65
德国	3.90	瑞典	0.88
希腊	2.03	瑞士	1.67
冰岛	-0.45	土耳其	0.90
爱尔兰	0.06	英国	4.88
以色列	-2.71	美国	1.30

由附录1-3，我们对这些OECD成员国及巴西人均资本存量增长率的变化趋势作散点图，如图1-7所示。由于希腊、以色列、挪威和土耳其1961—1970年数据缺失，在散点图中将这四个国家去除。可以看出，这些国家的人均资本存量增长率的变化趋势可以分为两个阶段：第一阶段为1960—1980年，这段时间内多数国家的人均资本存量增长率在2%—8%；第二阶段为1981—2012年，这个阶段多数国家人均资本存量增长率趋于下降，在0—5%较为密集。

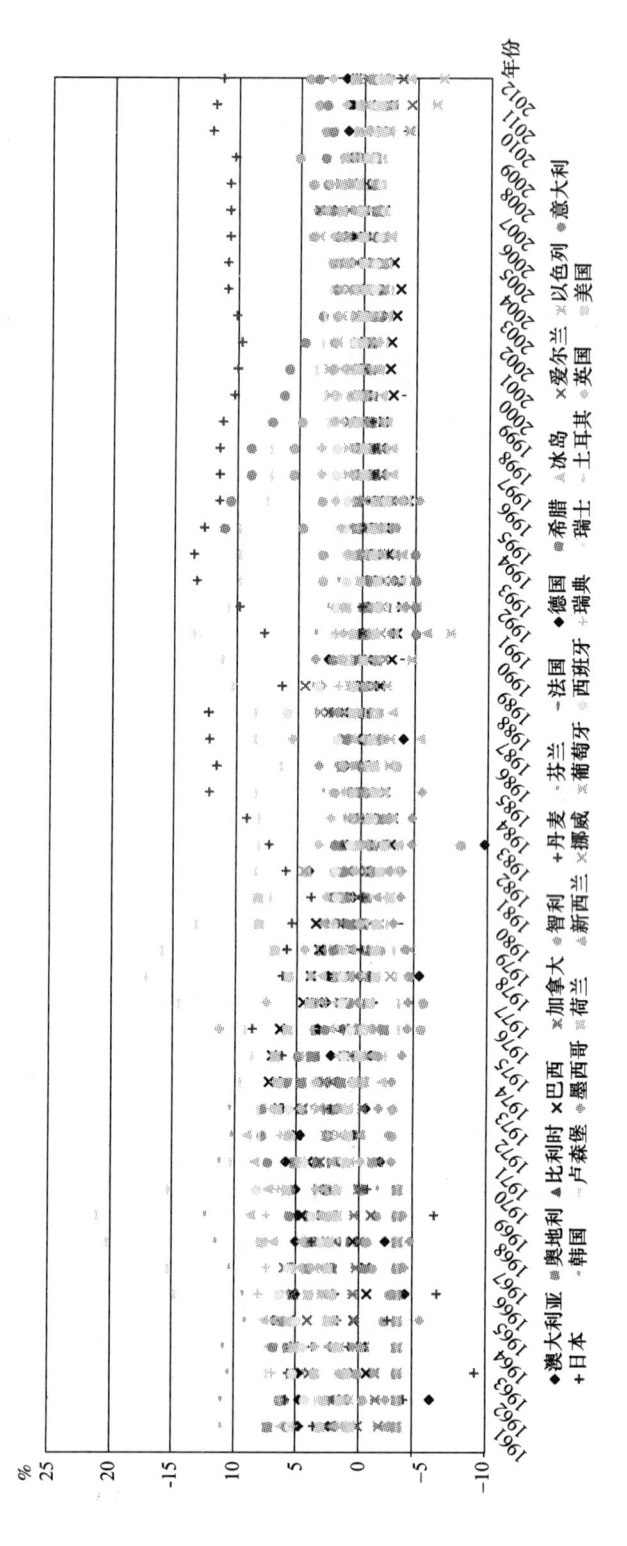

图 1-7 1961—2012 年部分 OECD 成员国及巴西人均资本存量增长率的变化趋势

因此，各个国家人均资本存量增长率的变化是趋于一致的，整体表现为下降趋势，且 1980 年后逐渐收敛于在 0—5%。由日本、韩国实现工业化后人均资本存量增长率的下降以及 OECD 成员国人均资本存量增长率的收敛可以得到以下结论：当前，中国的工业化尚未完成，人均资本存量增长率处于上升阶段，而这种上升趋势在实现工业化后将会结束并趋于下降。即从人均资本存量增长率的角度来看，中国经济当前所达到的状态是不符合卡尔多事实的，当资本积累完成、工业化实现之后，才会逐渐向卡尔多事实中所述的"人均资本存量增长率保持为常数"的状态收敛。

第五节　本章小结

本章第一节探讨了国内外文献资料中对资本形成和投资效率问题的相关研究以及资本存量的多种核算方法，并对各位学者的研究成果进行了对比，从基期资本存量和折旧率这两个方面分析了资本存量核算过程中需要注意的若干要点。

第二节基于卡尔多事实对中国 1978 年之后的人均资本存量增长率进行了核算，结果发现中国当前阶段的人均资本存量增长率并不是常数，而是保持逐年上升的趋势。

第三节对中国和美国、日本及韩国的人均资本存量增长率进行了对比分析，结果发现：（1）中国的人均资本存量增长率高于美国、韩国、日本；（2）与日本、韩国 1979—2012 年人均资本存量增长率的对比后发现，中国当前正处于工业化时期，而工业化时期最明显的一个特征就是资本积累即人均资本存量增长率较高。

第四节通过对人均资本存量增长率进行收敛性分析发现：在完成工业化进程的 OECD 成员国中，人均资本存量增长率存在一定的收敛现象，大致为 0—5%；而中国在实现工业化之后，人均资本存量的增长率也会逐步下降，并逐渐实现收敛。

第二章　资本收益率

资本收益率也称资本利润率，在多数经济学文献中定义为"资本收益与总资本投入之比"。其中，资本收益是一个流量指标，而总资本是存量指标，资本收益率是资本收益与资本存量之间的比率，其实质是社会的平均利润率。国内外经济学者测算资本收益率主要采用"指标法"和"函数法"这两种方法，前者利用企业的会计数据和统计数据进行推算，后者通过国民经济统计数据进行核算。利用总量生产函数的计量分析来计算资本收益率的方法，是在讨论经济增长模型时引入全要素生产率（TFP）后才逐渐发展起来的。

中国经济持续的高速增长与较高的投资率紧密相连，中国资本收益率是高还是低关乎中国经济是否过热，以及未来应该采取何种政策去引导经济发展。而根据卡尔多事实，资本收益率将趋于稳定不变。本章首先确定资本收益率的内涵及核算方法，然后对中国的资本收益率进行核算并分析其变化趋势，通过与其他国家的比较，分析中国当前资本收益率所处的阶段，最后对资本收益率是否收敛于卡尔多事实中的常数进行分析和证明。

第一节　研究方法

经济学中对于资本收益率的研究主要包括对其内涵及核算方法的界定、影响资本收益率的因素以及变动趋势等分析。

一　关于资本收益率的内涵及核算方法

首先介绍文献资料中资本收益率的定义和内涵，之后对资本收益率的核算方法进行总结和比较。

(一) 关于资本收益率的内涵

资本收益率这一概念起源于经济学者对利润率的关注，资本收益率、利润率以及收益率都可以用于反映资本的产出回报情况（CCER "中国经济观察"研究组，2007），本书将资本收益率与资本利润率视为等同。1776年，经济学之父亚当·斯密最早将资本家的收入划分为工人工资和资本利润两个部分，收入在两者之间的分配决定了资本利润率的大小。李嘉图（1885）从物质形态出发将谷物生产的利润率定义为"（谷物产出量－谷物投入量）/谷物投入量"，此后，他以劳动价值学说为基础进一步考察了谷物价格变动对工人劳动工资的影响，从而摒弃了之前的定义。约翰·穆勒（1848）的看法与亚当·斯密类似，认为利润是资本家对其支出成本进行补偿后的剩余部分，并将这部分收入划分为风险补偿、节欲补偿以及监督成本补偿三个部分。此后，马克思从平均利润和生产价格理论出发，指出利润是剩余价值的转化形式，利润实际上就是剩余价值，资本家购买的劳动力源源不断地创造出的利润却表现为资本家全部预付资本带来的增加值，他将利润率定义为剩余价值与全部预付资本之比。

20世纪，国内外经济学家对资本收益率的研究建立在以大量数据为基础的计量回归模型上，如鲍默尔等（Baumol et al.，1970）通过计算回归系数得到资本回报率。此后，Friend 和 Husic（1973）、Brealey（1976）、McFetridge（1978）在鲍默尔的基础上在回归模型中加入控制变量对资本收益率进行了修正。费尔德斯坦（Feldstein，1977）认为，资本收益率通过简单计算资本产出与资本存量之比即可得到，费尔德斯坦和波特伯（Feldstein and Poterba，1980）以及波特伯（1997）在其研究的基础上将资本产出进一步细化为税前利润、净利息支出和财产税三者之和。CCER "中国经济观察"研究组（2007）提出了权益净利润率、资产净利润率、固定资产净利润率等九个衡量资本收益率的指标，认为资本回报数据的来源有两种：一种是企业财务会计报表，另一种是国民收入账户统计体系。白重恩等（Bai Chong - En et al.，2006）按照企业财务会计报表对资本收益率进行了界定和测算，单豪杰、师博（2008）则按照第二种数据来源将扣除成本费用后的资本收入与资本存量之比作为中国的资本收益率。根据以上分析，本书所研究的资本收益率为第二种情况，即依据国民收入账户统计体系将"国民收入与资本存量之比"作为资本收益率。

(二) 关于资本收益率的测算方法

理论上关于资本收益率的测算方法有很多，包括鲍默尔等 (1970) 提出的以不变价为基础的回归分析模型、米勒和里尔登 (Mueller and Reardon, 1993) 以市场价值为基础的净现金流折现模型、法马和弗伦奇 (Fama and French, 1999) 的内部报酬率模型、弗尔德斯坦 (1977) 的非回归分析模型以及美国银行家信托在 20 世纪 70 年代末开发的商业银行 RAROC 指标法模型等。在实证研究中，由于数据资料多样、时代限制以及研究对象的差异，不同学者应用上述模型得到的结果并不完全一致。鲍默尔等 (Baumol et al., 1970) 利用以不变价为基础的回归分析模型对美国数据的研究结果发现，在 1949—1963 年间美国公司内部资金的再投资回报率在 3%—4.6%；惠廷顿 (Whittington, 1972) 以英国公司为研究样本得到的结论与 Baumol 等 (1970) 的结论具有相似性，但在相关细节上却有一定差别；辛清泉、林斌等 (2007) 利用此模型对中国上市公司资本收益率的估计结果发现，中国上市公司的资本投资回报率远低于资本的正常使用成本，仅为 2.6%。此后，为了避免以不变价为基础的计算方法的种种缺陷，米勒和里尔登 (1993) 采用以市场价值为基础的净现金流折现模型，计算了美国 1970—1988 年 699 家大型公司的投资回报，研究结果发现，1 美元的投资金带来的市场价值为 34 美分。法马和弗伦奇 (1999) 利用内部报酬率模型 (IRR) 估计了 1950—1960 年美国上市公司的资本收益率，估计结果显示，资本成本为 5.95%，投资回报率为 7.38%。张峥、孟晓静等 (2004) 同样采用此模型对 A 股上市公司的资本收益率进行了测度后发现，由于上市公司的过度融资和股票二级市场的价格高估，其资本投资回报整体上看来高于资本成本，但综合投资业绩整体为负。费尔德斯坦 (1996) 通过非回归模型测算的资本收益率研究了美国建立一种完全积累的社会保障制度的效应；Pyo (1999) 同样利用该模型测算了 15 个 OECD 成员国 1961—1995 年的资本收益率，结果发现除日、韩外其他国家的资本收益率趋于一致。曹跃群等 (2009) 采用中国服务业 1978—2007 年的统计数据,通过非回归模型研究了影响服务业资本效率的因素。陈立泰等(2010)通过该模型的实证研究结果发现,中国农业的投资利润率在1993年之前是上升的,之后则有所下降。此外,白重恩等(2006)计算后发现,尽管存在着投资率和资本收益率"双高"的现象,但中国的总资本收益率在20%左右。孙文凯等(2010)对中、美、日三国进行了比较研究,认为较高的投资回报率是中国吸引外国直接投资的主要原因,而中国与其他国家的资本收益率差距并未出现缩小趋势。

张帆(2000)将国民收入分为劳动所得和资本所得两个部分,其中,资本分为物质资本和人力资本。假定物质资本份额和人力资本份额分别为0.35和0.26、简单劳动收入份额为0.39,在中性技术进步的条件下将其带入完全竞争生产函数中,得到1995年中国的物质资本收益率约为12%,人力资本的投资收益率约为5.2%。樊纲、姚枝仲(2002)提出,资本存量的核算可以从两个角度来分析:一种通过生产单位的资本负债情况得到全社会的资本存量,计算公式为"各单位净资产之和减去各单位股权、股票投资之和";另一种从资本的使用形态考虑,资本总额为"固定资产、存货、无形资产和递延资产等"的加总,这两种方法在会计核算上等价。采用营业盈余近似表示资本收入,通过营业盈余与资本存量之比得到全社会的总资本收益率。世界银行的报告,通过统计数据计算了中国国有企业的资本收益率,结果发现,中国国有企业的资本收益率在1998年仅为2%,2005年已增加到12.7%。他们认为,中国的高储蓄率主要来自企业较高的留存和政府结余,企业利润的增长是中国储蓄增长的主要因素。Shan W.(2006)则认为,世界银行使用的数据由于没有扣除所得税和投资收入而高估了中国企业的盈利水平,而且由于原材料涨价和中国普遍存在的产能过剩,企业的边际利润在持续下降,资本收益率的平均值为8%—9%。随后,Kuijs和Hofman(2006)对其观点进行了反驳,认为世界银行使用的数据并不影响研究结果,由此双方展开了一系列论战。马丁·沃尔夫(Martin Wolf,2006)和白重恩等(2007)的研究在一定程度上支持了世界银行报告的实证分析结果,认为中国存在着较高的资本回报。CCER"中国经济观察"研究组(2007)以

2005年的净资产税前利润率作为比较指标研究了中国不同类型企业的资本收益率水平,结果显示私营企业最高,国有企业最低,与世界银行报告的计算结果十分吻合。此外,还有学者关注了中国上市公司的资本收益率。蒋云赟、任若恩(2004)对全国工业企业和国有工业企业的资本收益率进行了估算,结果显示,1996年起全国工业企业的资本收益率基本稳定在6%左右,国有工业企业的资本收益率低约1.5个百分点。张峥等(2004)借助法马和弗伦奇(1999)的模型,使用中国1990—2001年A股上市公司的数据度量了资本收益率,结果显示,严重高估的股票价格和过度追求高融资使得流通只获得了负的综合投资收益。辛清泉、林斌等(2007)则使用1999—2004年数据得到中国上市公司的资本投资回报率仅为2.6%,且远低于资本成本,这些研究结果与世界银行报告的观点相悖。CCER"中国经济观察"研究组(2007)使用2004年中国第二次经济普查前的数据研究了规模以上企业的资本收益率,结果显示:改革开放以来中国资本收益率总体上先降后升,1998年处于最低水平,为2.2%;到2005年增加到12.6%,扣除所得税后约为10%。白重恩等(2007)的研究结果显示:当前中国的投资回报率约为20%,净资本收益率在10%左右,且具有很强的稳定性和持续性。

由此看来,资本收益率的核算方法根据研究对象的不同存在较大差异。在中国卡尔多事实研究这一主题下,本书中将直接采用GDP产出与资本存量之比代表资本收益率。

二 关于资本收益率变动趋势的研究

对资本收益率的关注起源于学者对利润率变动趋势的解释,亚当·斯密(1776)认为,由于资本家对高利润的追求,不同行业之间利润率的差别将消失,最终形成社会平均利润,而且市场竞争将会使平均利润不断降低。随后,李嘉图(1817)和约翰·穆勒(1848)从资本利润和劳动工资的角度对资本收益率进行了分析,他们同样认为,行业间的资本流动会导致社会利润的平均化。马克思在《资本论》中从资本有机构成的角度阐述了利润平均化的机制,认为资本逐利的本质最终导致资本运动停止,并在各个部门形成平均利润,同时伴随着资本有机构成的不断提高。但是,Moszkowska(1929)和Shibata（1934）则认为，在劳动工资既定的条件下，劳动生产率的提高将会提高资本利润率。在资本主义竞争的条件下，Okishio（1961）和罗默（1979）对上述结论进行了证明，认为：如果工人的实际工资不变，技术创新并不会导致利润率下降；但如果实际工资提高，利润率有可能下降。可以看出，由于时代不同、研究内容及社会政治制度的差异，不同学者所用的研究方法和数据来源存在着很大的区别，对资本收益率存在争议是不可避免的。施正一、鲁筱玲（1990）提出，在资本主义初期平均利润率规律受到市场制度和信息流动的限制。Pyo（1999）对 OECD 成员国的资本利润率进行了实证分析，发现了资本利润率具有收敛的趋势，即发展落后的国家的资本收益率较高，随着其实现赶超，资本收益率逐渐向发达国家收敛，最终下降至与富裕国家水平相当。郑志国（2001）认为，各行业之间利润率的平均化至少需要四个前提：（1）资本流动自由；（2）完全信息；（3）社会需求稳定；（4）投入要素成本稳定。而实际上完善的市场机制和成熟的市场主体在中国当前的发展阶段是不可能完全实现的，因此，行业利润率不仅没有平均化，甚至还有不断扩大的趋势。罗朝晖（2007）同样提出，利润平均化是一定历史和社会条件下才会出现的特殊规律，不具备一般适用性。孙文凯等（2010）根据中国 2007 年的数据估算了资本收益率，结果发现资本收益率在一定程度上受到经济周期的影响且在长期中递减，同时，劳动者份额及资本产出比是影响资本收益率的主要因素。CCER"中国经济观察"研究组（2007）认为，国有企业对能源的垄断和投入要素价格的增长是中国资本收益率上升的重要原因。Song 等（2011）则提出，当前中国正处于经济转型期，产业结构调整促进了劳动力由国有企业向私营企业的流动，使资本收益率维持在一个较高的水平。

三 关于资本收益率的影响因素

关于资本收益率的影响因素，不同的学者从不同的角度进行研究，得出了很多结论，既有经济方面的，也有制度方面的。曼（Mann，1966）发现，市场进入壁垒和竞争程度影响各个产业的资本利润率，但在整体经济结构变动不明显的情况下这种影响是极其轻微的。Thomas R. Michl（1991）对 20 世纪 60 年代至 70 年代美国制造业利润率的降低进行了研究，发现工资和原材料价格的双重上涨是造成利润率降低的主要原因。刘红梅、王克强（2000）从机制设计的角度出发，发现劳动生产率对中国工业企业的利润率影响很大。唐要家（2004）对中国工业行业的截面数据进行了实证分析，发现各行业的利润水平和工业企业的集中度有关。李未无（2009）发现了FDI对中国国内企业利润率增长的负面影响，认为提高内资部门的竞争力有助于利润率的增长。除了以上的积极影响，还有学者提出了完全相反的意见，认为中国经济增长的过程中资本收益率不仅没有出现下降趋势，反而有所上升（舒元、徐现祥，2002）。包旭（2011）发现，由于中国各省份之间存在着资源禀赋差异，资本回报率存在省际效应，并且不能忽视金融市场化的影响。

内生经济增长理论认为，资本与劳动之比（资本深化）对产出有很大的影响，如果人力资本积累过度，应选择物质资本为主的投资路径；反之，则投资路径应选择以人力资本为主。现阶段，由于中国的劳动者份额及资本产出比都处于较低的状态，因此在相当长的时期内，中国的资本会有较高的回报率（孙文凯等，2010）。保罗·克鲁格曼（1994）指出，劳动和资本等生产要素投入的增长是东亚各国经济快速发展的重要原因，因而当经济发展到一定阶段，资本回报率和生产率变化出现下降的趋势。许多学者的研究都显示资本深化和资本回报下降同时发生，如刘遵义（1997）对1965—1991年间德国经济的研究、乔根森（2001）对1961—1973年间韩国经济的研究、徐长生和庄佳强（2009）对1820—1913年美国工业化期间的研究。张军（2002）以新古典增长理论为基础，对中国工业部门利润率的变动情况进行了深入研究。他认为，中国工业部门的比较优势不是资本，而是廉价的劳动力，因此资本密集型发展影响了资本的产出效率，从而导致资本利润率的下滑，资本劳动比率与资本利润率之间存在非常显著的关系，且方向为负。黄伟力（2007）却有着相反看法，他对中国工业资本利润率的研究发现，从宏观层面上看资本的"过度深化"对资本利润率的负面影响假说是不成立的。戈登（Gordon，1999）却认为，资本深化主要是由技术变化引致的，因此长期内资本深化与资本利润率之间是一种非常复杂的关系，并不必然是负相关关系。资本深化造成利润下降可能是由于投资配置效率的低下。秦朵、宋海岩(2003)认为,政府有着很强的刺激需求的动机,以推动经济快速增长,进而在很大程度上导致了投资配置效率的低下,但随着改革的逐步推进,配置效率低下的问题不断改善。

第二节　中国的资本收益率

改革开放后的30多年里,同东亚及其他经济体的发展经验相类似,高投资仍是推动中国经济快速增长的关键因素。而高额投资带动经济总量增长的同时,暗含着增长效率的问题,于是资本收益率的变化趋势便成了考察宏观经济运行效率的一个重要指标。由第一章表1-2的核算结果得到中国以1990年价格计算的资本存量,然后将国家统计局发布的GDP转换为1990年价格计算的GDP,利用GDP与资本存量之比计算出1978年及以后各年中国的资本收益率(见表2-1)。

表2-1　　　　　　　　中国的资本收益率　　　　　单位:亿元、%

年份	资本存量 (1990年价格)	GDP (1990年价格)	资本收益率
1978	14331.97	6641.07	46.34
1979	15601.81	7145.79	45.80
1980	17040.45	7703.64	45.21
1981	18299.76	8102.10	44.27
1982	19785.26	8832.62	44.64
1983	21525.67	9782.29	45.44
1984	23835.11	11269.89	47.28
1985	26532.24	12797.34	48.23
1986	29361.71	13939.60	47.48
1987	32774.07	15573.31	47.52

续表

年份	资本存量 （1990年价格）	GDP （1990年价格）	资本收益率
1988	36440.63	17333.19	47.57
1989	38875.00	18063.71	46.47
1990	41196.95	18774.30	45.57
1991	44329.87	20514.26	46.28
1992	48721.27	23442.97	48.12
1993	54538.92	26710.38	48.97
1994	61488.27	30203.58	49.12
1995	69288.96	33524.11	48.38
1996	77790.24	36851.29	47.37
1997	86519.29	40251.51	46.52
1998	95957.05	43412.66	45.24
1999	105879.00	46719.92	44.13
2000	116815.15	50658.07	43.37
2001	129001.31	54861.86	42.53
2002	143500.92	59849.31	41.71
2003	161675.04	65846.19	40.73
2004	182853.86	72480.62	39.64
2005	206777.00	80708.90	39.03
2006	235385.48	90949.43	38.64
2007	268309.02	103859.67	38.71
2008	304098.40	113854.47	37.44
2009	350652.58	124367.29	35.47
2010	403394.66	137589.65	34.11
2011	460116.33	150639.35	32.74
2012	521445.35	162314.35	31.13
2013	590948.93	174786.28	29.58

将 1978—2013 年中国资本收益率的变化趋势作图，如图 2-1 所示。

图 2-1 1978—2013 年中国资本收益率的变化趋势

可以看出，中国的资本收益率变化大致可以分为两个阶段：第一阶段为 1978—1994 年，这一阶段中资本收益率在 44%—50% 波动，保持相对平缓，1994 年达到最高点 49.12%；第二阶段为 1995—2012 年，资本收益率在这段时间里持续下降，2013 年降至 29.58%。资本收益率的下降表明中国当前投资效率不断降低，从 1 元的资本投入创造 0.46 元的产出，下降到 1 元的资本投入仅可以创造 0.3 元左右的产出。由第三章关于资本产出比的分析可知，按照本书的核算方法，资本产出比和资本收益率是互为倒数关系的，资本产出比不断上升，资本收益率将会持续下降。

第三节 资本收益率的国际比较

由第一章部分 OECD 成员国及巴西的资本存量（2005 年不变价美元）（附录 1-1）与世界发展指标数据库中以 2005 年不变价美元核算的 GDP（附录 2-1），计算得到这些国家的资本收益率，如附录 2-2 所示。

一 中国和各国平均水平

由 OECD 成员国及巴西的资本收益率（见附录 2-2）之和除以国家数目得到它们的平均资本收益率（以下称为各国平均资本收益率，见表 2-2）。

表 2-2　　　　1960—2012 年各国平均资本收益率　　　　单位：%

年份	平均资本收益率	年份	平均资本收益率
1960	46.74	1982	33.67
1961	46.36	1983	33.28
1962	45.63	1984	33.57
1963	45.24	1985	33.72
1964	45.16	1986	33.89
1965	44.23	1987	34.07
1966	43.57	1988	34.08
1967	42.35	1989	33.86
1968	41.84	1990	33.45
1969	41.58	1991	32.98
1970	41.12	1992	32.57
1971	40.62	1993	32.23
1972	40.34	1994	32.40
1973	40.12	1995	32.28
1974	39.04	1996	32.13
1975	37.32	1997	32.18
1976	37.26	1998	31.87
1977	36.68	1999	31.66
1978	36.37	2000	31.90
1979	36.14	2001	31.24
1980	35.47	2002	30.80
1981	34.68	2003	30.40

续表

年份	平均资本收益率	年份	平均资本收益率
2004	30.53	2009	27.60
2005	30.40	2010	27.63
2006	30.31	2011	27.42
2007	30.20	2012	26.88
2008	29.36	—	—

将中国的资本收益率与各国的平均资本收益率的变化趋势进行对比，如图 2-2 所示。

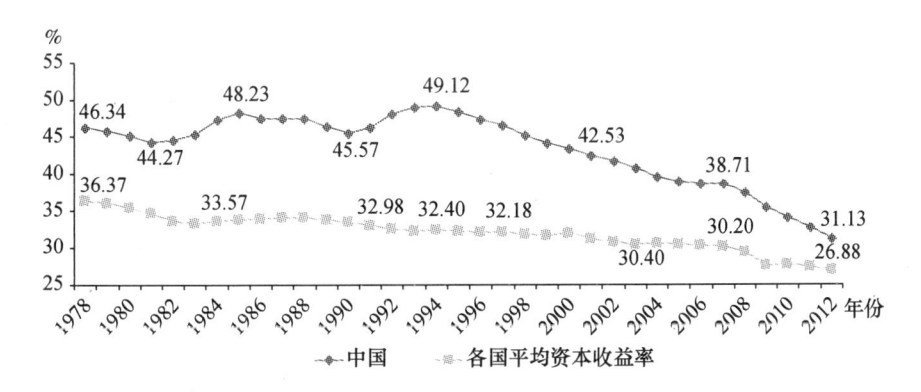

图 2-2 中国资本收益率和各国平均资本
收益率变化趋势的对比

整体上看，图 2-2 中两条曲线都呈下降趋势，但中国资本收益率始终高于各国平均水平。1978 年，中国资本收益率高出各国 9.97 个百分点，2012 年中国资本收益率为 31.13%，各国平均资本收益率为 26.88%，两者相差 4.25 个百分点，从这一角度上看，中国资本收益率和各国平均资本收益率之间的差距有逐年缩小的趋势。其次，1978—1994 年，中国资本收益率曲线呈波浪形上下变动的状态。1981 年，中国资本收益率降至 44.27%，此后有所上升，1985 年为 48.23%，1990 年达到区间最低点 45.57% 之后又有所上升，并于

1994 年升至最高点 49.12%。而在此期间，各国平均资本收益率基本保持下降的状态，由 1978 年的 36.37% 降至 1994 年的 32.40%。1994 年之后，两条曲线均呈现出下降趋势，但中国资本收益率比各国平均资本收益率曲线更为陡峭，下降趋势更为明显。

将 1960—2012 年各国平均资本收益率的变化趋势作图（见图 2-3）。

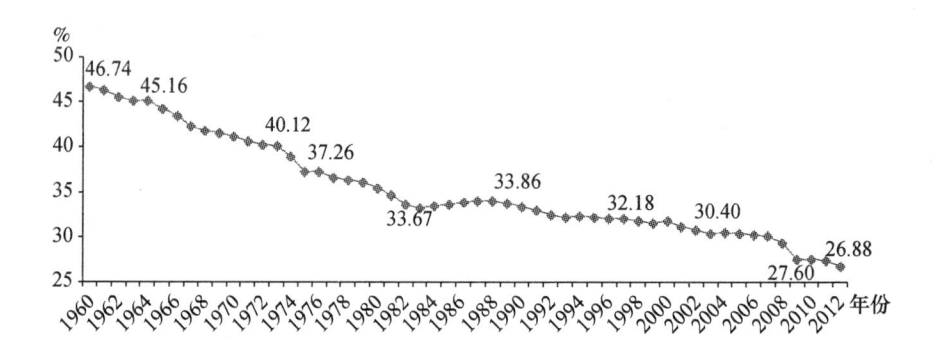

图 2-3 1960—2012 年各国平均资本收益率的变化趋势

由图 2-3 可以看出，从整体上看各国的平均资本收益率呈现逐年下降的趋势。1960—1983 年资本收益率的下降速度较快，曲线较陡；1984—2009 年各国平均资本收益率下降趋势减缓，相比 1983 年之前曲线较为平缓。2008 年爆发全球金融危机之后，各国平均资本收益率陡然下降，2012 年为 26.88%，相比 1960 年降低了 19.86 个百分点。

二 中国和美国

根据附录 2-2 的核算结果，得到 1960—2012 年美国的资本收益率（见表 2-3）。

将 1978—2012 年中国和美国资本收益率的变化趋势进行对比，如图 2-4 所示。

首先，从整体上看中国和美国的资本收益率曲线均呈下降趋势。1978 年，中国的资本收益率为 46.34%，高出美国 8.44 个百分点；此

表2-3　　　　　1960—2012年美国的资本收益率　　　　　单位:%

年份	资本收益率	年份	资本收益率
1960	36.46	1987	37.14
1961	36.46	1988	37.60
1962	37.25	1989	37.44
1963	37.60	1990	36.87
1964	38.43	1991	35.82
1965	39.16	1992	36.03
1966	39.59	1993	35.91
1967	39.08	1994	36.17
1968	39.22	1995	35.92
1969	38.93	1996	35.95
1970	37.71	1997	36.13
1971	37.70	1998	36.16
1972	38.20	1999	36.23
1973	38.54	2000	35.98
1974	37.09	2001	34.81
1975	35.94	2002	34.10
1976	36.79	2003	33.75
1977	37.30	2004	33.67
1978	37.90	2005	33.42
1979	37.39	2006	32.99
1980	36.40	2007	32.41
1981	36.33	2008	31.38
1982	34.78	2009	29.92
1983	35.37	2010	30.10
1984	36.81	2011	30.06
1985	37.00	2012	30.23
1986	37.01	—	—

图 2-4 中国和美国资本收益率变化趋势的对比

后，中国的资本收益率逐步上升，美国则在 36% 左右波动；1994 年，中国的资本收益率达到最高，高出美国 12.95 个百分点，两国之间的差距也达到最大；1995 年以后，中国的资本收益率逐步下降，美国则在 2000 年也开始下降，两国资本收益率的差距逐步缩小；2012 年，中国的资本收益率为 31.13%，美国为 30.23%，两国差距最小。其次，美国的资本收益率在 1978—1982 年略有下降，此后开始上升，1988 年上升到最高点 37.60%；1989—2000 年，资本收益率在 35%—37% 波动，曲线比较平缓；2001 年之后，美国的资本收益率开始下降，2012 年下降到 30.23%，降低了 5—6 个百分点。

将 1960—2012 年美国资本收益率的变化趋势作图（见图 2-5）。

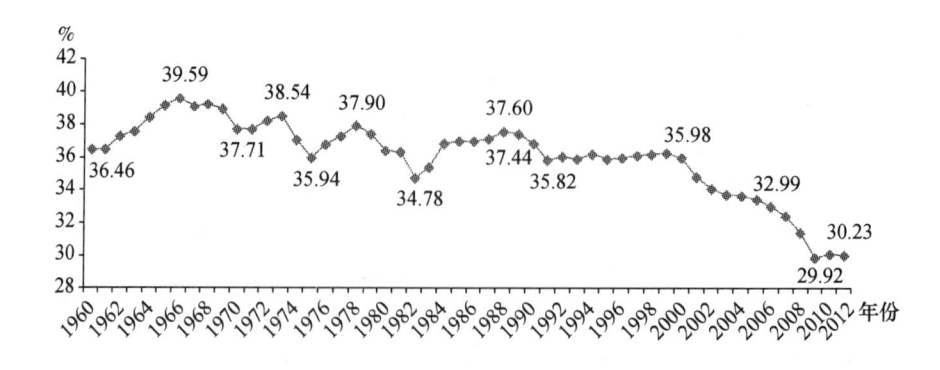

图 2-5 1960—2012 年美国资本收益率的变化趋势

可以看出，1960年之后美国资本收益率的变化趋势大致可以分为三个阶段：第一阶段为1960—1966年，其间美国的资本收益率逐年上升，由36.46%上升至39.59%；第二阶段为1967—1988年，这段时间美国的资本收益率在34%—40%波动，1988年为37.60%，相比1960年增加了1.14个百分点；第三阶段为1989—2012年，其间美国的资本收益率在整体上呈现出下降趋势，与相比1989年的37.44%，2012年下降了7.21个百分点。

三 中国和日本、韩国

由附录2-3，得到1960—2012年日本和韩国的资本收益率（见表2-4）。

表2-4　　1960—2012年日本和韩国的资本收益率　　单位：%

年份	日本	韩国	年份	日本	韩国
1960	79.44	93.57	1978	35.85	58.07
1961	77.12	93.84	1979	35.30	54.11
1962	72.87	89.99	1980	34.38	46.49
1963	68.94	89.61	1981	33.58	45.80
1964	67.04	91.63	1982	32.85	45.15
1965	62.67	89.14	1983	32.17	46.23
1966	61.21	86.64	1984	31.98	46.30
1967	59.61	79.27	1985	32.01	45.27
1968	58.50	73.74	1986	31.32	46.82
1969	56.88	69.49	1987	30.97	47.56
1970	54.33	67.51	1988	31.07	48.02
1971	49.73	66.28	1989	30.62	45.59
1972	47.52	63.77	1990	30.30	43.92
1973	45.27	66.12	1991	29.31	41.73
1974	40.97	64.46	1992	27.88	39.00
1975	38.86	62.23	1993	26.52	36.88
1976	37.57	63.61	1994	25.52	35.68
1977	36.68	61.80	1995	24.89	34.54

续表

年份	日本	韩国	年份	日本	韩国
1996	24.43	33.06	2005	20.36	27.70
1997	23.81	31.74	2006	20.27	27.61
1998	22.54	28.12	2007	20.29	27.63
1999	21.79	29.21	2008	19.73	27.09
2000	21.60	29.70	2009	18.40	26.11
2001	21.08	29.15	2010	19.03	26.60
2002	20.64	29.41	2011	18.71	26.46
2003	20.51	28.46	2012	18.74	26.07
2004	20.53	28.17	—	—	—

将1978—2012年日本和韩国的资本收益率变化与中国对比,如图2-6所示。

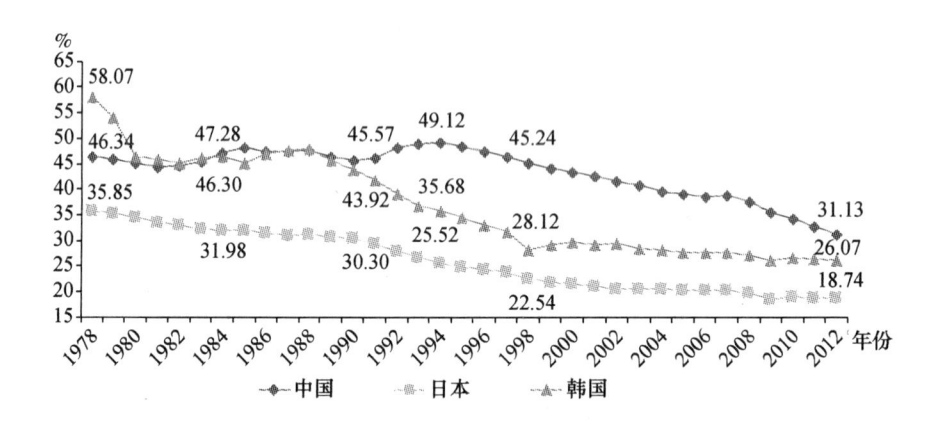

图2-6 1978—2012年中国和日本、韩国资本收益率变化趋势的对比

首先,中国、日本和韩国的资本收益率自1978年以来虽有个别波动,但总体上均呈下降趋势。与日本、韩国不同的是,中国的资本收益率先上升,从1994年开始才逐年下降。1978年,韩国的资本收益率最高(58.07%),中国为46.34%,处于韩国和日本之间;日本最低为35.85%。此后,中国于1984年超过韩国,资本收益率达到

47.28%，但随后又出现短暂波动。直到1990年，中国的资本收益率达到45.57%，并出现连续几年增加的趋势，从而拉大了与韩国和日本之间的差距。中国、韩国、日本之间的位次一直保持不变。但2007年之后，中国和韩国、日本之间的差距缩小。2012年中国、韩国和日本的资本收益率分别为31.13%、26.07%和18.74%。

其次，1978—2012年日本的资本收益率由35.85%下降到18.74%，下降幅度超过47.7%。整条曲线大致分为两个阶段：第一阶段为1978—1998年，其间资本收益率曲线较陡，即下降速度较快；第二阶段为1999—2012年，这段时间日本资本收益率的下降开始变慢，曲线较为平缓。

最后，韩国资本收益率的变化趋势与日本相类似，但1978—1998年曲线更陡一些，由58.07%下降至28.12%，下降幅度超过一半。1998年之后，韩国的资本收益率曲线趋缓，与日本的资本收益率曲线近似于平行。

综上所述，中国的资本收益率高于OECD成员国及巴西的平均水平，同时也高于美国、日本和韩国；但相似的是，中国和其他国家的资本收益率在1978年之后整体上都呈下降趋势，而且中国与其他各国资本收益率之间的差距在逐渐缩小。

将1960—2012年日本和韩国的资本收益率作图，以观察其整体的变化趋势（见图2-7和图2-8）。

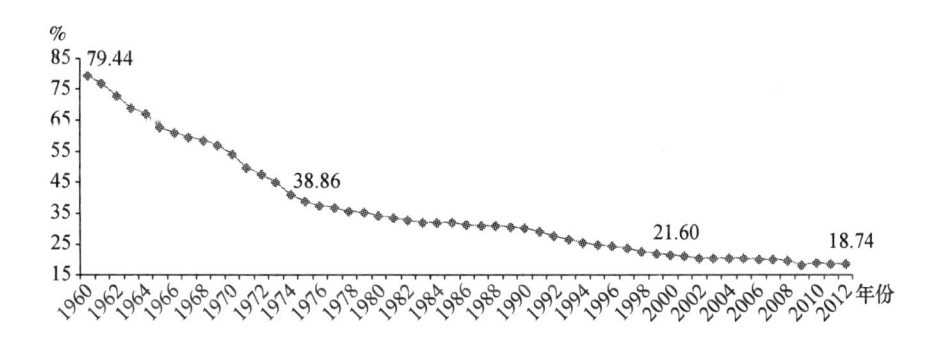

图2-7　1960—2012年日本资本收益率的变化趋势

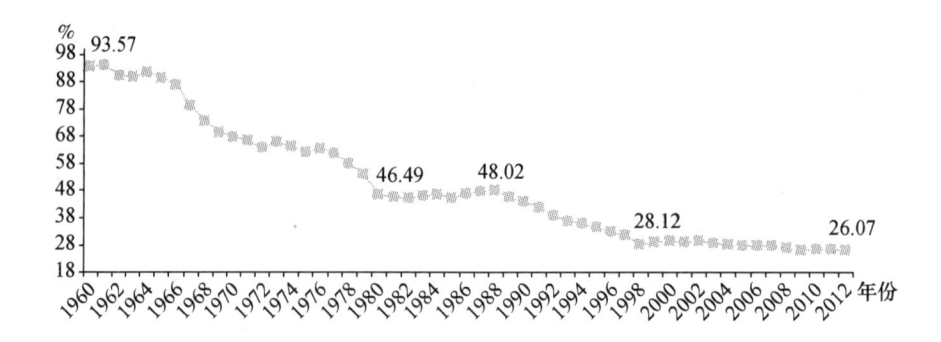

图 2-8　1960—2012 年韩国资本收益率的变化趋势

由图 2-7 可以看出，日本在 1960—2012 年的资本收益率整体上呈现出明显的下降趋势，由 1960 年的 79.44% 下降至 2012 年的 18.74%；其次，整条资本收益率曲线由陡变缓，大致可以分为三个阶段：第一阶段为 1960—1975 年，下降幅度较大，速度也较快；第二阶段为 1976—2000 年，其间资本收益率的变化较上一阶段变得平缓，下降速度开始减小；第三阶段为 2001—2012 年，资本收益率曲线几乎与横坐标轴持平，十多年的时间仅下降了不到 3 个百分点。此外，值得注意的是，1960 年日本的资本收益率为 79.44%，远超过 1978 年中国的资本收益率水平，与除韩国之外的其他 OECD 成员国相比，日本这一表现也是十分特殊的。

图 2-8 为 1960—2012 年韩国资本收益率的变化趋势。首先，可以看出，初期韩国的资本收益率水平相当高，达到了 93.57%。在同样的核算方法下，1960 年资本收益率超过 70% 的仅有日本和韩国两个国家。其次，与日本相似，韩国的资本收益率在整体上同样表现出下降趋势，由 1960 年的 93.57% 下降至 2012 年的 26.07%，下降幅度超过了日本。最后，韩国的资本收益率也可以分为三个阶段：第一阶段为 1960—1980 年，在这 20 年韩国的资本收益率曲线较陡，说明资本收益率水平的下降速度较快；第二阶段为 1981—1998 年，其间资本收益率下降的速度减小，与上一阶段相比这一阶段的资本收益率变得更加平缓；第三阶段为 1999—2012 年，这一阶段韩国的资本收益率曲线几乎与横坐标轴保持水平，14 年的时间资本收益率仅仅降低

了3个百分点。

由本节的分析可以看出，无论是各国资本收益率的平均水平，还是美国、日本和韩国等国家的资本收益率，抑或是中国自身的资本收益率，都呈现出同样的下降趋势。而且，资本收益率曲线在整体上逐渐趋于水平，这显然说明了经济全球化带来资本利润率的平均化，同样意味着资本收益率向某一区间的收敛。

第四节　资本收益率的收敛性分析

经过上一节的分析可知，中国和其他国家的资本收益率在总体上都呈现下降趋势。而根据卡尔多事实中所描述的"长期中资本收益率大致保持不变"，长期中一个成熟的工业化国家的资本收益率将会收敛于一个常数。在实际中，这个常数究竟是否存在？不同国家的资本收益率是否收敛于同一个常数？本节将对资本收益率的收敛性进行分析。

如表2-5所示，各个国家的资本收益率分布在17%—42%，其中40%以上的只有爱尔兰，20%以下的包括日本和葡萄牙，20%—30%的有澳大利亚、加拿大、瑞士等19个国家，30%—40%的有比利时、以色列、美国等7个国家。其中，25%—30%的国家有13个，占总体的45%；20%—25%的有6个国家，占总体的20.7%。因此，大部分国家都集中在20%—30%。

将附录2-2中部分OECD成员国及巴西1960—2012年的资本收益率作散点图（见图2-9）。可以看出，这些国家的资本收益率在此期间都是趋于下降的，这一方面源自全球资本流动性的加强，另一方面体现出了各国之间的利润平均化趋势。

此外，在不同的发展阶段，各国的资本收益率收敛于不同的区间。1960年，各国的资本收益率集中在35%—55%，2012年这个区间下降为15%—35%。因此，与资本产出比不同，各国资本收益率的收敛区间是下降的。

表 2-5　2012 年部分 OECD 成员国及巴西的资本收益率　　单位：%

国家名称	资本收益率	国家名称	资本收益率
澳大利亚	21.79	日本	18.74
奥地利	26.20	韩国	26.07
比利时	30.03	卢森堡	27.19
巴西	34.56	墨西哥	27.31
加拿大	27.69	荷兰	24.90
智利	30.96	新西兰	25.19
丹麦	25.36	挪威	22.87
芬兰	27.02	葡萄牙	17.48
法国	25.92	西班牙	23.51
德国	27.29	瑞典	31.00
希腊	26.01	瑞士	22.44
冰岛	29.30	土耳其	32.79
爱尔兰	41.16	英国	29.27
以色列	31.01	美国	30.23
意大利	24.80	—	—

综上所述，在不同的阶段，各国的资本收益率是不同的，但总体上都趋于下降；由于资本的逐利性，资本的收益率不可能为负，所以资本收益率终将收敛。中国当前的资本收益率位于各国资本收益率收敛区间的较高水平，未来仍有进一步下降的趋势。

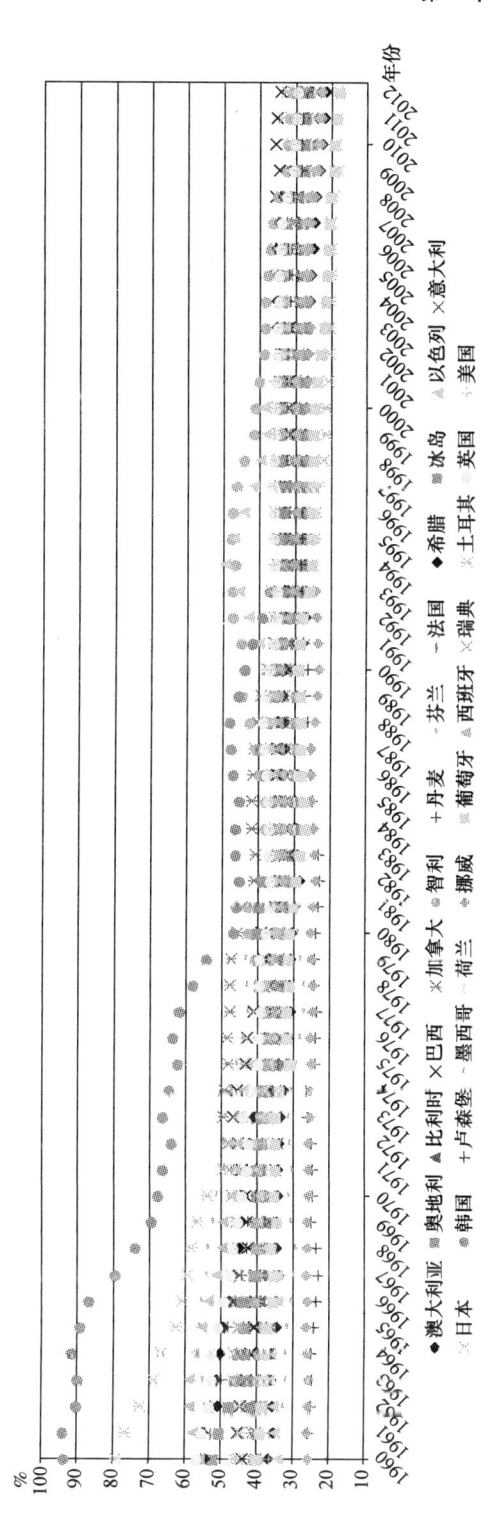

图2-9 1960—2012年部分OECD成员国及巴西资本收益率的变化趋势

第五节 本章小结

本章对卡尔多事实中的资本收益率进行了核算和比较,结果发现:(1)中国的资本收益率先上升后下降,2013年为29.58%,比1978年降低了16.76个百分点,并不符合卡尔多事实中的常数假设;(2)中国的资本收益率高于美国、日本和韩国等其他国家,且高于各国的平均水平;(3)几乎所有OECD成员国及巴西在1960年之后资本收益率都呈下降趋势;(4)2012年,所有OECD成员国及巴西的资本收益率都集中在20%—40%,其中处于20%—30%的国家占到了65%以上;(5)考虑到资本流动性的加强以及资本收益率永远为正,各国的资本收益率最终将会收敛,而中国当前的资本收益率位于各国资本收益率区间的较高水平,未来仍有进一步下降的趋势。

第三章 资本产出比

资本产出比是判断一个国家投资效率的重要指标，面对中国经济增长的结构性减速，一些学者产生了高速增长不具有可持续性的忧虑，其中以保罗·克鲁格曼、杨以及国内学者张军最具代表性。他们认为，资本的过快积累引起了资本收益率的下降，从而导致"资本不断深化"，资本产出比不断上升，这使得中国经济增长"不具备持续的动态改进的力量"。而根据卡尔多事实，各国的资本产出比终将收敛于一个常数。为了验证中国资本产出比是否收敛于一个常数，同时为了判断当前中国资本产出比的变化是否位于一个正常的区间，本章基于文献资料的整理和归类对中国的资本产出比进行核算和分析，通过与发达国家的对比，判断中国资本产出比当前所处的位置以及未来的发展趋势。

第一节 研究方法

资本产出比一直是经济增长理论关注的重要问题。冯·诺伊曼（Von Neumann，1946）通过数学模型方法抽象出一个理想状态下的经济系统，以此证明了均衡增长路径的存在性，认为经济系统实现最优增长的前提条件是资本产出比为常数。此后，萨谬尔森对冯·诺伊曼提出的资本产出比为常数的假定进行了证明。卡尔多事实认为，产出增长率不变、投资率稳定的条件下，资本产出比会趋向于达到一个稳定水平。库兹涅茨（1989）详尽分析了各发达资本主义国家历年经济增长的相关资料，结果表明资本产出比在短期内为常数，长期则趋于下降。20世纪80年代末，以罗默（1986）等为代表的新经济增长理论通过实证分析表明，K/Y 收敛于一个稳态位置 $i/(\delta+g)$，且发达国家的资本产出比水平大致相当，欠发达国家则表现出较大的差异性。其中，罗默（1990）的研究认为，发达国家的资本产出比低于发展中国家，即发展中国家的投资效率要低于发达国家。Omar Licandro 等（2001）对 NIPA（National Income Produce Accounts）提供的数据进行核算，发现 20 世纪的后 50 年美国经济表现出两个主要的特征：(1) 机器投资品价格相对于非耐用品价格持续下降；(2) 机器投资品在实际 GDP 中所占的比例上升，因此在长期中设备投资的增长快于非耐用品消费。他们对名义投资额和实际投资额进行比较后发现，1999 年的实际资本产出比要比名义资本产出比高 12 个百分点，且 1969—1999 年非耐用品消费额和设备投资额的年增长率分别为 2.55% 和 6.68%，而 GDP 的年增长率为 3.08%，因此，在技术进步内生的条件下美国的资本产出比持续下降，这与卡尔多事实相悖。

很多学者也关注了中国资本产出比的变化趋势。保罗·克鲁格曼（1994）和杨（1994）都认为，东亚经济存在严重的过度工业化，而要实现长期的经济增长不可能长期依赖投入的推动。樊瑛等（1998）利用分段的生产函数对 1978—1994 年中国的资本产出比进行了实证分析，为罗默提出的发展中国家之间的资本产出比存在差异提供了一个符合中国发展实际的理论解释。

通过评价和分析中国经济增长的整体状况和内外部制约因素，王小鲁和樊纲（2000）对中国保持经济持续增长的可能性做出了判断，认为"高储蓄和高投资是推动经济增长的重要因素"，同时指出"资本形成效率的提高对增长有重要贡献"。

葛新元等（2000）结合中国数据估算了工业、农业、交通等六个部门的资本产出比，认为短期中我国各个部门的资本产出比是趋于稳定的，长期内则下降，并提出了引入非均衡多部门分析模型的重要性。

张军（2005）的实证研究发现，中国过快的资本积累导致资本收益率不断下降、资本产出比不断上升，经济增长不可持续。他在《资本形成、投资效率与中国的经济增长——实证研究》一书中根据索洛模型提出的增长核算方法，利用式（3-1）进一步分解了产出增长率：

$$g_y = \alpha \cdot g_k + (1-\alpha) \cdot g_l + e \tag{3-1}$$

其中，g_y、g_k 和 g_l 分别为产出增长率、资本增长率和劳动增长率，α 为资本产出弹性，e 为索洛余值，也可看作 TFP（全要素生产率）的增长率。将式（3-1）进行变换，得到式（3-2）：

$$g_k - g_y = (1-\alpha)(g_k - g_l) - e \tag{3-2}$$

即：

$$g\left(\frac{K}{Y}\right) = (1-\alpha)g\left(\frac{K}{L}\right) - g(\text{TFP}) \tag{3-3}$$

由式（3-3）可知，资本产出比的增长完全取决于劳均资本和全要素生产率的变化，在劳均资本存量不变的情况下，技术进步或生产效率的提高带来的全要素生产率增长将会直接导致资本产出比的下降。

李扬和殷剑峰（2005）认为，中国转轨经济中的持续增长来自劳动力转移过程中持续的高储蓄率和高投资率，进而提出资本产出比和全要素生产率在衡量中国的经济增长绩效上并不具有特别意义。

汤向俊（2006）提出，中国经济转轨的过程中存在资本不断深化的现象，通过引入人均资本积累因素进行分析表明：1978—1994 年中国的资本产出比逐年下降，1995—1998 年转而上升，1999—2003 年出现缓慢下降。他从人力资本外溢的角度分析了人力资本提升对人均物质资本存量的推动作用，认为人力资本边际报酬递增将会促进中国经济增长的可持续性。

张烨卿（2006）将资本产出比作为衡量中国经济增长质量和效率的指标，探讨了影响资本产出比的因素，实证检验结果表明：(1) 内生增长模型比新古典增长模型更适于解释中国经济的持续增长；(2) 长期中投资率不影响资本产出比；(3) 外国直接投资的增长提高了资本产出比，而人力资本增长有利于资本产出比的下降；(4) 维持中国经济增长可持续性的源泉在于人力资本存量的增加和自主创新带来的技术进步。

林民书、张志民（2008）对资本产出比进行了国际比较，结果发现，"二战"以后的美国资本产出比保持在 2—2.5 之间，相比而言，中国的资本产出比则波动较大，其原因在于政府主导导致投资效率过低,并以此定义并估算了我国无效资产的比率。

林诗博、王如渊(2011)分析了我国资本产出比上升的原因,其实证结果表明:第三产业产值比重的增加对资本产出比的上升具有推动作用;社会总储蓄率会促进资本更多地流向资本密集型行业,使资本产出比提高;人力资本的积累可以使长期的资本产出比下降。

杨佐平、沐年国(2011)提出,固定资产投资虽然可以带来实体经济增长,但在转化为经济增长动因的过程中受到复杂性因素的影响。通过探讨如何度量固定资产投资对经济增长的促进作用,他们提出 ICOR(边际资本产出比率)更为有效,而且可操作性更强。

张锋(2011)将中国资本产出比的路径变化分为增量改革阶段和后增量改革阶段。他认为,过度的资本投入将会导致经济增长不可持续,以及对资本深化的过度倚重需要通过结构调整来缓解。

宋国青在2012年冬季"CMRC中国经济观察"的报告中提出:中国1978—2011年的GDP年均增长9.9%,按照固定资产投资价格指数缩减的固定资本形成年均增长11.8%,因此资本产出比显著上升。

在卡尔多事实的研究背景下,本章对资本产出比的核算和分析从物质资本存量的角度出发,首先对中国的资本产出比进行核算,其次将核算结果与美国、日本、韩国以及OECD成员国及巴西的平均水平进行对比分析,最后检验资本产出比的收敛性特征。

第二节 中国的资本产出比

根据第一章表1-2可以得到1978—2013年中国的资本存量,通过查阅国家统计局发布的历年GDP数据,计算得到中国的资本产出比(见表3-1)[①]。

[①] 表3-1中第二列为现价GDP;第三列GDP指数根据国家统计局发布的数据转换而得;第四列为以1990年价格计算的GDP;第五列为以1990年价格计算的资本存量;第五列是根据第四、第五列计算得到的资本产出比。

表3-1 中国的资本产出比 单位：亿元

年份	GDP（现价）	GDP指数（1990年=100）	GDP（1990年价格）	资本存量（1990年价格）	资本产出比
1978	3650.2	0.354	6641.07	14331.97	2.16
1979	4067.7	0.381	7145.79	15601.81	2.18
1980	4551.6	0.410	7703.64	17040.45	2.21
1981	4898.1	0.432	8102.1	18299.76	2.26
1982	5333.0	0.470	8832.62	19785.26	2.24
1983	5975.6	0.521	9782.29	21525.67	2.20
1984	7226.3	0.600	11269.89	23835.11	2.11
1985	9039.9	0.682	12797.34	26532.24	2.07
1986	10308.8	0.742	13939.6	29361.71	2.11
1987	12102.2	0.830	15573.31	32774.07	2.10
1988	15101.1	0.923	17333.19	36440.63	2.10
1989	17090.3	0.962	18063.71	38875.00	2.15
1990	18774.3	1.000	18774.30	41196.95	2.19
1991	21895.5	1.093	20514.26	44329.87	2.16
1992	27068.3	1.249	23442.97	48721.27	2.08
1993	35524.3	1.423	26710.38	54538.92	2.04
1994	48459.6	1.609	30203.58	61488.27	2.04
1995	61129.8	1.786	33524.11	69288.96	2.07
1996	71572.3	1.963	36851.29	77790.24	2.11
1997	79429.5	2.144	40251.51	86519.29	2.15
1998	84883.7	2.312	43412.66	95957.05	2.21
1999	90187.7	2.489	46719.92	105879.00	2.27
2000	99776.3	2.698	50658.07	116815.15	2.31
2001	110270.4	2.922	54861.86	129001.31	2.35
2002	121002.0	3.188	59849.31	143500.92	2.40
2003	136564.6	3.507	65846.19	161675.04	2.46
2004	160714.4	3.861	72480.62	182853.86	2.52
2005	185895.8	4.299	80708.9	206777.00	2.56
2006	217656.6	4.844	90949.43	235385.48	2.59
2007	268019.4	5.532	103859.67	268309.02	2.58

续表

年份	GDP（现价）	GDP指数（1990年=100）	GDP（1990年价格）	资本存量（1990年价格）	资本产出比
2008	316751.7	6.064	113854.47	304098.40	2.67
2009	345629.2	6.624	124367.29	350652.58	2.82
2010	408903.0	7.329	137589.65	403394.66	2.93
2011	484123.5	8.024	150639.35	460116.33	3.05
2012	534123.0	8.646	162314.35	521445.35	3.21
2013	588018.8	9.310	174786.28	590948.93	3.38

将表3-1的核算结果作图，得到中国资本产出比的变化趋势，如图3-1所示。

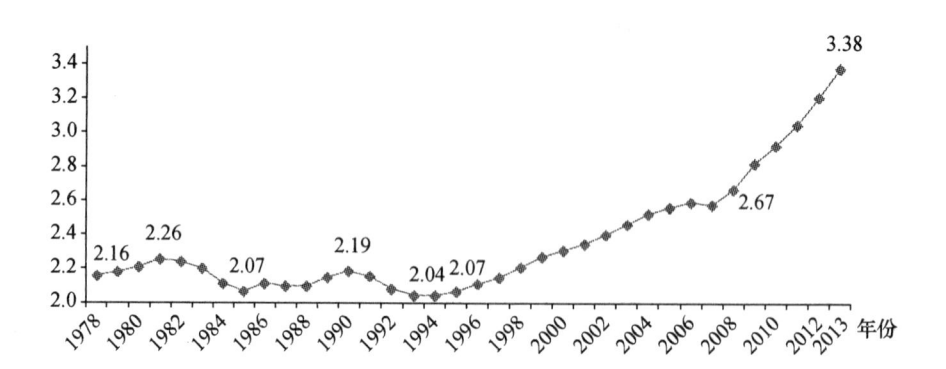

图3-1 1978—2013年中国资本产出比的变化趋势

首先，1978—2013年中国的资本产出比始终大于2，并在整体上呈现出上升趋势。其次，中国资本产出比的变化趋势大致可以分为四个阶段：第一阶段为1978—1985年，其间资本产出比先上升后下降，区间最高点为1981年，达到2.26，1985年下降至2.07；第二阶段为1986—1994年，资本产出比也呈现出先上升后下降的趋势，1990年上升至最高点2.19，1994年降至2.04；第三阶段为1995—2007年，这期间中国的资本产出比趋于上升，由2.07上升至2007年的2.58，年均增长率为4.5%，相对于第一、第二阶段，曲线变陡；第四阶段为 2008—2013 年，此阶段资本产出比上升速度加快，2008 年为 2.67，2013 年为 3.38，年均增长率为 4.83%。最后，1978—1994 年资本产出比的变化较为平缓，1995—2013 年曲线变陡。由此，可以得到结论，中国的资本产出比不是常数，不符合卡尔多事实中的常数假定。

为了检验本书中资本产出比核算的准确性和有效性，将以上资本产出比的核算结果与张军（2005）的核算结果进行对比分析。表 3-2 为张军在《资本形成、投资效率与中国的经济增长——实证研究》一书中计算的 1978—1998 年中国资本产出比。

表 3-2　张军（2005）计算的 1978—1998 年中国资本产出比　单位：亿元

年份	K（资本存量）	Y（产出）	K/Y（资本产出比）
1978	24501	6585.4	3.721
1979	26574	7083.1	3.752
1980	28654	7637.6	3.752
1981	30596	8038.5	3.806
1982	32717	8766.2	3.732
1983	35076	9718.8	3.609
1984	37936	11192.4	3.389
1985	41828	12699.6	3.294
1986	45937	13824.0	3.323
1987	50254	15424.7	3.258
1988	55119	17165.1	3.211
1989	59955	17862.1	3.357
1990	64850	18547.9	3.496
1991	70045	20253.2	3.458
1992	76553	23137.1	3.309
1993	84872	26258.1	3.232

续表

年份	K（资本存量）	Y（产出）	K/Y（资本产出比）
1994	94695	29583.1	3.201
1995	105590	32690.9	3.230
1996	117585	35825.0	3.282
1997	130420	38978.9	3.346
1998	145089	42019.3	3.453

可以看出，张军（2005）的核算结果（见表3-2）高于本书计算所得的中国资本产出比。本书计算得到的1978年的资本产出比为2.16，表3-2中为3.721；本书得到的1998年的资本产出比为2.21，而表3-2中为3.453。图3-2为张军（2005）核算的中国资本产出比的变化趋势。

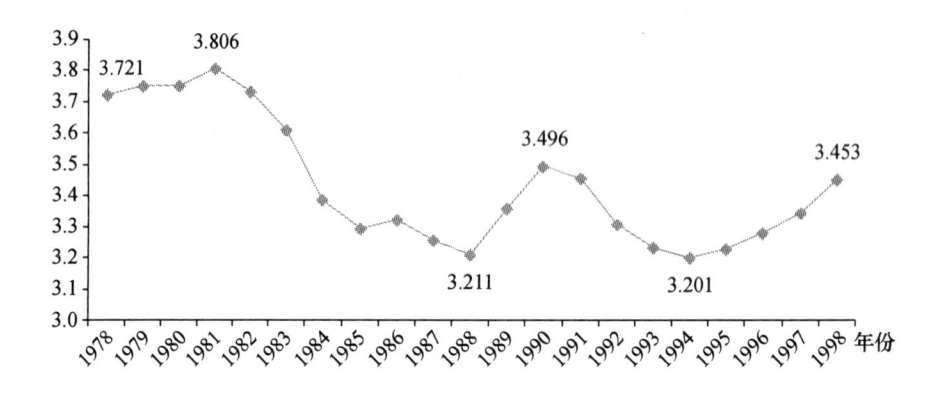

图3-2 张军（2005）核算的中国资本产出比的变化趋势

将图3-2与图3-1进行比较，可以看出，1978—1998年中国资本产出比的两种核算结果不同，但整体变化趋势是一致的。1981年两者都达到了区间最高点，此后都趋于下降，1988年降到区间最低点，1990年又同时上升至区间最高点，1994年达到区间最低点，之后同时出现了上升趋势。因此，从变化趋势这一角度分析，本书对中国资本产出比的核算方法是相对准确的，测量结果的不同主要源于资本存量核算方法的不同，而本书所用的核算方法是陈昌兵（2014）对折旧率进行分析后的最新研究结果，在准确性上更胜一筹，因此本书对资本产出比的核算是充分可信的。

中国资本产出比的上升，说明资本存量增长率超过了产出增长率。1978年，2.16单位的资本投入可以创造出1单位的产出；2013年，1单位的产出需要3.38单位的资本投入。1978—1994年的资本产出比曲线较为平缓，创造单位产出的资本投入量大致保持不变；1995年之后，曲线直线上升，表明中国出现了严重的投资效率下降。近些年来，关于中国是否存在"过度投资"的讨论众多，提高资本配置效率也成为国内学者关注的重点。卡尔多事实仅指出了资本产出比趋近于常数，而这个常数究竟为多少并未确定。中国当前的资本产出比上升究竟是动态无效率还是工业化过程中的正常现象，我们通过对资本产出比进行国别比较来分析和确定。

第三节 资本产出比的国际比较

本节对中国1978年及之后各年资本产出比的变化趋势进行国际比较。由附录1-1可以得到部分OECD成员国及巴西的资本存量，由世界发展指标数据库得到各国以2005年不变价美元衡量的各国GDP（附录2-1），通过K/Y得到这些国家的资本产出比，核算结果见附录3-1。

一 中国和各国平均水平

由1960—2012年OECD成员国及巴西的资本产出比之和除以国家数目，得到它们的平均资本产出比[1]（以下称为各国平均资本产出比，见表3-3）。

---

[1] 由于德国、爱尔兰、新西兰、瑞士这四个国家1970年之前的资本存量数据缺失，表格中1960—1969年OECD成员国的资本收益率为25个国家的平均水平，1970—2012年为29个国家资本收益率的平均水平。

表3-3　　　　　　　　各国平均资本产出比

年份	平均资本产出比	年份	平均资本产出比
1960	2.33	1987	3.02
1961	2.34	1988	3.03
1962	2.37	1989	3.04
1963	2.38	1990	3.07
1964	2.38	1991	3.11
1965	2.42	1992	3.16
1966	2.46	1993	3.20
1967	2.51	1994	3.19
1968	2.53	1995	3.19
1969	2.52	1996	3.20
1970	2.54	1997	3.19
1971	2.57	1998	3.21
1972	2.58	1999	3.22
1973	2.59	2000	3.20
1974	2.66	2001	3.26
1975	2.79	2002	3.31
1976	2.80	2003	3.36
1977	2.84	2004	3.35
1978	2.86	2005	3.37
1979	2.86	2006	3.38
1980	2.90	2007	3.39
1981	2.96	2008	3.49
1982	3.04	2009	3.70
1983	3.08	2010	3.70
1984	3.05	2011	3.72
1985	3.04	2012	3.79
1986	3.03	—	—

将1978—2012年各国平均资本产出比与中国对比，如图3-3所示。

首先，中国资本产出比和各国平均资本产出比都呈上升趋势，

1978—2012年中国上升了1.05,各国平均资本产出比上升了0.93。

其次,两者之间资本产出比的差距逐年缩小,1978年各国平均水平比中国高0.7,2012年中国比各国平均资本产出比低0.58。再次,各国平均资本产出比曲线比中国整体波动性小。

最后,1978—2003年各国平均资本产出比上升了0.5,而2003—2012年这10年时间上升了0.43,资本产出比曲线变陡;中国则从1994年开始呈现出明显的上升趋势,由2.04上升到2012年的3.21。

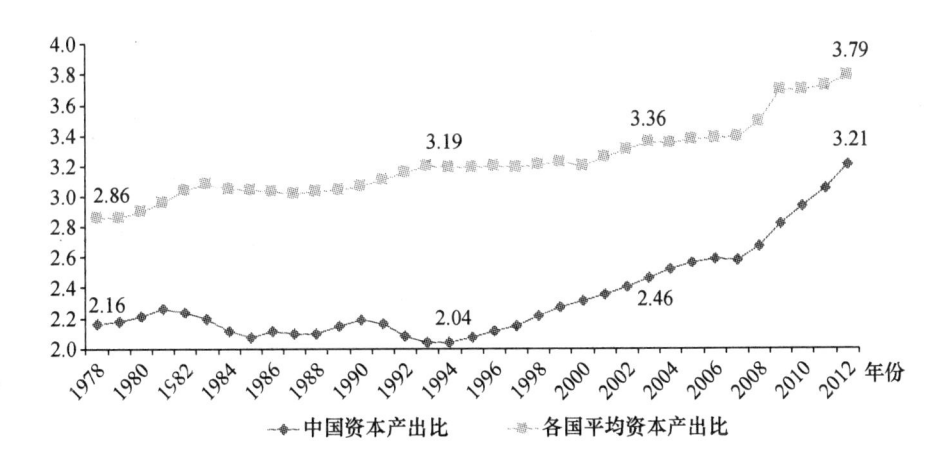

图3-3 中国资本产出比与各国平均资本产出比变化趋势的对比

与各国平均资本产出比对比后发现,中国的资本产出比似乎并不高,1978年之后持续位于各国平均资本产出比曲线之下。1994年后,中国资本产出比出现了向各国收敛的趋势,两者之间的差距变小。

二 中国和美国

由附录3-1得到1960—2012年间美国的资本产出比(见表3-4)。

将1978—2012年美国资本产出比的变化趋势与中国对比,如图3-4所示。

表 3-4　　　　　　　　1960—2012 年美国的资本产出比

年份	资本产出比	年份	资本产出比
1960	2.74	1987	2.69
1961	2.74	1988	2.66
1962	2.68	1989	2.67
1963	2.66	1990	2.71
1964	2.60	1991	2.79
1965	2.55	1992	2.78
1966	2.53	1993	2.78
1967	2.56	1994	2.76
1968	2.55	1995	2.78
1969	2.57	1996	2.78
1970	2.65	1997	2.77
1971	2.65	1998	2.77
1972	2.62	1999	2.76
1973	2.60	2000	2.78
1974	2.70	2001	2.87
1975	2.78	2002	2.93
1976	2.72	2003	2.96
1977	2.68	2004	2.97
1978	2.64	2005	2.99
1979	2.67	2006	3.03
1980	2.75	2007	3.09
1981	2.75	2008	3.19
1982	2.88	2009	3.34
1983	2.83	2010	3.32
1984	2.72	2011	3.33
1985	2.70	2012	3.31
1986	2.70	—	—

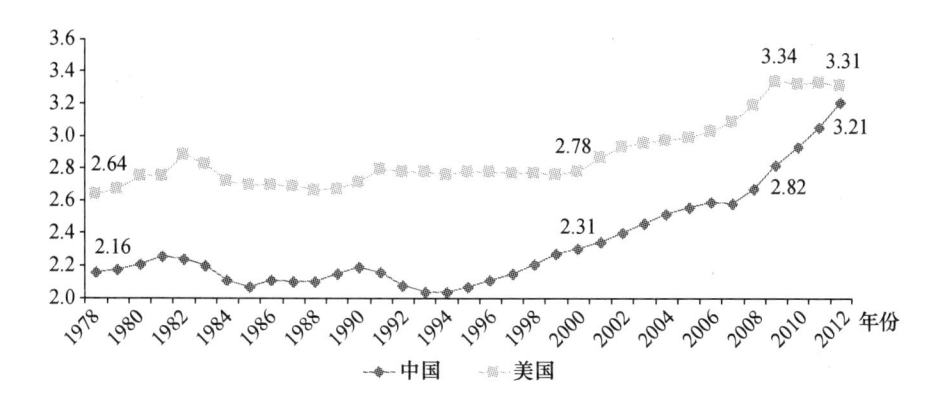

图 3-4 1978—2012 年中国和美国资本产出比变化趋势的对比

首先，1978—2012 年美国的资本产出比始终高于中国。其次，中国和美国的资本产出比在整体上都呈上升趋势，中国由 2.16 上升到 3.21，美国则由 2.64 上升到 3.31。最后，中国和美国资本产出比的差距逐年缩小，1978 年美国比中国高 0.48，2012 年中国仅比美国低 0.1。此外，美国的资本产出比变化大致可以分为三个阶段：第一阶段为 1978—2000 年，其间资本产出比曲线较为平缓，在 2.64—2.78 波动；第二阶段为 2001—2009 年，其间美国的资本产出比趋于上升；第三阶段为 2010—2012 年，这段时间里资本产出比有所下降，但下降幅度不大。

将表 3-4 中 1960 年及之后美国的资本产出比数据作图（见图 3-5）。首先，整体上美国的资本产出比是不断上升的，由 1960 年的 2.74 上升至 2012 年的 3.31。其次，按照如图 3-5 所示的结果将美国的资本产出比曲线划分为三个阶段：第一阶段为 1960—1966 年，在此期间美国的资本产出比是逐年下降的，由 2.74 下降至 2.53；第二阶段为 1967—1988 年，美国的资本产出比呈波浪形变动状态，于 1973 年和 1978 年分别达到两个区间最低点 2.60 和 2.64，并于 1975 年和 1982 年分别达到两个区间最高点 2.78 和 2.88；第三阶段为 1989—2012 年，美国的资本产出比不断上升，由 2.67 上升至 2009 年的 3.34，2010—2012 年资本产出比有所下降，但下降幅度较小，仅下降了 0.01 个百分点。

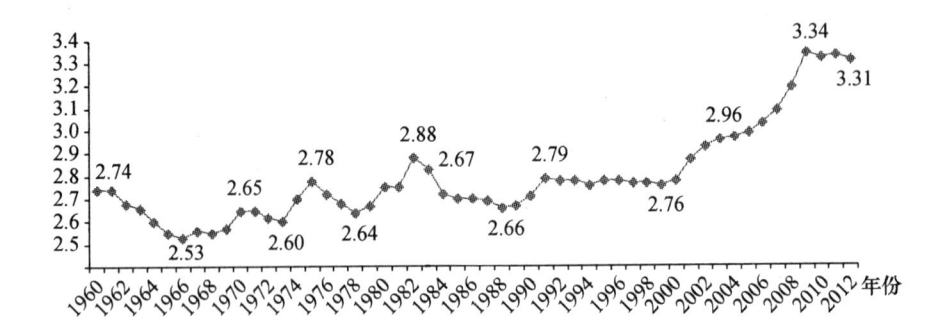

图 3-5　1960—2012 年美国资本产出比的变化趋势

三　中国和日本、韩国

由附录 3-1 得到 1960—2012 年日本和韩国的资本产出比（见表 3-5）。

表 3-5　　　　　　1960—2012 年日本和韩国的资本产出比

年份	日本	韩国	年份	日本	韩国
1960	1.26	1.07	1975	2.57	1.61
1961	1.30	1.07	1976	2.66	1.57
1962	1.37	1.11	1977	2.73	1.62
1963	1.45	1.12	1978	2.79	1.72
1964	1.49	1.09	1979	2.83	1.85
1965	1.60	1.12	1980	2.91	2.15
1966	1.63	1.15	1981	2.98	2.18
1967	1.68	1.26	1982	3.04	2.21
1968	1.71	1.36	1983	3.11	2.16
1969	1.76	1.44	1984	3.13	2.16
1970	1.84	1.48	1985	3.12	2.21
1971	2.01	1.51	1986	3.19	2.14
1972	2.10	1.57	1987	3.23	2.10
1973	2.21	1.51	1988	3.22	2.08
1974	2.44	1.55	1989	3.27	2.19

续表

年份	日本	韩国	年份	日本	韩国
1990	3.30	2.28	2002	4.85	3.40
1991	3.41	2.40	2003	4.88	3.51
1992	3.59	2.56	2004	4.87	3.55
1993	3.77	2.71	2005	4.91	3.61
1994	3.92	2.80	2006	4.93	3.62
1995	4.02	2.90	2007	4.93	3.62
1996	4.09	3.02	2008	5.07	3.69
1997	4.20	3.15	2009	5.43	3.83
1998	4.44	3.56	2010	5.26	3.76
1999	4.59	3.42	2011	5.34	3.78
2000	4.63	3.37	2012	5.34	3.84
2001	4.74	3.43	—	—	—

将1978—2012年日本及韩国的资本产出比与中国的核算结果对比，如图3-6所示。

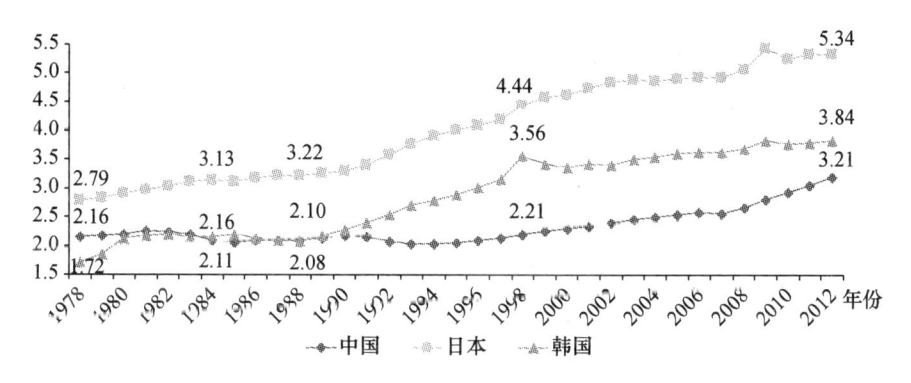

图3-6　1978—2012年中国和日本、韩国资本产出比变化趋势的对比

1978年，日本的资本产出比为2.79，位于图3-6的上方位置；中国和韩国分别为2.16和1.72，相对较低。此后，韩国资本产出比开始上升，中国则有所下降，1984年韩国超过中国，除1988年之外韩国的资本产出比始终高于中国。1989—1998年，韩国和中国资本产出比之间的差距加大,1998年韩国的资本产出比比中国高1.35。1999年之后,中国和韩国的资本产出比的差距开始缩小。2012年中国比韩国低0.63,但与日本的差距仍然较大,日本比中国高2.13。

1989年之前,中国和韩国的资本产出比相差不大,之后韩国的资本产出比曲线位于中国之上;而日本的资本产出比持续高于中国和韩国。以上的分析表明,中国的资本产出比不仅低于OECD成员国及巴西的平均水平,也低于美国、日本和韩国。

1960年后,日本和韩国的资本产出比都经历了一个不断上升的过程。日本由1960年的1.26上升至2012年的5.34(见图3-7),韩国由1960年的1.07上升至2012年的3.84(见图3-8)。在改革开放之初的1978年,中国的资本产出比为2.16,超过了日本和韩国工业化初期的水平,但相似的是中国的资本产出比也是不断上升的。

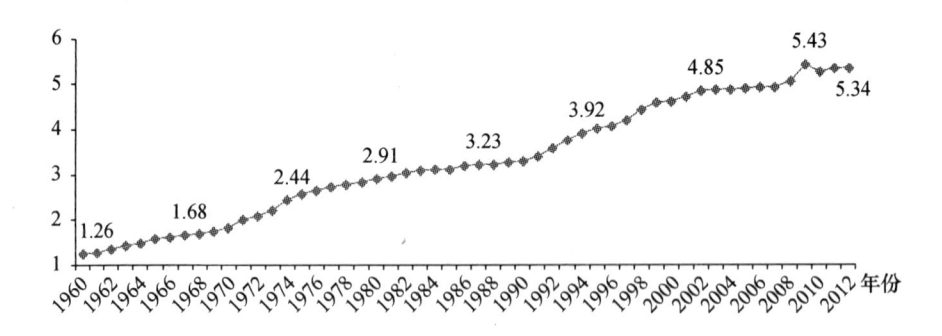

图3-7 1960—2012年日本资本产出比的变化趋势

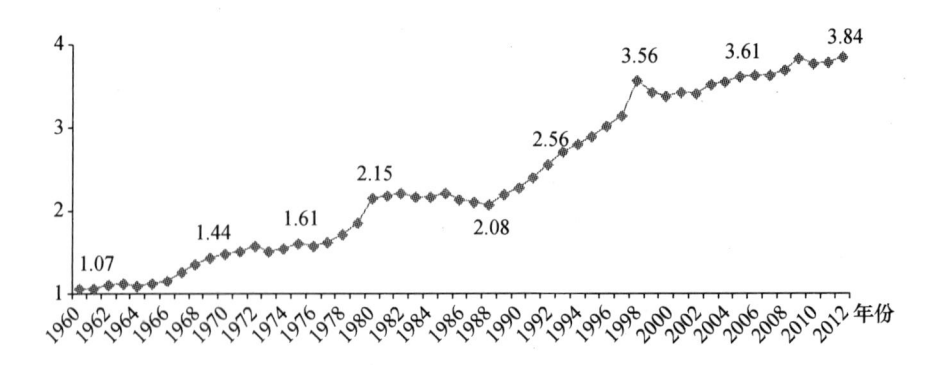

图3-8 1960—2012年韩国资本产出比的变化趋势

四 中国和巴西

选取"金砖五国"中的巴西,将其资本产出比的变化趋势与中国进行对比分析。根据附录 3-1 的核算结果,1960—2012 年巴西的资本产出比如表 3-6 所示。

表 3-6　　　　　1960—2012 年巴西的资本产出比

年份	资本产出比	年份	资本产出比	年份	资本产出比
1960	2.26	1978	2.55	1996	3.03
1961	2.20	1979	2.58	1997	3.02
1962	2.23	1980	2.55	1998	3.11
1963	2.33	1981	2.83	1999	3.16
1964	2.37	1982	2.94	2000	3.10
1965	2.44	1983	3.14	2001	3.13
1966	2.46	1984	3.06	2002	3.10
1967	2.46	1985	2.93	2003	3.11
1968	2.33	1986	2.83	2004	2.99
1969	2.32	1987	2.86	2005	2.96
1970	2.31	1988	2.96	2006	2.91
1971	2.25	1989	2.96	2007	2.83
1972	2.20	1990	3.17	2008	2.79
1973	2.14	1991	3.18	2009	2.88
1974	2.18	1992	3.25	2010	2.79
1975	2.31	1993	3.16	2011	2.82
1976	2.33	1994	3.07	2012	2.89
1977	2.42	1995	3.02	—	—

将 1978—2012 年巴西资本产出比的变化趋势和中国对比,如图 3-9 所示。

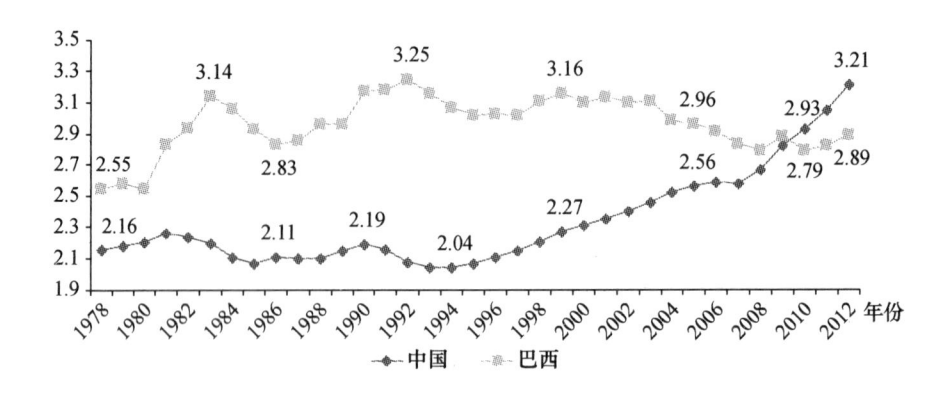

图 3-9　1978—2012 年中国和巴西资本产出比变化趋势的对比

由图 3-9 可以看出，1978—2009 年，巴西的资本产出比持续高于中国，2010 年后中国超过巴西并表现出继续上升的趋势。从整体上看，巴西的资本产出比曲线较为平缓，由 1978 年的 2.55 上升至 2012 年的 2.89，上升幅度为 13.3%；中国则表现出明显的上升，由 1978 年的 2.16 上升到 2012 年的 3.21，变化幅度超过了 48.6%。

对表 3-6 中的数据作图，得到巴西 1960—2012 年资本产出比的变化趋势（见图 3-10）。由图 3-10 可以看出，巴西的资本产出比经历了一个先上升后下降再趋于上升的过程。我们将巴西资本产出比的变化趋势大致分为三个主要阶段：第一阶段为 1960—1973 年，1960 年巴西的资本产出比为 2.26，1967 年上升至 2.46 后开始下降，1973 年降至最低点 2.14；第二阶段为 1974—1992 年，在此期间巴西的资本产出比由 1974 年的 2.18 上升至 1983 年的 3.14，此后有所下降，1986 年为 2.83，1992 年重新升至 3.25；第三阶段为 1993—2012 年，这一阶段巴西的资本产出比呈波动下降趋势，下降至 2008 年的 2.79，此后有所上升，但上升幅度不大，2012 年巴西的资本产出比为 2.89。

20 世纪 50 年代和 60 年代，巴西经济增长的显著特征是资本系数偏低，这导致了 1962—1967 年间巴西的经济增长陷入停滞，GDP 实际年增长率仅为 3.7%。由于存在着可观的过剩产能，巴西的许多产业无须增长太多投资便可扩大产出，所以出现了图 3-10 中 1973 年之前资本产出比先上升后下降的趋势。20世纪70年代之后巴西固定资本形成总额占GDP的百分比持续上升，直至1980年左右一直保持在20%以上，此后开始下降，直至2009年为止均保持在15%左右，2010年之后有所上升，但上升幅度很小，2012年固定资本形成总额占GDP的16.68%。这从另一角度解释了图3-10中资本产出比的变化趋势。

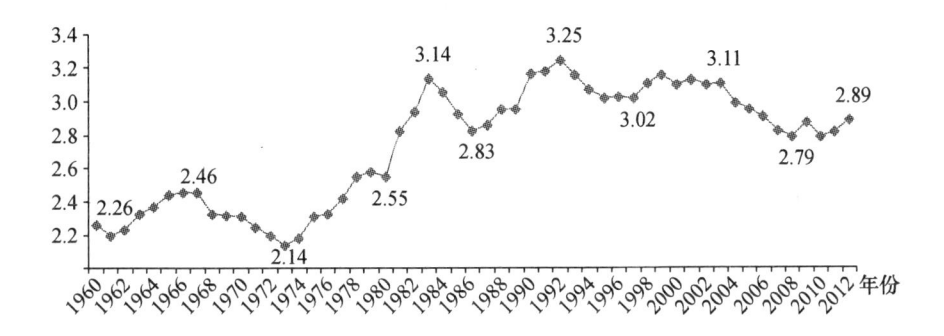

图3-10 巴西1960—2012年资本产出比的变化趋势

根据本节各国资本产出比的对比分析，可以看出，当前中国的资本产出比水平低于美国、日本、韩国，以及OECD成员国及巴西的平均水平，2009年之前中国的资本产出比低于巴西，但2010年之后超过了巴西。因此，从整体上看，相比于美国等发达国家，中国的资本产出比水平较低，仍然位于一个合理的区间，但1994年后中国的资本产出比出现了上升趋势，有向发达国家收敛的迹象，下一节将对部分OECD成员国及巴西资本产出比的收敛性进行分析，以探讨当前中国资本产出比的收敛趋势。

第四节 资本产出比的收敛性分析

根据卡尔多事实中的描述，长期中产出和资本存量的增长速度趋于相同。那么，当前各个国家的资本产出比是否收敛？中国是否也出现了向卡尔多事实中"常数"收敛的迹象？本节对各个国家资本产出比的收敛性进行分析，并对中国未来是否收敛于常数进行判断。图3-11为部分OECD成员国及巴西的资本产出比在1960—2012年变化的散点图。因数据缺失，该图不包括德国、爱尔兰、新西兰和瑞士。1960年，除挪威、卢森堡的资本产出比超过3.8以外，多数国家的资本产出比位于1.8—2.8，之后呈现出上升趋势，2010年之后，这些国家的资本产出比位于2.8以上，葡萄牙和日本甚至超过4，接近于5。因此，可以得到结论，在不同的发展阶段中，各国的资本产出比收敛于不同的常数区间，而随着时间的推移，资本产出比的收敛区间是逐渐上升的。当前阶段，各国的资本产出比普遍在2.8—4.8。而中国的资本产出比位于该区间的较低水平，中国仍有继续上升的趋势。

第五节　本章小结

本章通过对中国、巴西和部分OECD成员国的资本产出比进行核算，并进行对比分析，检验了中国的资本产出比是否符合卡尔多事实。结果发现：(1) 中国和大部分OECD成员国及巴西的资本产出比逐年上升，但中国的资本产出比经历了平缓上升和陡然上升两个阶段；(2) 中国的资本产出比曲线位于美国、日本、韩国及OECD成员国之下，起初资本产出比低于巴西，但2010年后超过了巴西，相似的是这些国家都同样经历了一个资本产出比不断上升的阶段；(3) 在不同的发展阶段，各国的资本产出比位于不同的区间，1960年前后各国的资本产出比普遍在1.8—2.8，当前阶段为2.8—4.8，且仍有继续上升的趋势；(4) 中国位于各国资本产出比收敛区间的较低水平，中国的资本产出比仍趋于上升。

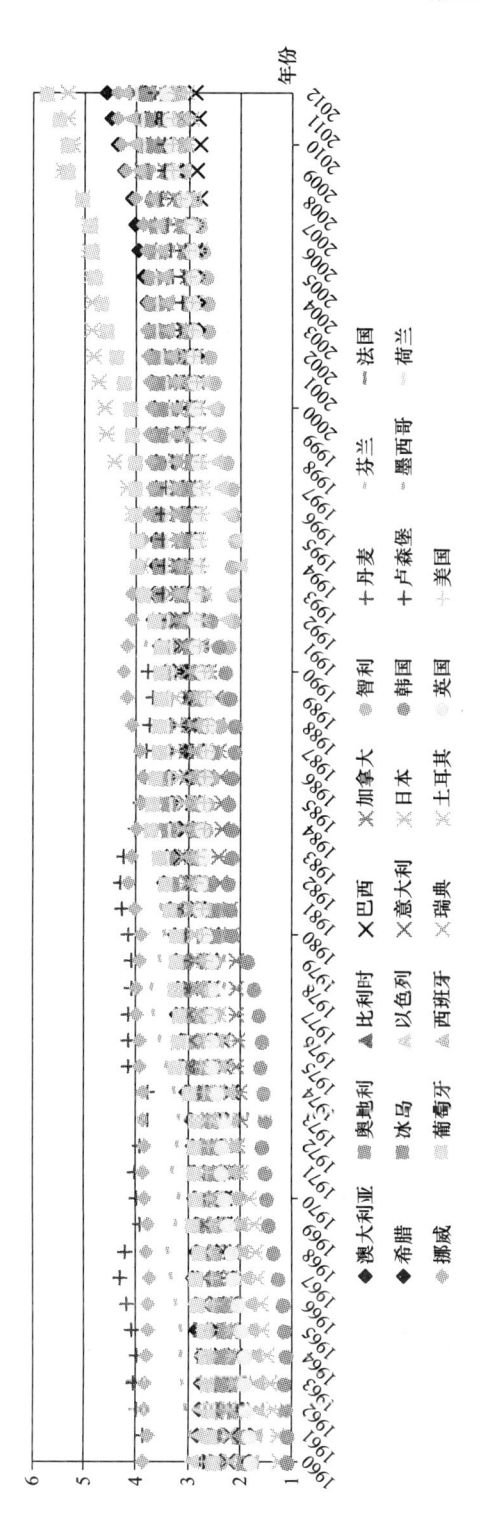

图 3-11 1960—2012 年部分 OECD 成员国及巴西资本产出比的变化趋势

第四章　劳动生产率

劳动生产率是支持一个国家经济增长的要素之一，为了实现经济的进一步飞跃和发展，需要通过制度的深化改革来提高劳动生产率，进而结束依赖低收入、超负荷劳动的低成本增长时代。按照邓小平理论，社会主义社会的本质在于解放和发展生产力，而劳动生产率是衡量一个国家或地区生产力发展的重要指标。正如保罗·克鲁格曼所言，"生产率不是一切，但长期中它几乎就是一切。"根据田成诗等（2007）的研究，1979—2001年中国劳动生产率年均增长13.2%，而该时期中国产出的年均增长率高达9.5%。中国经济增长所表现出的高劳动生产率特征，体现出劳动生产率对经济增长非常强的拉动作用。本章将对1978—2013年中国的劳动生产率进行核算，通过与发达国家对比来考察卡尔多事实在中国的表现。

第一节　研究方法

按照卡尔多事实，在成熟的工业化国家中，每工时实际产出或人均实际产出在较长的时间内以连续不变的速度增长，即劳动生产率稳速增长。其中，"人均实际产出"通过"实际产出/总人口"即可得到；而"每工时实际产出"这一指标无法获取，原因在于中国的国民经济核算体系中并没有"总工时"这一统计量，本书采用"实际产出/总劳动人口"代替。

一般情况下，经济学文献中对劳动生产率进行核算时采用"元/人"或"元/人·年"表示每一年单位劳动力创造的产出价值，从而得出"中国劳动生产率远低于西方发达国家"这一结论（任若恩，

1998)。也有学者通过对中国各区域的劳动生产率进行核算,认为"东部地区的劳动生产率远高于西部地区"。张金昌(2002)则认为实际情况远非如此,他采用与资本生产率计算相似的方法,以劳动投入的价值量(元)代替劳动投入的实物量(人·年或人),结果发现中国的劳动生产率实际上高于西方国家,并以此解释了西方国家企业来华投资的原因。吴进红、张为付(2003)认为,采用"元/人"或"元/人·年"考察劳动生产率的方式,反映出了劳动者的素质差别,但掩盖了劳动力的成本差别;而采用"元/元"的价值量方法进行核算,可以反映出劳动力的成本差别,却不能体现劳动力的素质差异。考虑到多位学者提到使用价值量方法对中国劳动生产率进行核算的重要性,本章将分别从实物量方法和价值量方法对中国的劳动生产率进行核算,并对其结果进行比对分析。

第二节 中国的人均和劳均产出增长率

本节对中国的劳动生产率进行核算,从人均产出增长率和劳均产出增长率的角度分别阐述改革开放后中国劳动生产率的变化趋势。

一 中国的人均产出增长率

由世界发展指标数据库可以直接查询到"人均GDP"和"人均GDP增长率",其中,"人均GDP"定义为"以购买者价格计算的GDP除以年均人口数",以购买者价格计算的GDP是一个经济体内所有居民生产者创造的增加值。用中国的人均GDP代表中国的人均产出水平(见表4-1)。

表4-1　　　　1978—2013年中国的人均产出　　　单位:美元/人

年份	人均产出	年份	人均产出
1978	189.36	1981	235.99
1979	208.65	1982	244.74
1980	221.65	1983	263.07

续表

年份	人均产出	年份	人均产出
1984	287.82	1999	1051.05
1985	327.02	2000	1122.26
1986	365.58	2001	1206.61
1987	391.59	2002	1307.41
1988	429.97	2003	1429.55
1989	471.19	2004	1564.40
1990	483.19	2005	1731.13
1991	494.94	2006	1939.71
1992	533.79	2007	2202.89
1993	602.84	2008	2402.78
1994	679.30	2009	2611.16
1995	759.85	2010	2870.05
1996	834.08	2011	3121.97
1997	908.22	2012	3344.54
1998	983.17	2013	3583.38

1978—2013年中国人均产出的变化趋势如图4-1所示。可以看出，改革开放以来，中国的人均产出逐年上升，从1978年的189.36美元/人上升至2013年的3583.38美元/人，增长了近18倍。

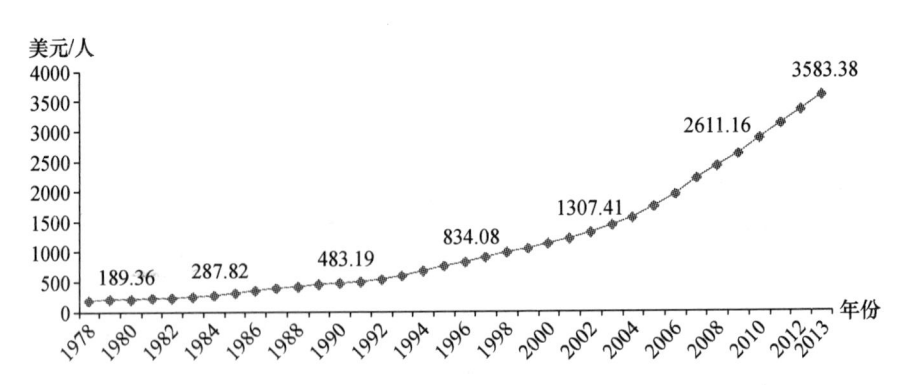

图4-1　1978—2013年中国人均产出的变化趋势

由世界发展指标数据库得到中国的人均 GDP 增长率，如表 4-2 所示。

表 4-2　　　　1979—2013 年中国的人均产出增长率　　　　单位:%

年份	人均产出增长率	年份	人均产出增长率
1979	10.19	1997	8.89
1980	6.23	1998	8.25
1981	6.47	1999	6.90
1982	3.70	2000	6.78
1983	7.49	2001	7.52
1984	9.41	2002	8.35
1985	13.62	2003	9.34
1986	11.79	2004	9.43
1987	7.11	2005	10.66
1988	9.80	2006	12.05
1989	9.59	2007	13.57
1990	2.55	2008	9.07
1991	2.43	2009	8.67
1992	7.85	2010	9.91
1993	12.93	2011	8.78
1994	12.68	2012	7.13
1995	11.86	2013	7.14
1996	9.77	—	—

将表 4-2 中的核算结果作图，如图 4-2 所示。

1979 年及之后，中国的人均产出增长率一直为正，这意味着人均产出绝对值持续保持增长态势；1979 年中国的人均产出增长率为 10.19%，之后在大部分年份中保持 5% 以上的增长率，仅有 1982 年、1990 年及 1991 年这三年在 5% 以下；1991 年降至最低点 2.43%，1985 年达到最高点 13.62%；2007 年达到区间极值 13.57% 后，中国的人均产出增长率持续下降，2013 年为 7.14%。

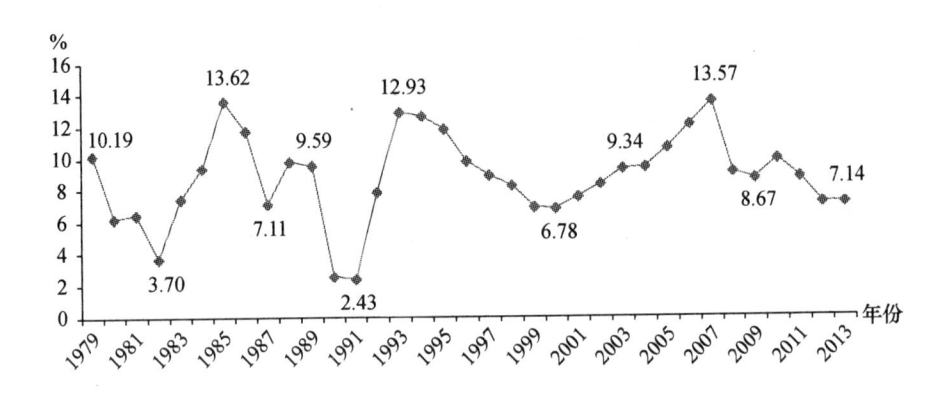

图 4-2 1979—2013 年中国的人均产出增长率

二 中国的劳均产出增长率

根据之前学者的研究,本节基于实物量方法和基于价值量方法分别对中国的劳均产出增长率进行核算。

(一)基于实物量方法的劳均产出增长率

基于实物量方法的劳均产出即为"国内生产总值/劳动力人口"。国内生产总值(GDP)数据来源于世界发展指标数据库的"GDP(2005 年不变价美元)"。关于劳动力人口,从国家统计局网站上可以查询到两个相关的指标,一为就业人口,二为经济活动人口;从世界发展指标数据库中可以查询到"劳动力总数",但数据从 1990 年开始,截至 2012 年(见附录 4-1)。

根据公式:

劳均产出 = 2005 年不变价美元的 GDP/劳动力总数　　(4-1)

得到 1978—2013 年中国的劳均产出,如表 4-3 所示。

表 4-3　　　　基于实物量方法的中国劳均产出　　　单位:美元/人

年份	劳均产出(1)	劳均产出(2)	劳均产出(3)
1978	450.92	445.05	—
1979	492.84	486.11	—
1980	513.43	506.95	—

续表

年份	劳均产出 (1)	劳均产出 (2)	劳均产出 (3)
1981	536.42	531.08	—
1982	544.98	540.45	—
1983	579.73	576.37	—
1984	619.17	616.15	—
1985	689.17	685.88	—
1986	760.49	756.59	—
1987	804.22	800.03	—
1988	871.76	867.04	—
1989	952.66	946.19	—
1990	847.14	839.69	866.21
1991	869.69	861.80	886.74
1992	940.03	931.17	954.94
1993	1063.36	1052.95	1076.71
1994	1200.22	1188.25	1211.83
1995	1345.06	1329.63	1352.17
1996	1472.85	1455.65	1480.47
1997	1600.08	1577.93	1605.94
1998	1728.61	1693.84	1731.58
1999	1844.25	1808.86	1843.12
2000	1965.75	1915.09	1956.32
2001	2108.10	2077.08	2098.33
2002	2284.40	2247.23	2265.47
2003	2497.87	2458.69	2467.89
2004	2730.24	2693.03	2693.70
2005	3023.43	2964.93	2975.04
2006	3391.66	3332.24	3329.87
2007	3854.37	3793.43	3779.78
2008	4212.14	4131.11	4128.26
2009	4584.23	4484.75	4492.95
2010	5044.72	4897.80	4959.21
2011	5491.15	5340.27	5363.26
2012	5889.47	5725.99	5735.49
2013	6318.77	6133.67	—

注：(1) 代表按照《中国统计年鉴》中"就业人口"计算得到的劳均产出；(2) 代表按照《中国统计年鉴》中"经济活动人口"计算得到的劳均产出；(3) 代表按照世界发展指标数据库中"劳动力总数"计算得到的劳均产出。

根据公式（4-2），得到中国劳均产出增长率的核算结果（见表4-4）。劳均产出增长率=（当年劳均产出-上年劳均产出）/上年劳均产出 　　　　　　　　　　　　　　　　　　　　（4-2）

表4-4　　　　基于实物量方法的中国劳均产出增长率　　　　单位：%

年份	劳均产出增长率 （1）	劳均产出增长率 （2）	劳均产出增长率 （3）
1979	9.30	9.23	—
1980	4.18	4.29	—
1981	4.48	4.76	—
1982	1.60	1.77	—
1983	6.38	6.64	—
1984	6.80	6.90	—
1985	11.31	11.32	—
1986	10.35	10.31	—
1987	5.75	5.74	—
1988	8.40	8.38	—
1989	9.28	9.13	—
1990	-11.08	-11.26	—
1991	2.66	2.63	2.37
1992	8.09	8.05	7.69
1993	13.12	13.08	12.75
1994	12.87	12.85	12.55
1995	12.07	11.90	11.58
1996	9.50	9.48	9.49
1997	8.64	8.40	8.47
1998	8.03	7.35	7.82

续表

年份	劳均产出增长率 （1）	劳均产出增长率 （2）	劳均产出增长率 （3）
1999	6.69	6.79	6.44
2000	6.59	5.87	6.14
2001	7.24	8.46	7.26
2002	8.36	8.19	7.97
2003	9.34	9.41	8.93
2004	9.30	9.53	9.15
2005	10.74	10.10	10.44
2006	12.18	12.39	11.93
2007	13.64	13.84	13.51
2008	9.28	8.90	9.22
2009	8.83	8.56	8.83
2010	10.04	9.21	10.38
2011	8.85	9.03	8.15
2012	7.25	7.22	6.94
2013	7.29	7.12	—

注：（1）代表按照《中国统计年鉴》中"就业人口"计算得到的劳均产出增长率；（2）代表按照《中国统计年鉴》中"经济活动人口"计算得到的劳均产出增长率，（3）代表按照世界发展指标数据库中"劳动力总数"计算得到的劳均产出增长率。

按照《中国统计年鉴》中经济活动人口及就业人口的定义，可以推断出经济活动人口总数略大于就业人口总数。因此，用就业人口计算而得的劳均产出增长率在大部分年份略大于用经济活动人口核算的结果。世界发展指标数据库中劳动力总数这一指标从1992年开始统计，截至2012年，核算结果与前面两种方法计算的结果大致相当。选取以经济活动人口核算的劳均产出及劳均产出增长率数据作图，得到中国劳均产出及其增长率的变化趋势（见图4-3和图4-4）。

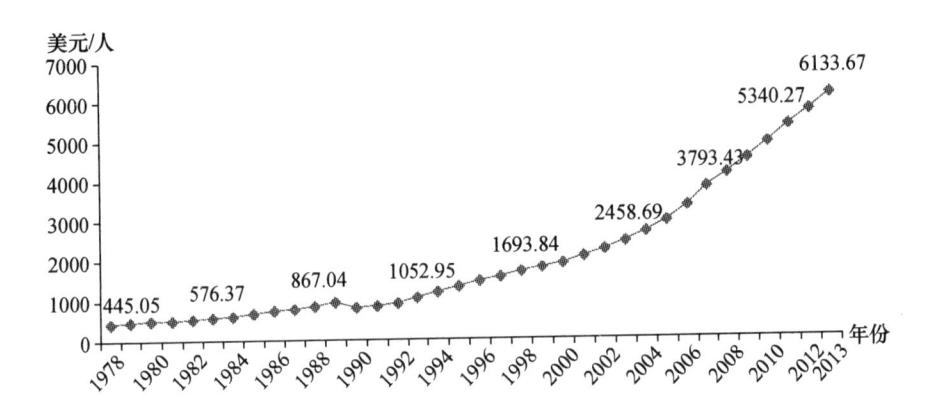

图 4-3　基于实物量方法的中国劳均产出的变化趋势

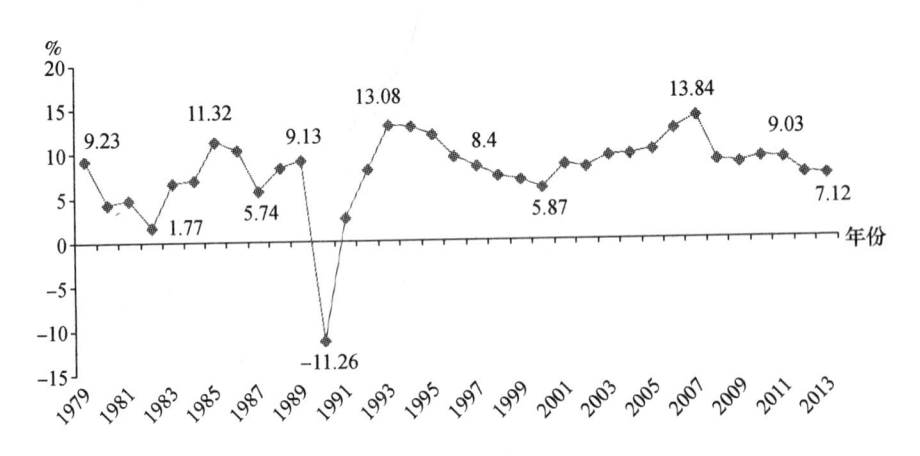

图 4-4　基于实物量方法的中国劳均产出增长率的变化趋势

由图 4-3 可以看出，除 1990 年略有下降以外，中国的劳均产出自 1978 年起持续上升，由 445.05 美元/人上升至 2013 年的 6133.67 美元/人，年均增长率为 7.78%。在图 4-4 中，除 1990 年之外，中国的劳均产出增长率均保持正值；1982 年，中国的劳均产出增长率最低，为 1.77%；2007 年达到最高，为 13.84%；2011—2013 年，中国的劳均产出增长率趋于下降，但 2013 年仍保持了 7.12% 的增长率。

（二）基于价值量方法的劳均产出增长率

基于价值量方法的劳动生产率增长核算主要用到两个指标，一个为GDP，另一个为劳动力成本。计算公式为：

$$劳均产出 = GDP/劳动力成本 \tag{4-3}$$

在中国的国民经济核算体系中尚未对劳动力成本这一指标进行专门的统计，本书用"城镇单位就业人员工资总额"代替劳动力成本，得到2000—2013年基于价值量方法的中国劳均产出增长率（见表4-5）。

表4-5　　　　基于价值量方法的中国劳均产出增长率

年份	国内生产总值（亿元）	城镇单位就业人员工资总额（亿元）	劳均产出（元/元）	劳均产出增长率（%）
2000	99776.3	10954.7	9.1	—
2001	110270.4	12205.4	9.0	-0.81
2002	121002.0	13638.1	8.9	-1.80
2003	136564.6	15329.6	8.9	0.41
2004	160714.4	17615.0	9.1	2.42
2005	185895.8	20627.1	9.0	-1.22
2006	217656.6	24262.3	9.0	-0.46
2007	268019.4	29471.5	9.1	1.37
2008	316751.7	35289.5	9.0	-1.30
2009	345629.2	40288.2	8.6	-4.42
2010	408903.0	47269.9	8.7	0.83
2011	484123.5	59954.7	8.1	-6.65
2012	534123.0	70914.2	7.5	-6.72
2013	588018.8	93064.3	6.3	-16.11

注：①表中数据来源于国家统计局网站；②"城镇单位就业人员工资总额"这一指标仅可获得2000年之后的数据。

图4-5和图4-6分别为基于价值量方法的中国劳均产出及其增长率的变化趋势。可以看出，与基于实物量方法计算的劳均产出不同，基于价值量方法计算的中国劳均产出在2000年之后趋于下降，

从 9.1 元/元下降至 6.3 元/元，劳均产出增长率也由 2001 的 -0.81% 下降到 2013 年的 -16.11%。

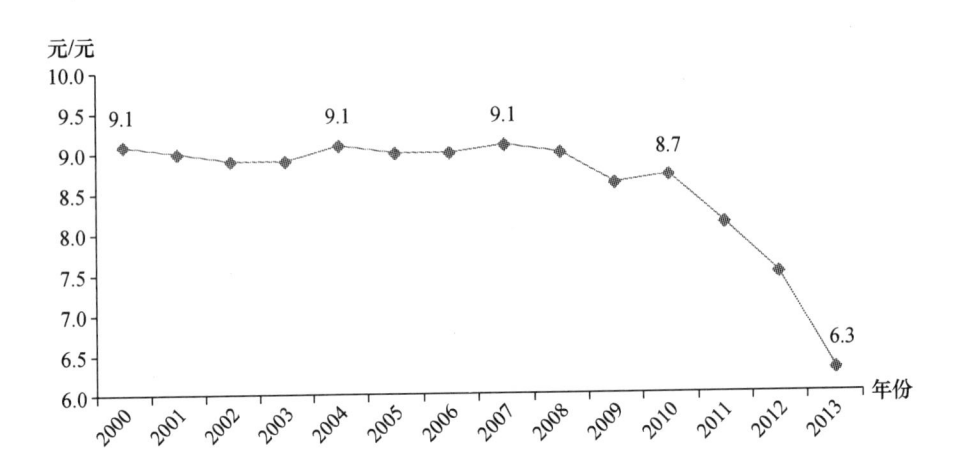

图 4-5　基于价值量方法的中国劳均产出的变化趋势

基于价值量方法对中国的劳均产出增长率进行核算，其结果是逐年降低的，与人均产出的核算结果完全相反，乍看非常值得怀疑。但是实际上，中国以价值量方法衡量的劳均产出逐年降低是符合社会发展规律的。以跨国公司为例，投资者在选择产品的实际生产地区时，是以每一元的投入可以生产出多少产出作为最基本的判断标准的，而并不是以每一"人·年"的投入可以生产出的产出量作为判断标准的（张金昌，2002）。如果将后者作为投资的选择标准，来中国投资的国外企业的行为从经济学上就是非理性的，因为这意味着用生产率低的要素代替生产率高的要素，是一种生产"倒退"。因此，中国以价值量方法核算得到的劳均产出逐年下降，恰恰代表了一种正确的发展方向。事实上，这种劳均产出"负增长"为中国的"高投资低消费"现象提供了有一个非常有力的解释，即劳动力报酬处在一个非常低的水平，从而导致国内需求不足，产生"产能过剩"。

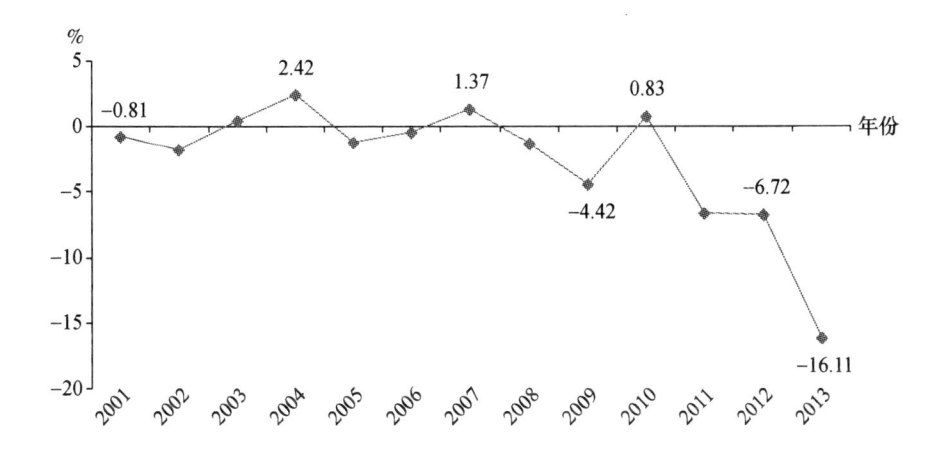

图4-6 基于价值量方法的中国劳均产出增长率的变化趋势

在"国别比较"一节中,我们用发达国家基于价值量方法的劳均产出及其增长率与中国的核算结果进行对比,来论证中国基于价值量方法核算的劳均产出增长率为负是一个国家工业化进程中的必然规律。

第三节 人均和劳均产出增长率的国际比较

由世界发展指标数据库可以得到 OECD 成员国的人均产出增长率(见附录4-2)。对 OECD 成员国的劳均产出增长率进行核算同样使用与中国相同的计算方法,即使用"GDP(2005年不变价美元)/劳动力总数",核算结果见附录4-3。OECD 成员国基于价值量方法的劳均产出使用"现价 GDP/现价雇员报酬"计算,核算结果见附录4-4,基于价值量方法的劳均产出增长率如附录4-5所示。

一 人均产出增长率的对比分析

本节主要对中国和主要国家的人均产出增长率作比较,以判断中国人均产出增长率的水平及未来发展趋势。

（一）中国和美国

由附录 4-2 得到 1979—2013 年美国的人均产出增长率，如表 4-6 所示。

表 4-6　　　　1979—2013 年美国的人均产出增长率　　　　单位:%

年份	美国	年份	美国
1979	2.04	1997	3.24
1980	-1.20	1998	3.24
1981	1.59	1999	3.65
1982	-2.84	2000	2.94
1983	3.68	2001	-0.05
1984	6.33	2002	0.84
1985	3.32	2003	1.91
1986	2.56	2004	2.84
1987	2.54	2005	2.40
1988	3.26	2006	1.68
1989	2.71	2007	0.83
1990	0.77	2008	-1.23
1991	-1.40	2009	-3.65
1992	2.13	2010	1.66
1993	1.40	2011	1.11
1994	2.77	2012	2.03
1995	1.50	2013	1.15
1996	2.60	—	—

将 1979—2013 年中国和美国人均产出增长率的变化趋势进行对比，如图 4-7 所示。

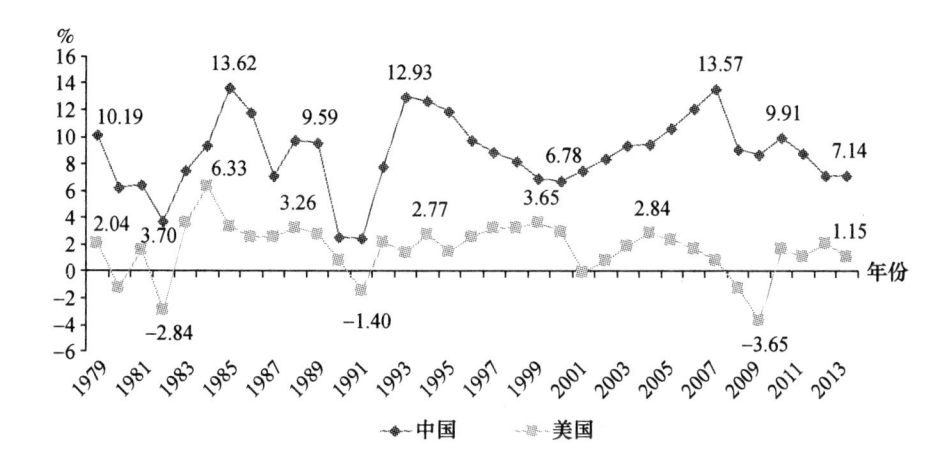

图 4-7 中国与美国人均产出增长率变化趋势的对比

可以看出,1979—2013 年中国的人均产出增长率持续高于美国,且全部为正值,1982 年、1991 年及 2009 年美国的人均产出增长率均为负值,分别为 -2.84%、-1.40% 和 -3.65%。1979 年中国人均产出增长率为 10.19%,高出美国 8.15 个百分点;1990 年,中国和美国的人均产出增长率最为接近,相差 1.78 个百分点;2013 年,中国的人均产出增长率为 7.14%,高出美国 5.99 个百分点。

(二)中国和 OECD 成员国

由附录 4-2 得到 1979—2013 年 OECD 成员国的人均产出增长率(见表 4-7)。

表 4-7　　1979—2013 年 OECD 成员国的人均产出增长率　　单位:%

年份	OECD 成员国	年份	OECD 成员国
1979	2.91	1986	2.24
1980	0.45	1987	2.62
1981	1.20	1988	3.83
1982	-0.56	1989	3.03
1983	1.99	1990	2.23
1984	3.90	1991	0.33
1985	3.10	1992	1.16

续表

年份	OECD 成员国	年份	OECD 成员国
1993	0.54	2004	2.50
1994	2.31	2005	1.99
1995	1.81	2006	2.27
1996	2.22	2007	1.89
1997	2.78	2008	-0.60
1998	1.93	2009	-4.24
1999	2.58	2010	2.25
2000	3.24	2011	1.08
2001	0.56	2012	0.97
2002	0.84	2013	0.67
2003	1.34	—	—

中国和 OECD 成员国的人均产出增长率对比，如图 4-8 所示。

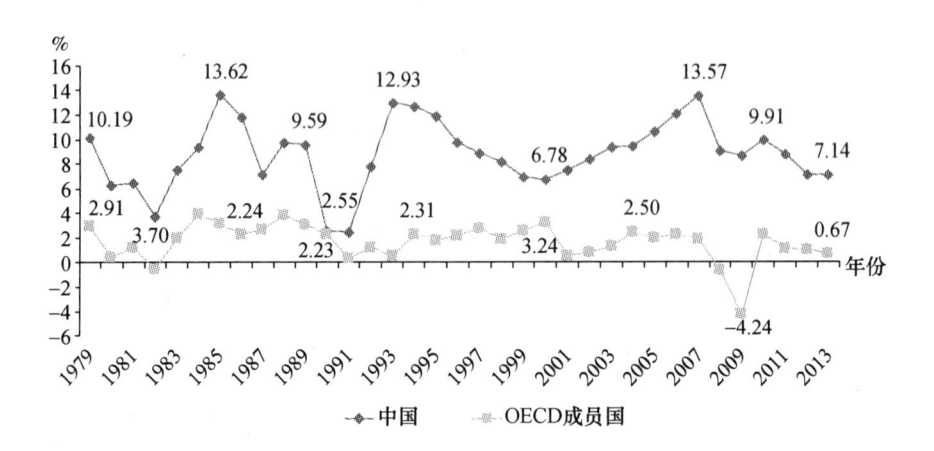

图 4-8 1979—2013 年中国与 OECD 成员国人均产出增长率的对比

可以看出，1979—2013 年，中国的人均产出增长率持续高于 OECD 成员国的总体表现。1979 年，中国的人均产出增长率为 10.19%，高出 OECD 成员国 7.28 个百分点；1990 年，二者差距最小，中国为 2.55%，OECD 成员国为 2.23%；2013 年，中国的人均产出增长率为 7.14%,是 OECD 成员国的 10.7 倍。

(三) 中国和高收入、中等收入及低收入国家

由世界发展指标数据库,可以得到低收入国家、中等收入国家及高收入国家三个组别的人均产出增长率,但数据仅限于 1992—2013 年(见表 4-8)。

表 4-8　　　　按收入类型分组的人均产出增长率　　　　单位:%

年份	高收入国家	中等收入国家	低收入国家
1992	1.04	1.11	-4.54
1993	0.46	2.60	2.27
1994	2.27	3.00	0.58
1995	1.93	2.87	1.43
1996	2.24	4.29	2.21
1997	2.89	3.83	1.17
1998	1.90	1.38	1.17
1999	2.90	1.53	1.23
2000	3.56	3.65	0.55
2001	0.90	1.73	2.50
2002	1.07	2.70	0.86
2003	1.71	4.05	1.56
2004	2.80	6.54	3.75
2005	2.23	5.83	4.03
2006	2.54	6.78	3.83
2007	2.20	7.17	4.24
2008	0.31	4.26	3.24
2009	-4.14	1.91	3.00
2010	2.39	6.44	4.28
2011	1.23	4.73	3.77
2012	1.09	3.90	4.12
2013	0.79	3.55	3.46

将表 4-8 内各个组别与中国的人均产出增长率作图对比（见图 4-9）。

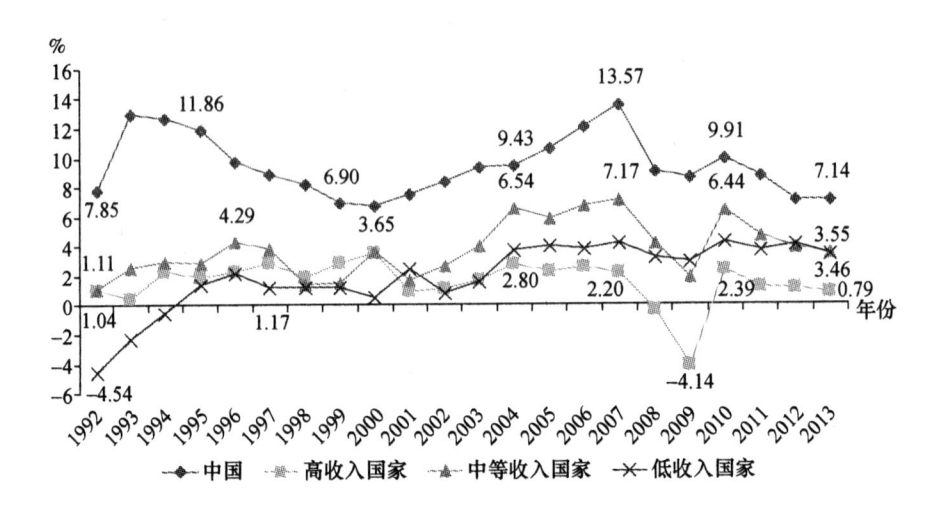

图 4-9　中国与高收入、中等收入及低收入国家人均产出增长率的对比

由图 4-9 可以看出，1992—2013 年，中国的人均产出增长率曲线均高于高收入、中等收入及低收入国家，位于图的上方。1992 年，中国的人均产出增长率最高，为 7.85%；其次为中等收入国家，为 1.11%；再次为高收入国家，为 1.04%；最后是低收入国家，为 -4.54%。2003 年之后，低收入国家的人均产出增长率超过高收入国家，2009 年后与中等收入国家表现相当；除 1998 年以外，中等收入国家的人均产出增长率均高于高收入国家；1999 年之后，高收入国家的人均产出增长率持续保持在三组中的最低水平，而中等收入国家表现最佳。2013 年，中国的人均产出增长率最高为 7.14%；中等收入国家和低收入国家大致相当，分别为 3.55% 和 3.46%；高收入国家的人均产出增长率为 0.79%，处于最低位置。

（四）中国和 OECD 高收入国家、非 OECD 高收入国家

同样，由世界发展指标数据库得到 OECD 高收入国家及非 OECD 高收入国家的人均产出增长率，如表 4-9 所示。

表4-9　　　　　　　OECD 高收入国家及非 OECD
高收入国家的人均产出增长率　　　　单位:%

年份	非 OECD 高收入国家	OECD 高收入国家
1992	-4.67	1.26
1993	1.66	0.56
1994	-2.43	2.52
1995	-0.08	2.12
1996	1.36	2.27
1997	3.56	2.80
1998	-0.80	2.03
1999	3.46	2.82
2000	7.01	3.30
2001	1.99	0.79
2002	3.08	0.91
2003	5.83	1.41
2004	7.17	2.49
2005	5.54	2.00
2006	6.65	2.25
2007	5.99	1.95
2008	3.37	0.55
2009	-4.39	-4.09
2010	5.26	2.22
2011	4.37	1.01
2012	2.41	1.04

将 OECD 高收入国家及非 OECD 高收入国家的人均产出增长率与中国对比,如图 4-10 所示。

首先,中国的人均产出增长率持续高于其他两者,整体处于最高水平;其次,1992—2000 年,非 OECD 高收入国家的人均产出增长率波动上升,超过 OECD 高收入国家;再次,2008 年金融危机对非 OECD 高收入国家和 OECD 高收入国家的影响大于中国,2009 年非 OECD 高收入国家的人均产出增长率下降至 4.39%,OECD 高收入国家下降至 4.09%,相对比而言,中国为 8.67%,高出非 OECD 高收入国家及 OECD 高收入国家近 13 个百分点；最后，2010 年之后，三条曲线均趋于下降。2012 年，中国的人均产出增长率为 7.13%，高出非 OECD 高收入国家 4.72 个百分点，高出 OECD 高收入国家 6.09 个百分点。

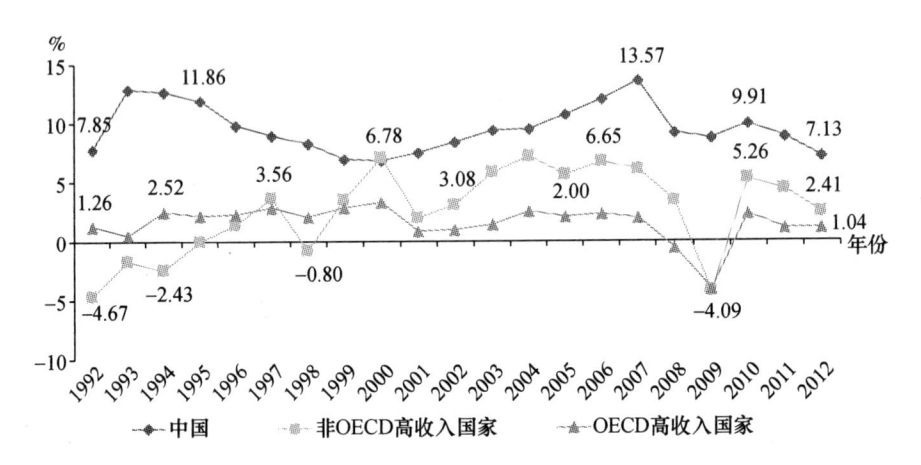

图 4-10 中国与 OECD 高收入国家及非 OECD 高收入国家人均产出增长率的对比

二 基于实物量方法的劳均产出增长率对比分析

由于世界发展指标数据库中仅可获得 1990 年之后 OECD 成员国的劳动力总数（见附录 4-3），因此仅能对 1991—2012 年中国和其他国家的劳均产出增长率作对比分析。

（一）中国和美国

中国和美国基于实物量方法的劳均产出增长率如表 4-10 所示。其中，中国和美国的劳均产出增长率均按照"GDP/劳动力总数"进行核算，"劳动力总数"来自世界发展指标数据库。

表 4-10 中国和美国基于实物量方法的劳均产出增长率 单位：%

年份	中国	美国
1991	2.37	-0.57
1992	7.69	1.73
1993	12.75	1.62
1994	12.55	2.17

续表

年份	中国	美国
1995	11.58	1.34
1996	9.49	2.22
1997	8.47	2.66
1998	7.82	2.94
1999	6.44	3.48
2000	6.14	2.75
2001	7.26	0.21
2002	7.97	1.24
2003	8.93	2.31
2004	9.15	3.09
2005	10.44	2.03
2006	11.93	1.33
2007	13.51	0.95
2008	9.22	-1.40
2009	8.83	-2.90
2010	10.38	2.79
2011	8.15	1.78
2012	6.94	2.07

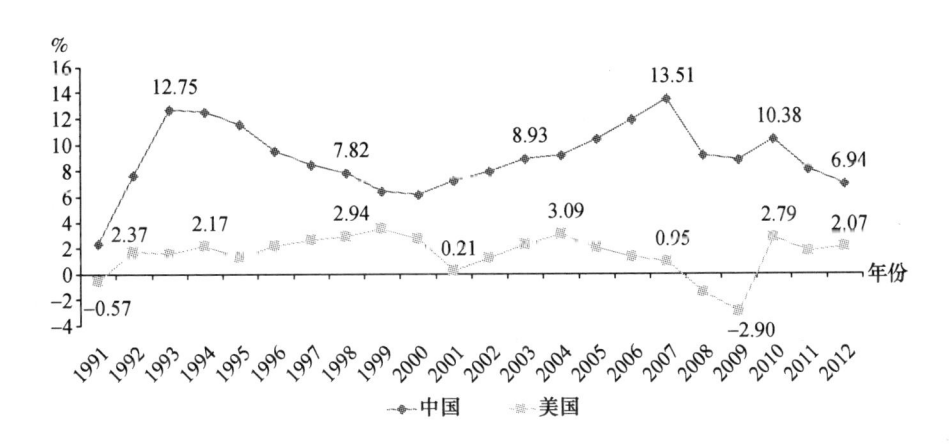

图4-11 中国与美国基于实物量方法的劳均产出增长率变化趋势的对比

可以看出，基于实物量方法对劳均产出增长率进行核算时，1991—2012年中国均高于美国。1991年，中国为2.37%，处于曲线最低位置，比美国的 -0.57% 高出 2.94 个百分点；2007 年，中国为 13.51%，处于曲线最高位置，比美国高出 12.56 个百分点；2010 年后，中国的劳均产出增长率趋于下降，美国则趋于上升，但 2012 年中国仍比美国高出 4.87 个百分点。因此，无论是人均产出还是劳均产出，中国近年来的表现都好于美国。

（二）中国和 OECD 成员国

由附录 4-3 得到 1991—2012 年 OECD 成员国基于实物量方法的劳均产出增长率（见表 4-11）。

表 4-11　　1991—2012 年 OECD 成员国基于实物量方法的劳均产出增长率　　单位：%

年份	OECD 成员国
1991	-0.18
1992	1.17
1993	0.86
1994	1.92
1995	1.73
1996	1.81
1997	2.27
1998	1.70
1999	2.41
2000	3.19
2001	0.65
2002	0.72
2003	1.39
2004	2.10
2005	1.52
2006	1.72
2007	1.57
2008	-1.05
2009	-3.99
2010	2.17
2011	1.26
2012	0.52

将中国和 OECD 成员国 1991—2012 年基于实物量方法的劳均产出增长率作对比分析，如图 4-12 所示。

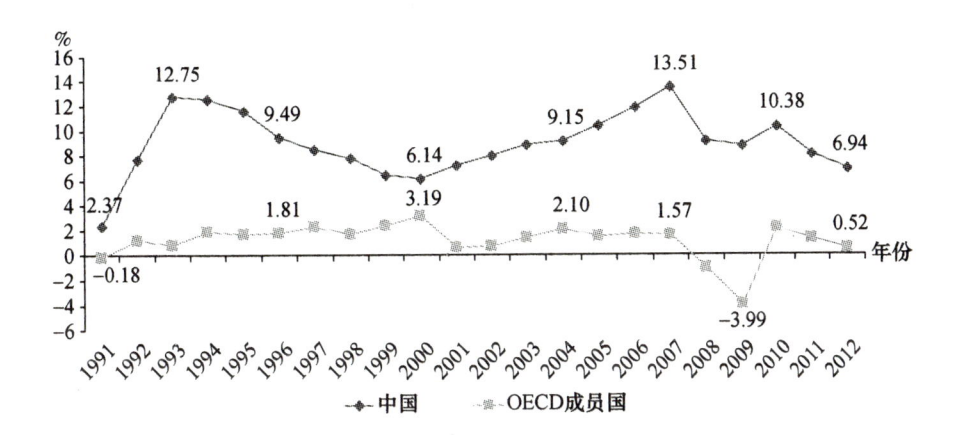

图 4-12　1991—2012 年中国与 OECD 成员国劳均产出增长率的对比

关于劳均创造的产出增长率，1991—2012 年，中国持续高于 OECD 成员国的平均水平。1991 年，中国的劳均产出增长率为 2.37%，OECD 成员国为 -0.18%，相差 2.55 个百分点；2000 年，中国为 6.14%，OECD 成员国为 3.19%；2012 年，中国的劳均产出增长率为 6.94%，OECD 成员国仅为 0.52%。

（三）中国和高收入国家、中等收入国家及低收入国家

同样，由世界发展指标数据库中的"GDP（2005 年不变价美元）"及"劳动力总数（人）"，计算得到高收入国家、中等收入国家及低收入国家的劳均产出增长率（见表 4-12）。

表 4-12　　　高收入国家、中等收入国家及低收入国家的劳均产出增长率　　　单位：%

年份	高收入国家	中等收入国家	低收入国家
1991	0.17	0.00	-2.34
1992	1.28	0.77	-4.64
1993	0.98	2.39	-2.32
1994	2.51	2.61	-0.63

续表

年份	高收入国家	中等收入国家	低收入国家
1995	1.83	2.52	1.33
1996	2.01	3.99	2.14
1997	2.75	3.45	1.04
1998	1.84	1.04	0.96
1999	1.82	0.92	1.10
2000	3.19	3.38	0.22
2001	1.10	1.16	2.01
2002	0.75	2.24	0.38
2003	1.29	3.54	1.13
2004	2.34	5.94	3.36
2005	1.63	5.21	3.63
2006	2.01	6.92	3.43
2007	1.68	7.39	3.85
2008	-0.75	4.49	2.84
2009	-3.95	2.11	2.55
2010	2.58	6.76	3.81
2011	1.34	4.22	3.32
2012	0.87	3.52	3.63

与中国的劳均产出增长率作对比，如图 4-13 所示。

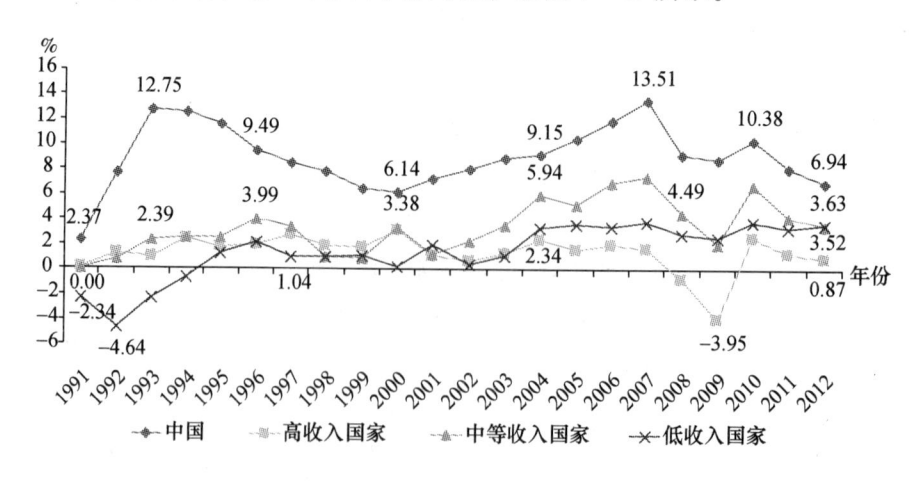

图 4-13 中国与高收入国家、中等收入国家及低收入国家劳均产出增长率的对比

根据图 4-13 可以看出，按照实物量方法对劳均产出的增长率进行核算时，中国的整体表现优于其他三者，持续保持高水平。1991年，中国的劳均产出增长率最高，为 2.37%；其次是高收入国家，为 0.17%；再次为中等收入国家，为 0；最后为低收入国家，为 -2.34%。1995—2001 年，高收入国家、中等收入国家及低收入国家的劳均产出增长率不相上下。2001 年之后，中等收入国家的劳均产出增长率超过高收入国家，但仍低于中国水平。2003 年之后，低收入国家的劳均产出增长率也超过了高收入国家。2012 年，中国的劳均产出增长率为 6.94%；低收入国家处于第二位，为 3.63%；中等收入国家处于第三位，为 3.52%；高收入国家位于最下方，为 0.87%。此外，根据图 4-13，2008 年全球金融危机对高收入国家劳均产出增长率的影响大于中等收入国家及低收入国家，中国受到的影响最小。

需要注意的是，按照实物量方法核算的劳均产出增长率与人均产出增长率排序的变化情况非常相似。起初，低收入国家的人均产出增长率和劳均产出增长率最低，最后均超过高收入国家，与中等收入国家表现相当。

（四）中国和 OECD 高收入国家、非 OECD 高收入国家

根据与上文相同的方法，对 OECD 高收入国家及非 OECD 高收入国家的劳均产出增长率按照实物量方法核算，结果如表 4-13 所示。

表 4-13　　OECD 高收入国家及非 OECD 高收入国家的劳均产出增长率　　单位：%

年份	非 OECD 高收入国家	OECD 高收入国家
1991	0.41	-0.08
1992	-3.64	1.34
1993	0.64	0.71
1994	0.05	2.29
1995	-0.24	2.01
1996	2.28	1.81
1997	5.15	2.34
1998	0.01	1.79
1999	-1.70	2.58

续表

年份	非 OECD 高收入国家	OECD 高收入国家
2000	6.34	3.00
2001	3.01	0.84
2002	1.66	0.82
2003	3.80	1.31
2004	5.84	2.20
2005	4.33	1.52
2006	5.68	1.81
2007	4.28	1.67
2008	2.53	-0.92
2009	-4.64	-3.80
2010	5.24	2.45
2011	3.74	1.28
2012	2.20	0.81

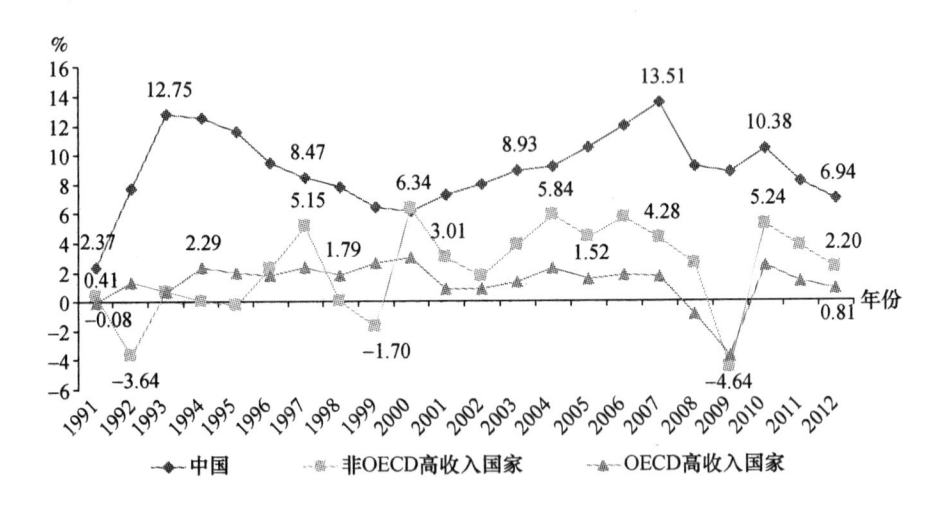

图 4-14 中国与 OECD 高收入国家及
非 OECD 高收入国家劳均产出增长率的对比

如图 4-14 所示，中国的劳均产出增长率持续高于 OECD 高收入国家和非 OECD 的高收入国家。1991 年，中国的劳均产出增长率为 2.37%；非 OECD 高收入国家次之，为 0.41%；OECD 高收入国家位于最低,为-0.08%;2000年之后,除2009年以外,非OECD高收入国家持续超过OECD高收入国家的劳均产出增长率。2012年,中国的劳均产出增长率为6.94%,分别高出非OECD高收入国家和OECD高收入国家4.74个和6.13个百分点。由此可以看出,2008年金融危机对非OECD高收入国家的影响超过对OECD高收入国家的影响,中国受到的影响最小。

三 基于价值量方法的劳均产出增长率对比分析

中国和美国基于价值量方法的劳均产出及其增长率核算结果如表4-10所示,中国的劳均产出用"现价GDP/现价城镇就业人员工资总额"计算,单位为"元/元";美国的劳均产出用"现价GDP/现价雇员报酬"计算,单位为"美元/美元"。若将中国的数据结果换算成"美元/美元",实际上与现在的数值一致,原因在于去除汇率因素和通货膨胀因素时,分子和分母同时换算从而使数值不变。因此,按照价值量方法核算的劳均产出的量纲为1,我们可直接对中国和美国进行对比分析。

表4-14 基于价值量方法的中国和美国劳均产出及其增长率

年份	劳均产出		劳均产出增长率	
	中国(元/元)	美国(美元/美元)	中国(%)	美国(%)
2001	9.1	1.75	-0.81	0.03
2002	9.0	1.79	-1.8	1.74
2003	8.9	1.81	0.41	1.19
2004	8.9	1.82	2.42	0.70
2005	9.1	1.84	-1.22	1.42
2006	9.0	1.84	-0.46	-0.03
2007	9.0	1.83	1.37	-0.73
2008	9.1	1.82	-1.3	-0.61
2009	9.0	1.85	-4.42	1.66
2010	8.6	1.88	0.83	1.52
2011	8.7	1.87	-6.65	-0.15
2012	8.1	1.88	-6.72	0.07
2013	7.5	1.89	-16.11	0.95

由表 4-14 可以看出，使用价值量方法对中国和美国的劳均产出进行对比时，中国的劳均产出是美国的 4—5 倍。原因在于中国是典型的二元经济，农业部门向非农业部门源源不断地提供廉价劳动力，导致中国在生产中使用的劳动力价格比美国低很多，这也符合中国工业化进程为劳动密集型生产的特征。

美国基于价值量方法的劳均产出增长率在 -1%—2% 区间徘徊，而中国出现显著下降（见图 4-15）。2001 年，美国基于价值量方法的劳均产出增长率为 0.03%，中国为 -0.81%，相差 0.84 个百分点；2013 年，美国为 0.95%，中国为 -16.11%，差距扩大到 17.06 个百分点。中国基于价值量方法的劳均产出增长率下降究竟是中国的特有规律，还是一个国家经济发展过程中的必然趋势？为了回答这个问题，我们对 1970 年之后日本、韩国基于价值量方法的劳均产出增长率进行核算，与中国进行对比（见图 4-16 和图 4-17）。

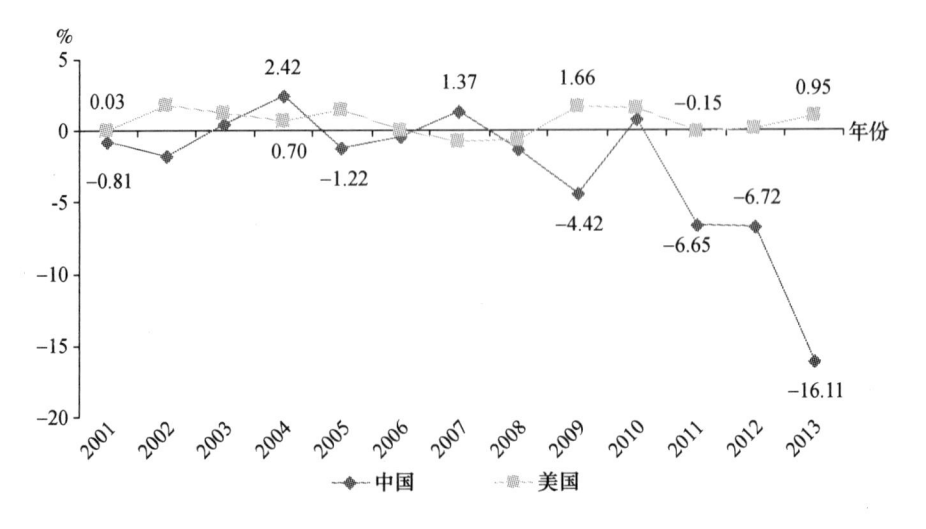

图 4-15　基于价值量方法的中国和美国劳均产出增长率变化趋势的对比

OECD 成员国基于价值量方法的劳均产出核算结果见附录 4-4。其中，英国、美国、日本、德国、法国、澳大利亚、奥地利、比利时等几个国家在 1978—2012 年的表现类似，劳均产出处于 1.7—2.2；冰岛、意大利略高，处于 1.9—2.8；韩国整体表现为下降趋势，由

2.8 左右下降至 2.3 左右；希腊和墨西哥相似，20 世纪 80 年代之后处在 3.0 左右。相比之下，中国的情况最为特殊，基于价值量核算的劳均产出在 7.5 以上，但呈现出逐年下降趋势。附录 4-5 中对 OECD 成员国基于价值量方法的劳均产出增长率进行了核算，结果如图 4-18 所示。可以看出，OECD 成员国基于价值量方法的劳均产出增长率收敛于 ±5% 之间。

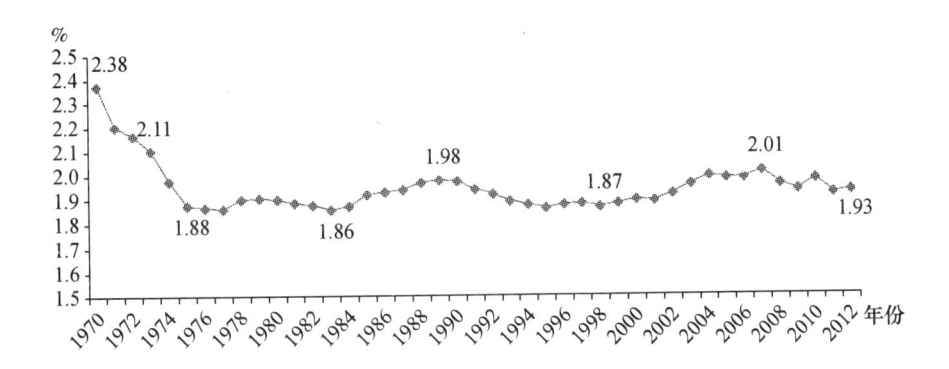

图 4-16　1970—2012 年基于价值量方法的日本劳均产出增长率的变化趋势

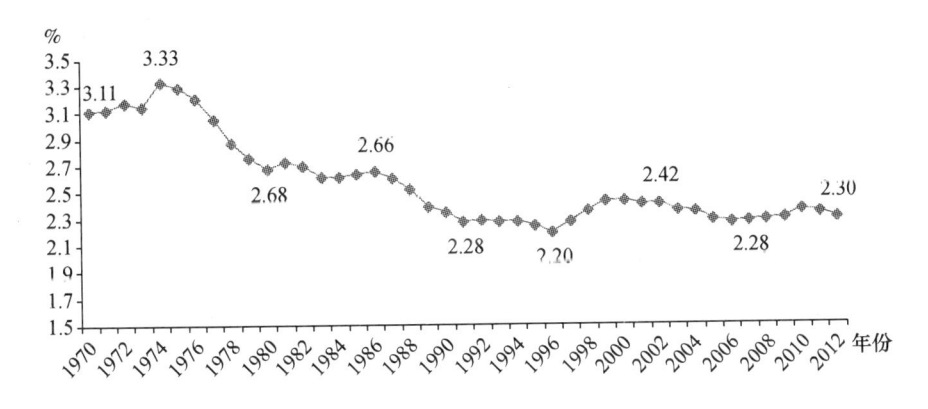

图 4-17　1970—2012 年基于价值量方法的韩国劳均产出增长率的变化趋势

114　中国的卡尔多事实研究

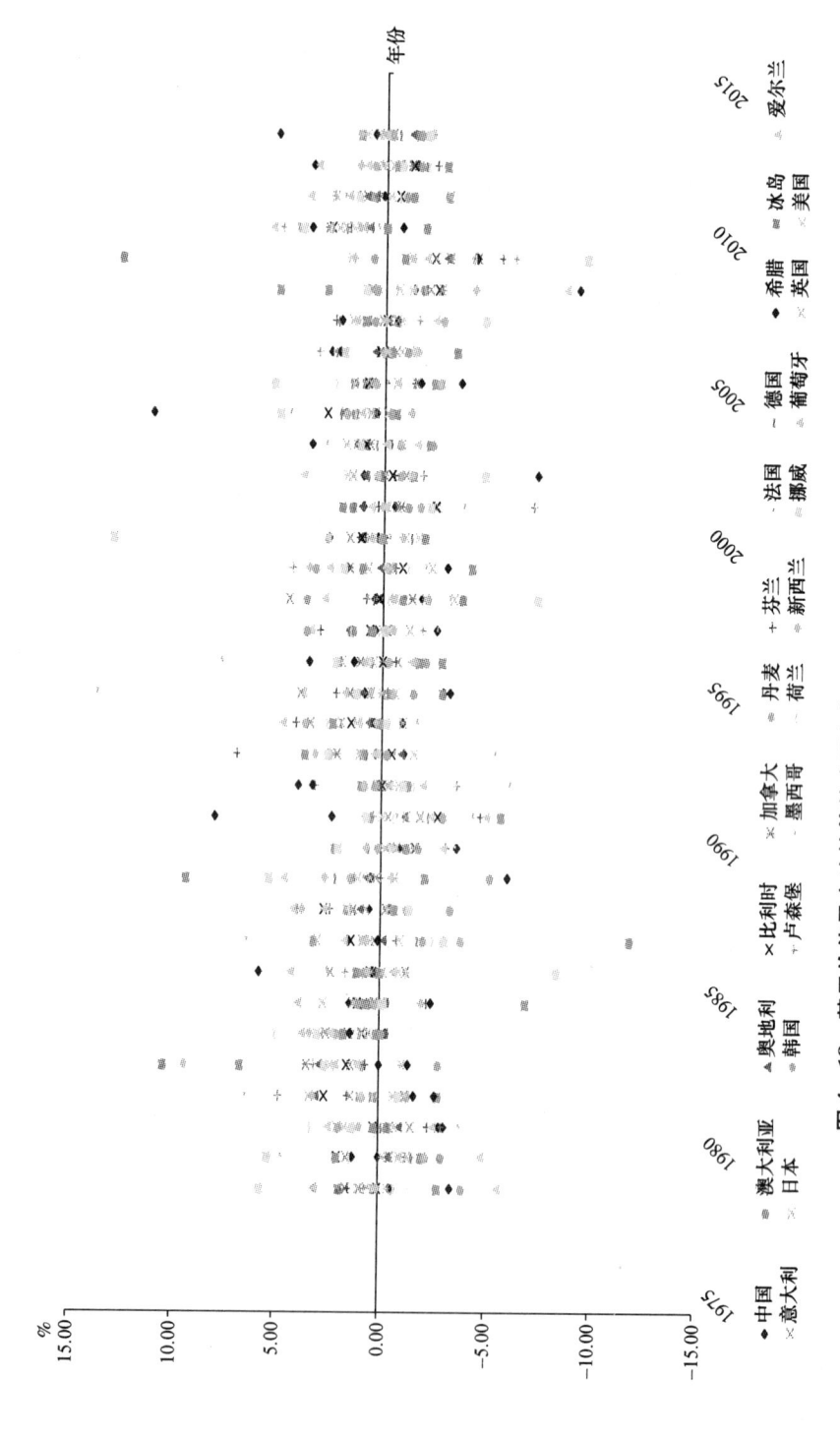

图 4-18　基于价值量核算方法核算的中国和部分 OECD 成员国劳均产出增长率散点图

通过对人均产出增长率、基于实物量方法和基于价值量方法的劳均产出增长率进行核算和比较,本书得出结论:在卡尔多事实中,只有基于价值量方法对劳均产出增长率进行衡量时,"每工时实际产出或人均产出在长期中以不变的速率保持增长"这一规律才会存在。但是,无论是人均产出增长率,还是基于实物量方法的劳均产出增长率,抑或是基于价值量方法的劳均产出增长率,中国的现实情况都不符合卡尔多事实。其中,人均产出、基于实物量方法的劳均产出绝对值显著低于发达国家;人均产出增长率、基于实物量方法的劳均产出增长率显著高于发达国家;基于价值量方法的劳均产出绝对值显著高于其他国家,但表现出负增长,即增长率低于其他国家。

第五节 本章小结

本章考察了卡尔多事实中的劳动生产率,对中国的人均产出增长率及劳均产出增长率进行了核算,其中,劳均产出增长率用实物量方法和价值量方法分别进行考察,并选取了美国、OECD成员国等与中国的核算结果进行对比分析。结果发现:(1)从人均产出的角度来看,中国的表现均低于美国及OECD成员国的平均水平;(2)无论是人均产出增长率,还是基于实物量方法的劳均产出增长率,中国均高于美国,以及OECD成员国、高收入国家、中等收入国家等不同国家类型或组织的平均水平;(3)从基于价值量方法的劳均产出角度看,中国始终高于其他国家或组织,这反映了我国劳动力成本的低水平状态,解释了中国作为"世界工厂"存在的原因;(4)从基于价值量方法劳均产出增长率看,与20世纪七八十年代处于工业化进程中的日本和韩国类似,中国呈现出负增长趋势,即劳均产出逐年下降。因此,在卡尔多事实中,基于价值量方法衡量的劳均产出增长率在长期中表现为常数,处于±5%之间;当前中国人均(劳均)产出增长率的表现不符合卡尔多事实,但基于价值量方法核算的劳均产出增长率出现显著下降趋势,考虑到日本、韩国工业化过程中基于价值量方法的劳均产出增长率的变化规律,中国在长期中将向发达国家收敛。

第五章　要素收入份额

近几年来，随着中国经济的结构性减速，要素收入分配作为化解国内消费低迷、经济增长过度依赖出口和投资等诸多难题的重要手段，受到了国内外学者的广泛关注。由于劳动收入份额提高对消费需求的促进作用明显超过了它对投资和净出口增长率的抑制作用，中国明显呈现出"工资拉动增长"的态势（刘盾、施祖麟、袁伦渠，2014）。从中共十七大到十八届三中全会，提高劳动报酬在初次分配中的比重数次被提到国家下一步重点发展政策的日程上。改革开放以来中国劳动收入份额呈现出怎样的发展变化？中国的要素收入份额是否符合卡尔多事实？在不同的阶段，资本要素和劳动要素如何交替成为影响中国经济发展的主导因素？要回答这些问题，首先确定要素收入份额的测算方法；其次对中国的要素收入份额进行核算，并分析资本和劳动在不同阶段对经济增长的作用程度；再次将中国和其他国家的要素收入份额进行对比分析；最后是要素收入份额的收敛性分析。

第一节　研究方法

在卡尔多事实研究的背景下，本节对要素收入份额的文献综述主要集中在两个方面，分别为中国要素收入份额的核算方法、要素收入份额的对比分析以及影响因素分析。

一　关于中国要素收入份额的核算方法

核算中国的要素收入份额首先要解决两个问题：第一个问题是2004—2008年劳动收入份额的核算结果与其他年份不具有可比性；第二个问题是非公司企业主收入中资本和劳动所得未划分清楚。原因在于中国的自营收入在国民经济核算体系中并没有单列出来,只能使用其他方式进行推算。

(一)关于劳动收入份额的可比性

白重恩、钱震杰(2009)认为,核算方式的变化导致了非农业部门劳动收入份额在2004年陡降,农业部门的劳动收入份额自2004年后陡升(见表5-1)。

表5-1　　　　2003年与2004年按行业划分的劳动收入份额　　　单位:%

年份	全国	农业	工业	建筑业	第三产业
2003	53.60	86.10	44.40	68.10	49.00
2004	48.40	92.20	38.20	59.80	41.00

因此,为了使2004年前后的劳动收入份额具有可比性,需要将个体经济在2004年的营业盈余从总营业盈余中剥离后加到劳动者报酬中,将国有或集体农场的营业盈余从劳动者报酬中剥离后加到全国的营业盈余之中。

然而,由于在非经济普查年份中国只给出了总体的营业盈余,并没有单独列出个体经济的相关统计数据。为解决这个问题,Bernanke和Gurkaynak(2001)首先计算非个体经济就业人员的平均劳动报酬,其次用平均劳动报酬与总就业人数相乘得到包括个体经济在内的总劳动报酬数额。也有学者通过平均营业盈余计算得到个体经济的营业盈余,然后将个体经济营业盈余与明确归属于劳动者的收入相加,得到包括个体经济在内的劳动报酬总额。关于国有或集体农场的营业盈余,因为这部分数额较少,大多数经济学文献中将此部分忽略不计,白重恩、钱震杰(2009)则通过估计2004年全国各省(市、区)国有或集体农场的营业盈余,得到各产业和总体的劳动收入份额。

(二)关于非公司企业主收入中资本和劳动所得的划分

自约翰逊(Johnson,1954)的研究之后,大多数经济学文献对美国自营收入中资本和劳动收入的处理方式为:1/3计为资本收入,2/3计为劳动收入。但采用这种方式的前提在于要素收入份额为常数,根据前述文献资料的整理可以得出，该前提并不一定成立，因此该种方法在现实中并不适用。Gollin（2002）提出三种如何合理分配私人非法人企业营业盈余①的修正方法（见表5-2、表5-3）。

表5-2　Gollin关于劳动收入份额核算的三种修正方法的计算公式

核算公式		
第一种	劳动收入份额 =	$\dfrac{\text{雇员报酬} + \text{私人非法人营业盈余}}{\text{按生产者价格计算的增加值} - \text{生产税净额}}$
第二种	劳动收入份额 =	$\dfrac{\text{雇员报酬}}{\text{按生产者价格计算的增加值} - \text{生产税净额} - \text{私人非法人营业盈余}}$
第三种	劳动收入份额 =	$\dfrac{\dfrac{\text{雇员报酬} \times \text{总就业人数}}{\text{雇员人数}}}{\text{按生产者价格计算的增加值} - \text{生产税净额}}$

表5-3　Gollin关于劳动收入份额核算的修正方法及优缺点

方法	第一种	第二种	第三种
描述	将个体经营者的收入全部归为劳动报酬，即自我雇佣者并无任何资本投入	个体经营者的劳动收入份额等于剩余部分经济活动人口的劳动收入份额	个体经营者的人均劳动报酬等于雇员报酬的平均值
优点	计算简单直观；符合低收入国家的实际情况，即大部分自我雇佣者的要素投入全部是劳动	计算简单明了；私人非法人营业盈余中包含部分资本收入的假定是符合现实要求的	考虑了各个国家不同发展水平下自我雇佣者的实际情况，并能根据普查数据对解雇进行合理调整
缺点	随着低收入国家的发展，自我雇佣者也会渐渐在劳动中加入资本，后期会高估劳动收入份额	法人企业、非法人企业与政府三个不同类型部门的劳动收入份额在实际中不同	忽略了就业统计中存在的误差，同时会出现由于平均劳动报酬不同导致的计算偏差

---

① 私人非法人企业营业盈余（operating surplus of private unincorporated enterprises）指在国民经济核算中，除非自我雇佣者从自己的企业领取工资或自我雇佣者把所有企业组成法人企业，否则从非法人企业获得所有收益均应记作营业盈余。

Gomme 和 Rupert (2004) 提出，在收入法 GDP 核算的过程中总收入 (Y) 存在着三种性质不同的部分：第一种为雇员报酬，属于劳动者付出劳动而得到的收入，记为 Y^{AL}；第二种为固定资产折旧，属于资本收入的部分，记为 Y^{AK}；第三种为混合收入，即无法准确划分为资本或者劳动收入的部分，记为 Y^X。假设在混合收入中劳动收入的份额与其他收入中的份额相同，均为 α，那么，总劳动收入 Y^L 为：

$$Y^L = Y^{AL} + \alpha Y^X \tag{5-1}$$

因此，由假设，可得：

$$Y^L = \alpha Y = \alpha (Y^{AL} + Y^X + Y^{AK}) \tag{5-2}$$

综合以上两式，可以得到劳动收入份额为：

$$\alpha = \frac{Y^{AL}}{(Y^{AL} + Y^{AK})} \tag{5-3}$$

可以看出，相比于 Gollin 的修正方法，上述方法的适用性更强，同时内容也更加宽泛、符合实际。

关于非公司企业主收入中劳动与资本的划分，国内有学者针对这个问题提出了三种不同的概念：窄口径、中口径和宽口径。中国收入法 GDP 中的劳动者报酬包含了非公司企业主的收入，为宽口径的概念；而在联合国推荐的 SNA1993 体系中，雇员报酬剔除了非公司企业主的收入并将其归入混合收入中，为窄口径的概念；在上述基础上，李清华 (2013) 提出一个中口径劳动收入份额的测算方式，即将自营收入中资本和劳动所得按照一定的标准进行拆分，这里的标准在不同的文献中采用不同的方式。

对于中国而言，要素收入份额的核算主要基于国民经济核算体系中收入法 GDP 的各项统计数据，包括劳动者报酬、生产税净额、固定资产折旧及营业盈余。根据中国国家统计局 (2003) 的统计口径，劳动者报酬是指劳动者从事生产活动获得的各种形式的报酬，包括工资、奖金、福利费、实物报酬、各种津贴以及单位为劳动者缴纳的社会保险等。生产税净额是指生产税减补贴的余额，生产税是指政府对生产单位从事生产、销售和经营活动以及因从事这些活动使用某些生产要素所征收的各种税、附加费和规费。固定资产折旧是指核算期内因生产活动使用固定资产而耗费的固定资产价值。营业盈余相当于企业的营业利润，是增加值减去劳动者报酬、固定资产折旧和生产税净额的余项。按照定义，要素收入份额的计算公式为：

$$劳动收入份额 = \frac{劳动者报酬}{收入法 GDP - 生产税净额} \times 100\% \qquad (5-4)$$

$$资本收入份额 = \frac{营业盈余 + 固定资产折旧}{收入法 GDP - 生产税净额} \times 100\% \qquad (5-5)$$

要素收入份额核算不考虑生产税净额，也就是不考虑政府在初次分配中的收入，劳动收入份额和资本收入份额之和为1。

如上所述，中国的国民生产总值核算体系中收入法 GDP 包括四项，分别为劳动者报酬、固定资产折旧、生产税净额以及营业盈余；不同的是，OECD 成员国的收入法 GDP 核算基于 SNA1993，仅包含三项，分别为雇员报酬、营业盈余和混合收入、税减产品补贴。两者的不同之处在于：（1）中国的劳动者报酬不仅包含了被雇佣者的劳动收入，还将自我雇佣者的收入全部划归为劳动者报酬的范畴之内，而国外则将这一部分收入视为"混合收入"，将其归于营业盈余这一范畴内。（2）各个国家的税种、税率和补贴不同，因此生产税净额和税减产品补贴这两项并不完全等同。也就是说，各个国家考虑到自身的要素禀赋优势，针对不同产业会施行不同程度的税收优惠政策，折旧使生产税净额这一项在不同的国家中略有差异。但考虑到这些因素对劳动收入份额核算的影响不大，本书在核算时将中国的"生产税净额"和其他国家的"税减产品补贴"视为等同。（3）其他国家的"雇员报酬"相当于中国的"劳动者报酬"减去"个体经营者收入"，中国的"固定资产折旧"在其他国家一并归入"营业盈余和混合收入"这一项进行核算。

此外，2004—2008 年，中国国家统计局改变了劳动者报酬这一指标的统计方式，自营收入全部归为"营业盈余"，2004 年之前和 2008 年之后的统计方式一致，自营收入归为"劳动者报酬"。而且在 2004 年的经济普查中，国家统计局国民经济核算司明确提出"由于国有和集体农场的财务资料难以收集，应将营业盈余与劳动者报酬合并，统一作为劳动者报酬"，对农业不再计营业盈余（国家统计局国民经济核算司，2007；国家统计局国民经济核算司，2008），而在此之前却无类似的规定。

因此，对中国的要素收入份额进行核算，一方面要解决2004—2008年与其他年份统计口径的一致性问题；另一方面为了进行国别比较，要将中国的收入法GDP各项数据与SNA1993标准进行统一。根据以上学者的研究成果，对中国要素收入份额的核算将在第二节进行分析和介绍。

二 关于要素收入份额的对比及影响因素分析

本节对国内要素收入份额的影响因素和国际比较的研究成果进行总结。

（一）关于要素收入份额的对比分析

关于要素收入份额的对比分析，国内学者主要集中在中国及其他国家收入法GDP统计口径的比较上。

许宪春（2001）阐述了我国当前GDP的核算体系与SNA1993之间存在的差别，主要包括生产范围核定、基层单位和产业部门分类以及固定资本消耗系数等12个方面。

吕光明（2011）对现有的劳动收入份额测算方法进行了修正，利用资金流量表数据对1993—2008年中国的劳动收入份额进行了估算，并做了相应的变动分析与国际比较。实证结果发现：1999年之前中国的劳动收入份额稳定上升，之后则不断下降；与修正前的结果相比，中国劳动收入份额下降的开始时间延迟了两年，下降程度增加了1.2个百分点。

李清华（2013）认为，将中国劳动收入份额与其他国家进行比较需要注意两个方面：一方面，中国国家统计局对国内生产总值通过收入法进行核算时，劳动者报酬这一指标包含了非公司企业主的混合收入，而SNA1993中将这一指标计入资本收入指标中，即前者为宽口径的概念，后者为窄口径的概念；另一方面，2004年我国对劳动收入份额的统计口径发生了变化，需要统一。在此基础上，他将非公司企业主的混合收入按照宽、中、窄三种口径进行了相应的调整，而后对劳动收入份额进行比较，结果发现，相比宽口径的核算方法，用窄口径概念的劳动收入份额进行国际比较更为可靠。实证分析结果表明，我国的劳动收入份额低于发展中国家平均水平4个百分点，低于发达国家平均水平 15—20 个百分点。

可以看出，国内学者对劳动收入份额进行国际比较时，主要关注中国的统计核算体系与 SNA1993 标准如何接轨。而对各位学者的研究成果进行总结分析之后，发现以不同的核算资料为基础设计的方法所得到的核算结果有所不同。

（二）关于要素收入份额的影响因素分析

近年来，中国劳动收入份额的下降引起了国内学者的普遍关注，但不同学者的研究结论却不尽相同。

罗长远（2008）之前的对劳动收入份额方面的研究成果进行了系统回顾，并将其分为四个主要层次：劳动收入份额与资本产出比之间的关系，偏向型技术进步和不完全竞争对劳动收入份额的影响，劳动收入份额在产业之间的差异，开放条件下全球化对劳动收入份额的影响。

肖红叶和郝枫（2009）利用 UNSD、BEA 以及 NBS 的国民核算资料对中国和其他国家的初次收入分配进行了比较分析和研究，解释了中国改革开放以来初次分配结构的内在特点和动态演进规律。实证分析发现，2004 年前后中国国民经济初次分配结构发生了显著的变化，原因在于政府对初次收入分配的介入程度较高。

黄先海、徐圣（2009）基于劳动节约型技术进步的视角，分析了中国劳动收入份额下降的原因，实证结果发现，劳动收入份额的变化取决于三个因素：乘数效应、资本深化速度以及劳动节约型技术进步。

白重恩、钱震杰（2010）利用 1985—2003 年中国的省际面板数据，将中国劳动收入份额分为 1985—1995 年和 1996—2003 年两个阶段进行计量回归分析。实证结果表明：国有及非国有经济的比重变动、产业结构的变迁以及国家对税率的调整对以上两个阶段的要素收入份额都有显著影响，且贸易开放度和金融发展对后一阶段产生的影响相对较大。利用两个阶段的样本，通过回归模型进行预测发现：第一阶段中，产业结构转型使劳动收入份额下降，国有经济比重下降和非中性的技术进步使劳动收入份额上升，两种作用相抵消后，中国总体的劳动收入份额并未发生显著的变化；第二阶段中，国有经济比重下降、产业结构转型以及税率上升使劳动收入份额下降，经济不断开放使劳动收入份额上升，技术进步对劳动收入份额的影响并不明显。

周明海等（2010）从经济转型和对外开放的视角解释了中国劳动收入份额的下降。他们认为，新古典经济理论框架下劳动收入份额的变化受要素投入比例、技术进步以及产品市场竞争程度的影响较大，而我国二元经济体制的转型则是近年来劳动收入份额下降的主要原因。

孙慧文（2011）认为，在劳动力供求关系一定的前提下，现实的工资水平取决于劳资双方讨价还价的能力，而劳动者讨价还价的能力受制于计划经济时代的制度环境，主要包括低工资制度的延续以及由此形成的偏向厂商的制度环境，即与劳动收入份额变动有关的制度存在一定的路径依赖，这使得改变这种制度面临着较大的障碍。

伍山林（2011）以中国的制度环境为基础构建了一个包含劳动力异质性和企业异质性的微观模型，用以探讨劳动收入份额的微观决定机制。研究结果发现：（1）工资率、生产技术和税负对劳动收入份额的影响具有多样性；（2）市场竞争程度的下降和国有企业改制降低了劳动收入份额；（3）企业自主选择改制深度和分享比例有利于实现劳动者、企业以及政府三方共赢的格局。

赵秋运等（2012）构建了一个理论模型来分析国际贸易、工资刚性与劳动收入份额之间的关系，基于中国省际面板数据的实证结果表明：国际贸易将会使得资本与劳动之间的替代弹性不断提高，而工资刚性促使要素在不同的产业部门之间重新配置，且这种影响将会进一步恶化。

魏下海等（2012）从人口年龄结构的视角分析了中国劳动收入份额下降的原因，基于理论模型的实证分析表明：人口年龄结构的变化将影响个体的储蓄行为，进而通过影响资本的集约程度降低劳动收入份额。

汪伟等（2013）基于中国现阶段消费量过低、劳动收入份额同步下降的典型事实，从企业异质性及其面临的金融环境差异出发，构建了一个包含大小两类企业的动态一般均衡模型。通过设置传导机制及实证分析表明：20世纪90年代之后，中国小企业受到金融环境变化的影响，信贷融资能力下降，进而导致家庭收入份额下降。

综上所述，国内对要素收入份额影响的研究主要关注不完全竞争、技术进步、全球化等，而从经济体中长期发展角度研究的较少。

第二节 中国的要素收入份额

要素收入份额的测算不考虑生产税净额，因此劳动收入份额与资本收入份额之和为1。本节首先测算中国的劳动收入份额，然后直接得到中国的资本收入份额。

一 劳动收入份额

如前所述，中国劳动收入份额的测算首先要明确三个问题：（1）数据来源与数据质量；（2）2004—2008年收入法GDP统计口径的修正；（3）与SNA1993标准的对接。因此，本节首先确定中国收入法GDP的数据来源，对数据质量进行对比分析；其次对2004—2008年统计口径进行修正，以与其他年份的核算结果具有可比性，修正后的结果定义为宽口径的劳动收入份额；最后通过明确中国统计口径与SNA1993联合国标准的区别对中国劳动收入份额进一步修正，得到最终的核算结果，即窄口径的劳动收入份额。

（一）数据来源与数据质量

收入法GDP的统计数据来源于《中国国内生产总值历史核算资料：1952—1995》、《中国国内生产总值历史核算资料：1952—2004》、历年《中国统计年鉴》以及《中国资金流量表历史资料：1992—2004》、投入产出表的使用表（逢2、7年份编制）。其中，《中国国内生产总值历史核算资料：1952—1995》、《中国国内生产总值历史核算资料：1952—2004》和历年《中国统计年鉴》中收入法GDP各项数据均来自于省际汇总，因此称为"省际收入法"。各个数据来源的优势及缺陷如表5-4所示。

表 5-4 收入法 GDP 构成项目数据来源的三种途径及其优缺点

渠道	类型	数据期限	优势	缺陷
省际收入法	《中国统计年鉴》	1995—2013	三种资料来源的统计口径和指标定义相同,数据一致具有可比性;从数据丰富程度上看,优于其他两种来源	地方核算数据具有高估的可能性,错误估计要素分配份额变动趋势和幅度的可能性较大
	《中国国内生产总值历史核算资料:1952—1995》	1952—1995		
	《中国国内生产总值历史核算资料:1952—2004》	1993—2004		
投入产出表	使用表	逢2、7年份编制	行业比较详细、数据质量优于省际层面	为了满足多个行业或部门的平衡关系,在一定程度上牺牲了数据质量;面临数据可得性的困难
资金流量表	《中国资金流量表历史资料:1992—2004》	1992—2004	数据质量优于省际层面	

由以上核算资料计算的中国劳动收入份额,如表 5-5 所示。

表 5-5 各个渠道来源的劳动收入份额核算 单位:%

年份	基本测算值(N_1)	实物交易资金流量表(N_2)	投入产出使用表(N_3)	收入法测算值(N_4)	收入法测算值(N_5)	收入法测算值(N_6)
	(1)	(2)	(3)	(4)	(5)	(6)
1978	57.56	—	—	—	57.56	—
1979	59.18	—	—	—	59.18	—
1980	58.34	—	—	—	58.34	—
1981	59.89	—	—	—	59.89	—
1982	60.70	—	—	—	60.70	—
1983	60.66	—	—	—	60.66	—
1984	60.97	—	—	—	60.97	—
1985	60.29	—	—	—	60.29	—

续表

年份	基本测算值（N_1）	实物交易资金流量表（N_2）	投入产出使用表（N_3）	收入法测算值（N_4）	收入法测算值（N_5）	收入法测算值（N_6）
	(1)	(2)	(3)	(4)	(5)	(6)
1986	60.48	—	—	—	60.48	—
1987	59.56	—	—	—	59.56	—
1988	59.63	—	—	—	59.63	—
1989	59.50	—	—	—	59.50	—
1990	61.54	—	—	60.48	61.54	—
1991	60.29	—	—	59.50	60.29	—
1992	58.08	63.85	51.57	57.49	58.08	—
1993	56.03	60.95	—	57.36	58.99	56.03
1994	57.21	61.93	—	58.06	59.42	57.21
1995	58.63	61.36	54.02	60.28	60.85	58.63
1996	58.79	61.32	—	61.24	—	58.79
1997	59.09	62.81	63.46	61.13	—	59.09
1998	53.97	62.82	—	62.10	—	53.97
1999	58.71	62.78	—	61.68	—	58.71
2000	57.51	60.24	63.24	60.74	—	57.51
2001	57.17	59.64	—	56.03	—	57.17
2002	56.57	60.86	56.47	55.40	—	56.57
2003	54.80	59.49	—	53.62	—	54.80
2004	48.37*	59.84	—	48.37	—	48.37
2005	48.67*	59.72	48.30	48.67	—	—
2006	47.53*	58.57	—	47.53	—	—
2007	46.29*	57.54	48.37	46.29	—	—
2008	45.09*	57.13	—	—	—	—
2009	53.90	55.85	—	53.90	—	—
2010	51.66	54.72	55.57	51.66	—	—
2011	51.60	54.14	—	51.60	—	—

续表

年份	基本测算值（N₁）	实物交易资金流量表(N₂)	投入产出使用表(N₃)	收入法测算值(N₄)	收入法测算值(N₅)	收入法测算值(N₆)
	(1)	(2)	(3)	(4)	(5)	(6)
2012	52.32	56.94	—	52.32	—	—
2013	53.05	—	—	—	—	—

注：（1）2008年为第二次全国经济普查年份，《中国统计年鉴2009》中为2007年的数据，表内2008年的劳动收入份额根据2007年相对2006年的增长率推算而得；（2）表中"*"指2004—2008年国家统计局对劳动者报酬这一指标改变了统计方式，与其他年份结果不具有可比性；（3）《中国统计年鉴2014》中地区生产总值收入法各项数据为2012年统计结果，表中N₁中2013年的劳动收入份额根据2012年相对2011年的增长率推算而得。

表5-5中，第一列N₁为基本测算值，由第（4）、（5）、（6）列合并而成；N₂来源于《中国资金流量表历史资料：1992—2004》，根据式（5-4）计算而得；N₃来源于Wind数据库的投入产出表及其延长表，根据式（5-4）计算而得；N₄来源于Wind数据库的省际收入法统计表，根据式（5-4）计算而得；N₅来源于《中国国内生产总值历史核算资料：1952—1995》，根据式（5-4）计算而得；N₆来源于《中国国内生产总值历史核算资料：1952—2004》，根据式（5-4）计算而得。其中，投入产出表仅在逢2、7年份编制，1995年、2000年、2005年、2010年分别为1992年、1997年、2002年、2007年投入产出表的延长表。可以看出，2004—2008年的劳动收入份额陡降，下一步我们对2004—2008年的收入法GDP进行修正。

（二）2004—2008年收入法GDP统计口径的修正

对2004—2008年收入法GDP统计口径的修正需要将个体经济的营业盈余从总营业盈余中剥离出来加总到总劳动报酬中去，国有和集体农场的数据资料缺失，加上在收入法GDP所占份额极小，可以忽略不计。因此，本书在核算中仅对个体经济这一部分进行修正。2004—2008年资金流量表使用表的收入法GDP各项数据及修正值如表5-6所示。之所以选用资金流量表，是因为2008年为全国第二次经济普查年度，其他数据来源均没有2008年的收入法GDP各项统计值。

表 5-6 2004—2008 年中国的收入法 GDP 各项数据   单位：亿元

年份	收入法 GDP	劳动者报酬	生产税净额	固定资产折旧及营业盈余
2004	159878.30	80950.77	24597.15	54330.38
2005	184937.40	93147.99	28968.67	62820.74
2006	216314.40	106369.00	34689.37	75256.03
2007	265810.31	127918.92	43512.88	94378.50
2008	314045.43	150511.75	50609.49	112924.19

根据《中国第一次经济普查年鉴》以及《中国第二次经济普查年鉴》，可以分别得到 2004 年和 2008 年按行业划分的个体经济各项数据（见表 5-7）。

表 5-7 2004 年及 2008 年按照行业划分的
个体经济各项数据   单位：亿元、万人

年份	固定资产折旧	主营业务收入	主营业务成本	工资总额加福利费	就业人员总数
2004	1086.97	47415.22	42973.89	3002.72	3225.14
2008	2453.73	160130.46	135190.34	10087.84	5305

根据公式：

$$营业盈余 = 主营业务收入 - 主营业务成本 - 固定资产折旧 \quad (5-6)$$

得到 2004 年和 2008 年个体经济的营业盈余分别为 3354.36 亿元和 22486.39 亿元。然后，按照 2004—2008 年的年均增长率推算出 2005 年、2006 年、2007 年个体经济的营业盈余分别为 5937.43 亿元、8684.90 亿元及 13974.69 亿元。由此得到 2004—2008 年修正后的收入法 GDP 各项数据（见表 5-8）。

表 5-8 修正后 2004—2008 年的收入法 GDP 各项数据   单位：亿元

年份	收入法 GDP	劳动者报酬	生产税净额	固定资产折旧及营业盈余
2004	159878.30	84305.13	24597.15	50976.02

续表

年份	收入法GDP	劳动者报酬	生产税净额	固定资产折旧及营业盈余
2005	184937.40	98545.42	28968.67	57423.30
2006	216314.40	115053.90	34689.37	66571.13
2007	265810.31	141893.61	43512.88	80403.81
2008	314045.43	172998.13	50609.49	90437.80

由此，可以计算出 2004—2008 年的劳动收入份额分别为 52.73%、53.29%、53.19%、53.38% 和 55.09%。将 1978—2013 年的劳动收入份额核算结果汇总后，得到宽口径的中国劳动收入份额如表 5-9 所示。

表 5-9 基于宽口径核算的中国劳动收入份额 单位:%

年份	劳动收入份额	年份	劳动收入份额
1978	57.56	1996	58.79
1979	59.18	1997	59.09
1980	58.34	1998	53.97
1981	59.89	1999	58.71
1982	60.70	2000	57.51
1983	60.66	2001	57.17
1984	60.97	2002	56.57
1985	60.29	2003	54.80
1986	60.48	2004	52.73
1987	59.56	2005	53.29
1988	59.63	2006	53.19
1989	59.50	2007	53.38
1990	61.54	2008	55.09
1991	60.29	2009	53.90
1992	58.08	2010	51.66
1993	56.03	2011	51.60
1994	57.21	2012	52.32
1995	58.63	2013	53.05

利用表 5-9 中的数据作图，得到基于宽口径的劳动收入份额变化趋势（见图 5-1）。

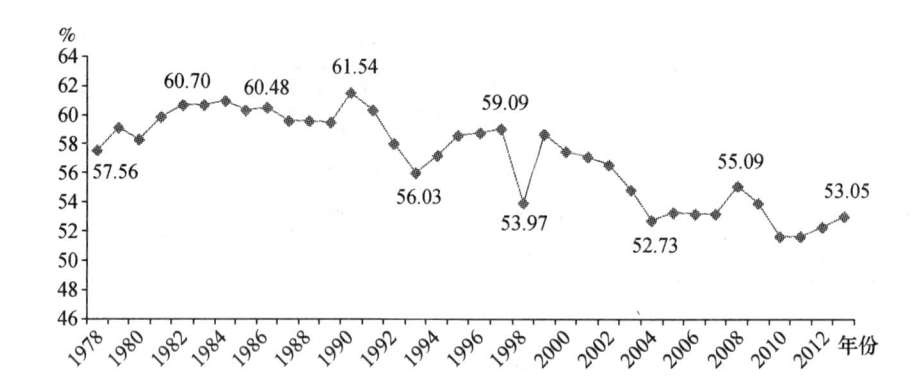

图5-1 基于宽口径核算的中国劳动收入份额变化趋势

可以看出，基于宽口径的中国劳动收入份额变化趋势大致可以分为两个阶段：第一阶段为1978—1990年，这一阶段中国的劳动收入份额趋于上升，由57.56%上升至最高点61.54%；第二阶段为1991—2013年，中国的劳动收入份额表现为波动下降趋势，2013年仅为53.05%。

（三）与SNA1993统计标准的对接

中国的国民经济核算体系在统计中将自我雇佣者（非公司企业主）的收入加总到劳动者报酬中，计算得到的劳动收入份额是宽口径的概念，而在SNA1993体系中，自我雇佣者的收入为混合收入，计入营业盈余，计算得到的劳动收入份额是窄口径的概念。

众所周知，同一个国家在不同的发展阶段中，自我雇佣者在全部就业人口中所占的比例是不同的。随着时间的推移，自我雇佣者在经营中也会投入资本。同样，不同的国家之间因发展水平不同，自我雇佣者的业务水平表现也有所不同。一般而言，发展水平越高的国家，在正规部门中的就业者所占的比重越大，同时自我雇佣者在经营中投入的资本也就越高；欠发达的国家由于自身发展水平所限，农业部门就业者和个体经营者所占的比重较高，而且他们自身在生产中的投入主要以劳动为主。为了使劳动收入份额的核算结果更接近国际统一标准，我们首先要将个体经营者的收入从劳动者报酬中剥离出来，加入到营业盈余这一项中去。在这个过程中，考虑到个体经营者在三次产业的分布及特征都有所不同，我们依据 2008 年全国第二次经济普查数据对三次产业中个体经营者的劳动者报酬、固定资产折旧、生产税净额及营业盈余分别进行核算，并依据收入法各项在个体经营者创造的产值的比例对 2008 年之前及之后各年进行估计，进而得到个体经营者各年的收入法分项数据，最后得到以窄口径核算的中国劳动收入份额结果。2004—2008 年的收入法 GDP 各项数据符合 SNA1993 统计标准，因此仅对 2004 年之前和 2008 年之后的数据进行修正即可。

第一步：根据《中国劳动统计年鉴》（1988—2013）得到 1988 年以后各年的个体就业人数，1978—1987 年的数据由 1989 年相比 1988 年个体就业人数的增长率依次推算而得。然后，按照个体就业人数与全体就业人数的比值推算出 1978—2013 年中国个体经济创造的 GDP（见表 5-10）。

表 5-10   1978—2013 年中国个体经济创造的 GDP

年份	个体就业人数（万人）	全国就业人员（万人）	个体就业人员占比（%）	GDP（亿元）	个体经济创造的 GDP（亿元）
1978	213.29	40152	0.53	3645.20	19.36
1979	254.05	40124	0.63	4062.60	25.72
1980	302.60	42361.00	0.71	4545.60	32.47
1981	360.43	43725.00	0.82	4891.60	40.32
1982	429.32	45295.00	0.95	5323.40	50.46
1983	511.36	46436.00	1.10	5962.70	65.66
1984	609.09	48197.00	1.26	7208.10	91.09
1985	725.49	49873.00	1.45	9016.00	131.15
1986	864.14	51282.00	1.69	10275.20	173.14
1987	1029.28	52783.00	1.95	12058.60	235.15
1988	1225.99	54334.00	2.26	15042.80	339.42
1989	1460.29	55329.00	2.64	16992.30	448.47
1990	1739.36	64749.00	2.69	18667.80	501.48

续表

年份	个体就业人数（万人）	全国就业人员（万人）	个体就业人员占比（%）	GDP（亿元）	个体经济创造的GDP（亿元）
1991	2071.77	65491.00	3.16	21781.50	689.04
1992	2467.70	66152.00	3.73	26923.48	1004.34
1993	2939.30	66808.00	4.40	35333.92	1554.56
1994	3775.90	67455.00	5.60	48197.86	2697.95
1995	4613.60	68065.00	6.78	60793.73	4120.74
1996	5017.10	68950.00	7.28	71176.59	5179.12
1997	5441.90	69820.00	7.79	78973.03	6155.30
1998	6114.40	70637.00	8.66	84402.28	7305.93
1999	6240.90	71394.00	8.74	89677.05	7839.11
2000	5070.00	72085.00	7.03	99214.55	6978.12
2001	4760.30	72797.00	6.54	109655.17	7170.51
2002	4742.90	73280.00	6.47	120332.69	7788.29
2003	4636.50	73736.00	6.29	135822.76	8540.50
2009	6585.40	75828.00	8.68	340902.81	29606.23
2010	7007.60	76105	9.21	401512.80	36970.52
2011	7945.30	76420	10.40	473104.00	49188.08
2012	8628.30	76704	11.25	519470.10	58434.29
2013	9335.70	76977.00	12.13	588019.00	71314.41

注：因为统计口径变化导致2004—2008年数据缺失。

第二步：根据《中国国内生产总值历史核算资料：1952—1995》、《中国国内生产总值历史核算资料：1952—2004》以及2005—2013年的《中国统计年鉴》分别得到1978—1995年、1993—2004年以及2005—2013年中国GDP收入法构成项目的数据，并依照上述数据计算出劳动者报酬、固定资产折旧、生产税净额以及营业盈余在GDP中的占比，将其结果作为个体经营者收入法各项的占比，推算出中国个体经营者的收入法分项数据（见表5-11）。

第三步：根据公式：

表 5-11　1978—2013 年中国个体经济收入法 GDP 的各项占比及数额

单位：%，亿元

年份	劳动者报酬占比	固定资产折旧占比	生产税净额占比	营业盈余占比	劳动者报酬	固定资产折旧	生产税净额	营业盈余
1978	50.12	8.86	12.93	28.08	424.78	75.13	109.60	238.03
1979	51.88	8.74	12.34	27.04	490.39	82.61	116.62	255.64
1980	51.25	9.64	12.15	26.96	513.38	96.60	121.74	270.06
1981	52.75	9.86	11.92	25.47	550.93	102.95	124.49	266.03
1982	53.64	9.90	11.64	24.83	588.50	108.61	127.68	272.40
1983	53.62	10.00	11.60	24.78	642.78	119.83	139.09	297.07
1984	53.77	9.86	11.81	24.56	750.75	137.65	164.94	342.86
1985	53.01	9.77	12.08	25.15	894.62	164.84	203.79	424.44
1986	52.91	10.34	12.52	24.23	989.64	193.44	234.20	453.27
1987	52.12	10.58	12.50	24.81	1111.62	225.59	266.53	529.06
1988	51.83	10.48	13.08	24.61	1339.71	270.89	338.10	635.96
1989	51.58	11.15	13.31	23.95	1478.91	319.82	381.70	686.70
1990	53.50	11.55	13.08	21.88	1439.88	310.78	351.95	588.97
1991	52.27	12.14	13.30	22.29	1623.08	376.80	412.88	692.18
1992	50.28	12.54	13.42	23.75	505.02	125.92	134.83	238.56
1993	50.80	11.37	13.88	23.94	789.75	176.79	215.80	372.22

续表

年份	劳动者报酬占比	固定资产折旧占比	生产税净额占比	营业盈余占比	劳动者报酬	固定资产折旧	生产税净额	营业盈余
1994	51.30	11.67	13.66	23.37	1384.16	314.74	368.43	630.62
1995	53.00	12.08	12.89	22.03	2184.12	497.74	531.25	907.63
1996	51.21	12.74	12.89	23.15	2652.35	659.90	667.73	1199.14
1997	51.03	13.04	13.65	22.28	3140.94	802.93	840.20	1371.24
1998	50.83	13.24	14.26	21.68	3713.25	967.46	1041.48	1583.74
1999	49.97	13.43	14.89	21.71	3917.28	1052.78	1167.33	1701.72
2000	48.71	14.07	15.31	21.92	3398.78	981.49	1068.18	1529.67
2001	48.23	13.92	15.63	22.21	3458.32	998.42	1120.87	1592.90
2002	47.75	13.80	15.59	22.85	3719.18	1075.09	1214.03	1780.00
2003	46.16	13.91	15.77	24.16	3941.91	1188.40	1346.98	2063.21
2009	46.62	13.52	15.20	24.66	13802.40	4001.39	4500.51	7301.93
2010	45.01	12.87	15.24	26.88	16641.89	4756.82	5635.06	9936.75
2011	44.94	12.92	15.61	26.54	22102.73	6352.68	7678.48	13054.20
2012	45.59	12.86	15.89	25.66	26641.62	7513.46	9287.33	14991.87
2013	45.62	13.04	15.49	25.94	32533.63	9299.40	11046.60	18498.96

注：因统计口径变化导致2004—2008年数据缺失。

$$劳动收入份额 = \frac{劳动者报酬原始值^① - (个体经济劳动者报酬 + 个体经济固定资产折旧 + 个体经济营业盈余)}{GDP} \times 100\%$$

(5-7)

得到中国 1978—2003 年、2009—2013 年的劳动收入份额，2004—2008 年的劳动收入份额直接使用公式：

$$劳动收入份额 = \frac{劳动者报酬原始值}{GDP} \times 100\%$$

(5-8)

汇总后，得到中国的劳动收入份额（见表 5-12）。

表 5-12　　　基于窄口径核算的中国劳动收入份额　　　单位：%

年份	劳动收入份额	年份	劳动收入份额
1978	32.70	1996	51.15
1979	34.82	1997	51.03
1980	35.36	1998	50.43
1981	37.92	1999	49.83
1982	39.94	2000	50.43
1983	40.45	2001	50.56
1984	41.21	2002	50.11
1985	40.57	2003	48.66
1986	40.98	2004	42.46
1987	40.82	2005	43.10
1988	41.63	2006	41.91
1989	41.87	2007	40.76
1990	46.86	2008	40.10
1991	45.57	2009	46.87
1992	54.19	2010	44.65
1993	54.43	2011	43.81
1994	53.46	2012	44.07
1995	53.68	2013	43.98

注：因 2013 年收入法 GDP 各项数据缺失，2013 年的劳动收入份额由 2012 年相对于 2011 年的增长率推算而得。

---

① 此处的"劳动者报酬原始值"是指在《中国统计年鉴》及历史核算资料中查阅到的数据，下文同义。

根据表 5-12 的核算结果作图，得到基于窄口径的中国劳动收入份额变化趋势（见图 5-2）。

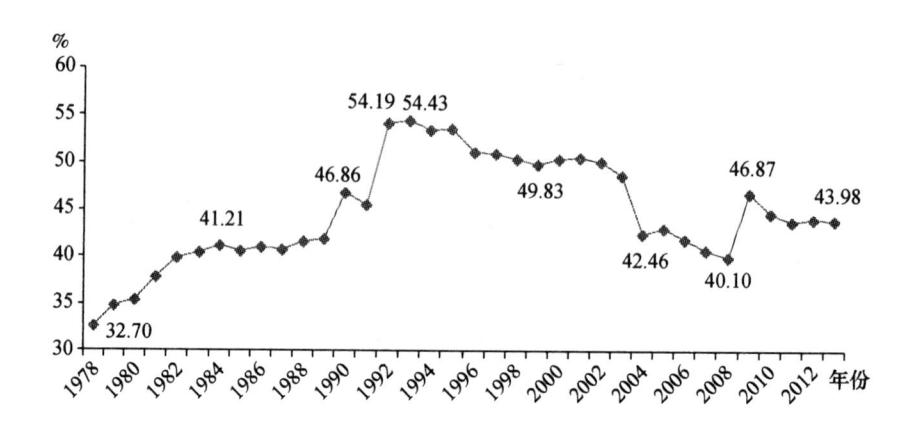

图 5-2　基于窄口径的中国劳动收入份额变化趋势

基于窄口径的中国劳动收入份额变化趋势可以分为两个阶段：第一阶段为 1978—1993 年；第二阶段为 1994—2013 年。1978 年，中国的劳动收入份额处于最低位置，仅为 32.70%，此后开始上升，1993 年为 54.43%，是整条曲线的最高点；1994 年以后，中国的劳动收入份额持续下降，2008 年降至最低点 40.10%；受到金融危机的影响，2009 年劳动收入份额有所上升，为 46.87%，此后仍保持下降趋势。2013 年，劳动收入份额为 43.98%，比 1978 年高出 11.28 个百分点。

二　资本收入份额

由于不考虑生产税净额，劳动收入份额与资本收入份额之和为 1，可以得到基于宽口径核算的资本收入份额和基于 SNA1993 标准核算的资本收入份额（见表 5-13 和表 5-14）。

表 5-13　　　　　　基于宽口径核算的中国资本收入份额　　　　　单位：%

年份	资本收入份额	年份	资本收入份额
1978	42.44	1980	41.66
1979	40.82	1981	40.11

续表

年份	资本收入份额	年份	资本收入份额
1982	39.30	1998	46.03
1983	39.34	1999	41.29
1984	39.03	2000	42.49
1985	39.71	2001	42.83
1986	39.52	2002	43.43
1987	40.44	2003	45.20
1988	40.37	2004	47.27
1989	40.50	2005	46.71
1990	38.46	2006	46.81
1991	39.71	2007	46.62
1992	41.92	2008	44.91
1993	43.97	2009	46.10
1994	42.79	2010	48.34
1995	41.37	2011	48.40
1996	41.21	2012	47.68
1997	40.91	2013	46.95

表5-14　　基于窄口径核算的中国资本收入份额　　单位:%

年份	资本收入份额	年份	资本收入份额
1978	67.30	1989	58.13
1979	65.18	1990	53.14
1980	64.64	1991	54.43
1981	62.08	1992	45.81
1982	60.06	1993	45.57
1983	59.55	1994	46.54
1984	58.79	1995	46.32
1985	59.43	1996	48.85
1986	59.02	1997	48.97
1987	59.18	1998	49.57
1988	58.37	1999	50.17

续表

年份	资本收入份额	年份	资本收入份额
2000	49.57	2007	59.24
2001	49.44	2008	59.90
2002	49.89	2009	53.13
2003	51.34	2010	55.35
2004	57.54	2011	56.19
2005	56.90	2012	55.93
2006	58.09	2013	56.02

根据表5-13和表5-14的数据结果作图，得到基于宽口径和基于窄口径的中国资本收入份额变化趋势（见图5-3）。

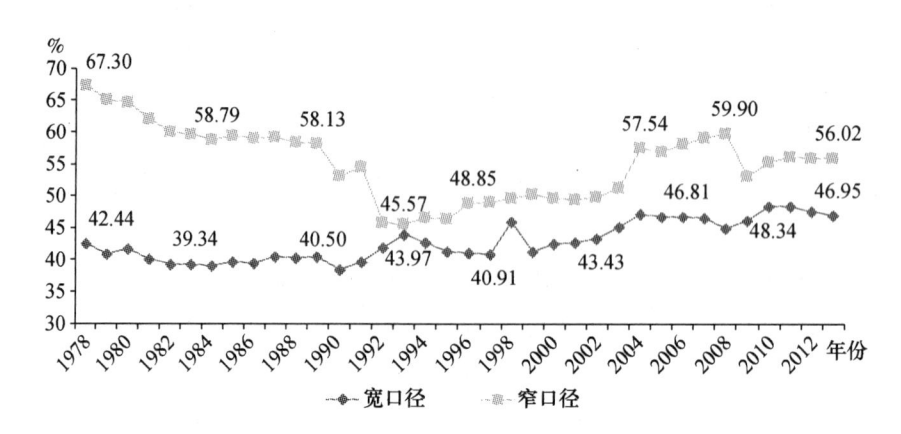

图5-3 基于宽口径和窄口径核算的中国资本收入份额的变化趋势

可以看出，基于窄口径核算的资本收入份额始终高于基于宽口径的核算结果，原因在于调整后的自我雇佣者收入从劳动者报酬中剥离。基于窄口径核算时，1978年中国的资本收入份额最高，为67.30%；此后逐年下降，1993年下降至最低点45.57%；1994年后，除2009年略有下降之外，其余年份均保持上升趋势；2013年，中国的资本收入份额为56.02%，高出基于宽口径核算结果近10个百分点。

第三节 要素收入份额的国际比较

从 OECD 数据库可以获得各个国家收入法 GDP 各项的数据，根据公式计算 OECD 成员国的劳动收入份额（见附录 5-1）。由于劳动收入份额和资本收入份额之和为 1，所以仅对劳动收入份额作对比分析即可。

一 中国和美国

由附录 5-1 得到美国的劳动收入份额核算结果，如表 5-15 所示。

表 5-15　　　　　美国的劳动收入份额　　　　单位：%

年份	劳动收入份额	年份	劳动收入份额
1978	60.80	1996	59.03
1979	61.31	1997	58.85
1980	61.88	1998	59.47
1981	60.86	1999	59.73
1982	60.87	2000	60.31
1983	60.26	2001	60.13
1984	59.40	2002	59.54
1985	59.60	2003	59.20
1986	60.40	2004	58.86
1987	60.40	2005	57.92
1988	60.12	2006	57.21
1989	60.20	2007	58.67
1990	60.93	2008	59.35
1991	61.08	2009	58.28
1992	61.49	2010	57.28
1993	61.09	2011	57.03
1994	60.28	2012	56.31
1995	59.67	2013	55.76

1978—2013年间中国和美国的劳动收入份额变化趋势如图5-4所示。

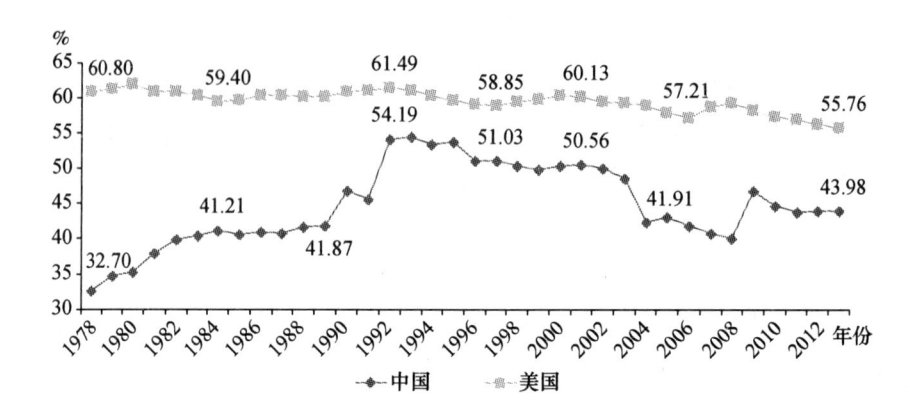

图5-4 中国和美国劳动收入份额变化趋势的对比

从整体上看，1978—2013年中国的劳动收入份额持续低于美国，位于图5-4的下方；其次，美国的劳动收入份额曲线相对比较平缓，始终处于在55%—65%，中国的劳动收入份额曲线则表现出较强的波动性。1978年，中国的劳动收入份额为32.7%，美国为60.8%，高出中国28.1个百分点；1992年，中国劳动收入份额上升至最高点54.19%，美国为61.49%，仍高出中国7.3个百分点；1993年之后，中国和美国的劳动收入份额同样趋于下降，2013年，美国为55.76%，中国仅为43.98%。

二 中国和日本、韩国

由附录5-1得到日本、韩国劳动收入份额的核算结果（见表5-16）。

表5-16　　　　1978—2013年日本和韩国的劳动收入份额　　　单位:%

年份	日本	韩国	年份	日本	韩国
1978	55.63	38.87	1980	55.81	42.03
1979	55.77	40.52	1981	56.23	41.30

续表

年份	日本	韩国	年份	日本	韩国
1982	56.57	41.95	1998	57.95	46.95
1983	57.10	43.37	1999	57.53	46.05
1984	56.93	43.04	2000	57.06	46.16
1985	55.56	42.40	2001	57.20	46.85
1986	55.25	42.00	2002	56.26	46.83
1987	55.38	42.77	2003	55.14	47.76
1988	54.58	44.12	2004	54.21	47.54
1989	54.18	46.36	2005	54.62	48.81
1990	54.43	47.46	2006	54.86	49.48
1991	55.06	48.64	2007	53.91	49.26
1992	55.86	48.55	2008	55.40	49.15
1993	56.55	48.59	2009	55.77	48.53
1994	57.16	48.83	2010	54.64	47.40
1995	57.58	49.63	2011	56.46	47.71
1996	57.27	50.94	2012	56.32	48.48
1997	57.18	49.34	2013	55.72	48.26

中国与日本、韩国的劳动收入份额变化趋势对比，如图5-5所示。

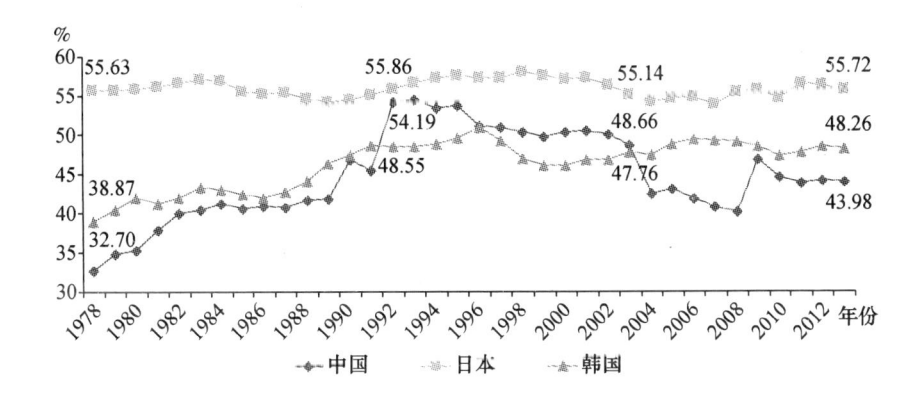

图5-5 中国与日本、韩国劳动收入份额变化趋势对比

从图 5-5 可以看出，1978—2013 年，日本的劳动收入份额始终高于中国和韩国；中国和韩国的劳动收入份额表现出较为明显的相似性。1978 年，中国的劳动收入份额为 32.70%，韩国为 38.87%，日本最高，为 55.63%；1992—2003 年，中国的劳动收入份额超过韩国，2004 年之后则趋于下降，劳动收入份额曲线位于韩国下方。2013 年，日本的劳动收入份额仍位于最高，为 55.72%；韩国次之，为 48.26%；中国最低，为 43.98%。

三 中国和 OECD 成员国

将 OECD 成员国的劳动收入份额汇总后求平均数，得到 OECD 成员国的平均劳动收入份额（见表 5-17）。

表 5-17　　　　OECD 成员国的平均劳动收入份额　　　　单位:%

年份	OECD 成员国	年份	OECD 成员国
1978	55.56	1996	52.27
1979	55.42	1997	52.13
1980	55.79	1998	52.31
1981	55.98	1999	52.27
1982	55.49	2000	51.92
1983	53.96	2001	52.15
1984	53.18	2002	52.27
1985	53.17	2003	52.09
1986	53.27	2004	51.40
1987	53.80	2005	51.38
1988	53.19	2006	51.05
1989	52.62	2007	51.15
1990	53.10	2008	51.77
1991	53.46	2009	52.65
1992	53.42	2010	51.72
1993	53.12	2011	51.63
1994	52.44	2012	51.97
1995	52.49	2013	52.99

将中国与 OECD 成员国的平均劳动收入份额作对比，如图 5-6 所示。

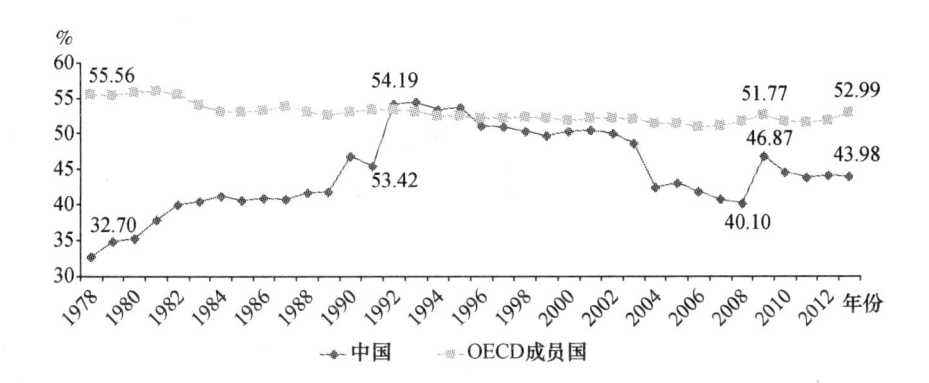

图 5-6 中国和 OECD 成员国劳动收入份额的对比

1978 年，OECD 成员国的平均劳动收入份额为 55.56%，高出中国 22.86 个百分点；此后，中国的劳动收入份额逐年上升，1992 年超过 OECD 成员国的平均水平，为 54.19%，1996 年之后开始下降，2008 年降到 40.10%，低于 OECD 成员国 11.67 个百分点；2009 年有所上升，为 46.87%，此后缓慢下降，2013 年中国的劳动收入份额为 43.98%，OECD 成员国为 52.99%，两者相差 9.01 个百分点。

第四节 要素收入份额的收敛性分析

按照卡尔多事实，要素收入份额在长期中为常数，那么各国的劳动收入份额应为收敛的。根据附录 5 的核算结果作散点图，如图 5-7 所示。

可以看出，除希腊、爱尔兰等少数几个国家的劳动收入份额偏低以外，大部分国家都集中在 50%—65%，其中又属 55%—60% 最为密集。从整体上看，各国的劳动收入份额有降低的趋势，1978 年集中在 60%—65% 的国家较多，2012 年则降低到 55%—60%。因此，可以

144　中国的卡尔多事实研究

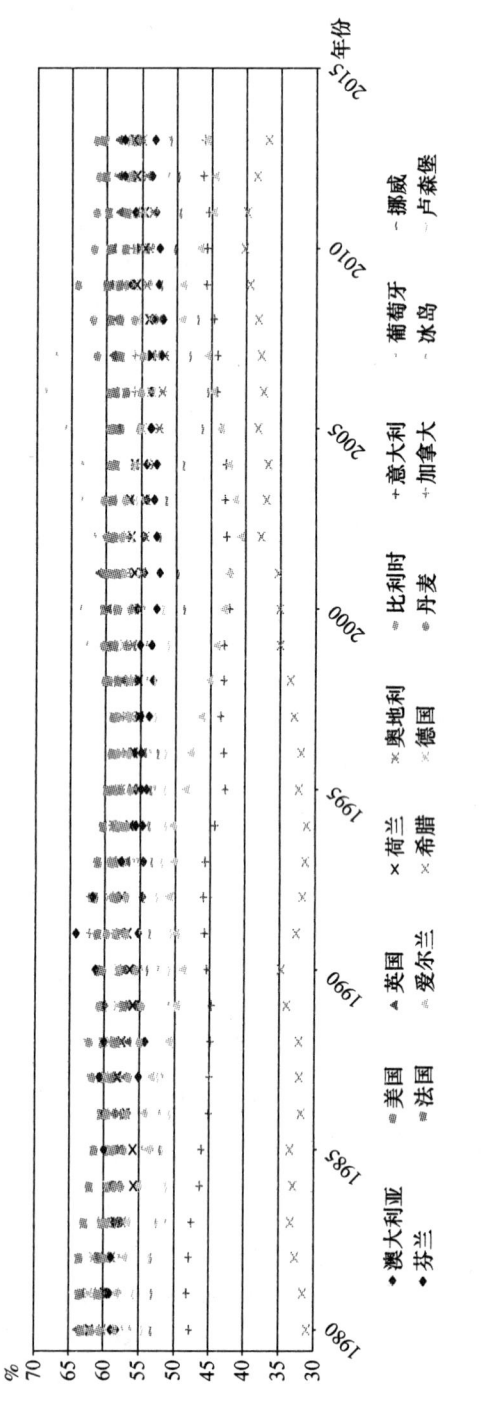

图 5-7　1978—2013 年部分 OECD 成员国的劳动收入份额

得到结论:当前阶段,各个国家的劳动收入份额收敛于55%—60%,中国40%—45%的劳动收入份额距离此收敛区间还有较大距离。

第五节 本章小结

本章基于卡尔多事实对中国及OECD成员国的要素收入份额进行了核算和对比分析。结果发现:(1)中国的劳动收入份额与美国、日本、韩国以及OECD成员国的平均水平相比都较低;(2)1978—1993年,中国的劳动收入份额趋于上升;1994—2013年,中国的劳动收入份额保持下降;(3)2013年,中国的劳动收入份额为43.98%,低于美国11.78个百分点,分别低于日本和韩国11.74个百分点、4.28个百分点,低于OECD成员国的平均水平9.01个百分点。

因此,可以得出结论,中国的要素收入份额在1978—2013年间的表现并不符合卡尔多事实中的描述。而且,与发达国家相比,中国的劳动收入份额较低,资本收入份额较高。

第六章 资本和劳动之间的关系

罗斯托在其1960年出版的《经济增长的阶段》一书中将人类社会的发展过程划分为五个阶段：传统社会阶段、为起飞创造前提条件阶段、起飞阶段、向成熟推进阶段和大规模消费阶段。在传统社会阶段，由于对生产率的限制，大部分资源都用于农业生产，以中东和地中海的文明、中古欧洲社会以及中国的王朝社会为代表。在为起飞创造前提条件阶段，由于先进社会的外部入侵动摇了传统社会的"思想和感情"，以建立一个有效的中央集权国家作为前提，传统社会开始向现代社会转变，主要特征是使用新技术的现代制造企业开始兴起，对交通、通讯和原材料的投资增加等，但生产效率仍然十分低下。在起飞阶段中，稳定增长的障碍和阻力得以克服，促进经济进步的力量开始扩大并逐渐可以支配整个社会。起飞阶段是一段长时期的持续的经济增长，10%—20%的国民收入被稳定地用于投资，产量增长超过人口增长，被称为"向成熟推进的阶段"。在大规模消费阶段，福利国家开始出现并通过政治程序将更多的资源用于社会福利和社会保障，以20世纪50年代的美国、日本和西欧为代表。

按照罗斯托的理论，中国当前似乎处于向成熟推进的阶段，因罗斯托并未提出相应的划分这五个阶段的量化指标，我们无法依此做出更为准确的判断。国内学者对中国中长期的经济增长进行研究主要从以下三个方面出发：(1) 基于制度变迁的角度；(2) 基于技术进步和劳动力转移因素的经济增长理论角度；(3) 基于对外贸易等其他角度。结合新古典经济增长理论，刘霞辉（2003）构建了一个适用于中国长期经济发展的增长模型（见图6-1）。

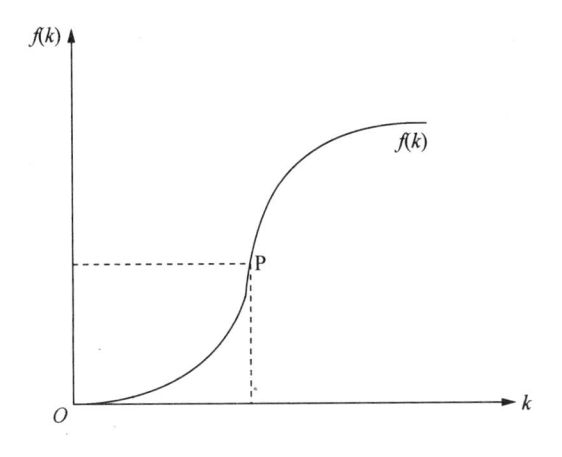

图 6-1　中国经济增长的路径

可以看出，中国中长期的经济增长路径分为两个阶段：第一阶段为原点至 P 点之间，这一时期中人均资本存量水平较低，随着资本的不断累积，人均产出呈现出加速增长的趋势，且规模收益递增，与罗斯托所述理论中的"经济起飞"阶段相对应。在一个经济体刚刚进入起飞阶段时，大量的人力资本有待于被开发，具有超常规加速增长的特征；第二阶段为 P 点（拐点）之后，经济体发展到 P 点时人均产出增长率达到最大，此后随着人均资本存量的增加，人均产出增长率呈现出递减趋势（见图 6-2）。

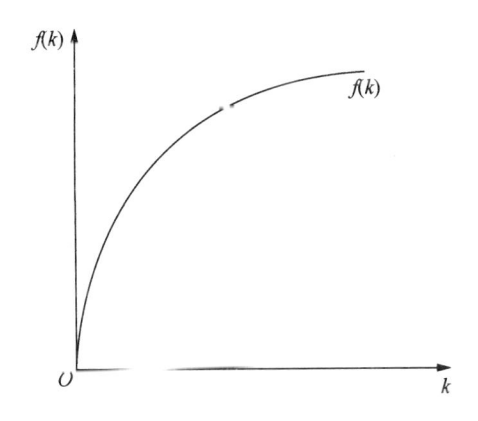

图 6-2　新古典增长模型中的人均产量

而事实上，改革开放以后在投资驱动的路径上，政府运用行政力量，动员了大量资本、土地、矿产等资源，先通过"低价工业化"走出一条特殊的高增长路径，激励工业化发展，又通过"高价城市化"推动城市化大发展，将我国经济推入了"起飞"跑道，完成了从低收入国家向中等收入国家的转变。但这"一低一高"两种资本投入型增长路径的交叉作用，造成了经济结构失衡、过度投资、产能过剩、资源和环境约束日益突出，以及城乡差距、地区差距、收入差距过大等矛盾，从而使这种高投入、高消耗、高排放的增长难以为继，而这正是我国进入"新常态"最主要的原因。

本章将以卡尔多事实各个指标在中国的表现为基础，结合刘霞辉（2003）提出的中国长期经济增长阶段模型，从资本和劳动这两个要素投入及分配的角度进行分析，通过定性和定量方法的结合，以中国1978年之后的发展历程为参照，重现美国、日本和西欧实现大规模消费之前的经济增长阶段。

第一节　人均资本存量和人均产出

按照新古典经济增长理论，一个经济体的加速增长并不是持续的，而是有一个时间限度的。当经济增长速度达到一个极大值时，随着人均资本存量的增加，资本投入的边际效率递减，导致人均产出增长率下降。而加速增长的持续时间是由早期劳动力的闲置程度决定的。一般情况下，待开发劳动力资源越多、开发速度越慢，则该经济体的加速增长过程持续时间越长。

本节首先探讨中国经济增长过程中人均产出增长率和人均资本存量增长率之间的关系，用以判断当前中国是否越过经济增长速度的最大值（拐点）；然后对比1960年后日本和韩国的增长路径，从而得到人均产出增长和人均资本存量增长之间的一般性规律。

由第二章和第五章分别得到中国1979—2013年的人均资本存量增长率和人均产出增长率（见表6-1）。

表6-1 中国的人均资本存量增长率和人均产出增长率　　　　单位:%

年份	人均资本存量增长率	人均产出增长率
1979	10.19	7.42
1980	6.23	7.86
1981	6.47	6.02
1982	3.70	6.54
1983	7.49	7.24
1984	9.41	9.29
1985	13.62	9.81
1986	11.79	9.03
1987	7.11	9.85
1988	9.8	9.41
1989	9.59	5.06
1990	2.55	4.43
1991	2.43	6.15
1992	7.85	8.57
1993	12.93	10.66
1994	12.68	11.47
1995	11.86	11.47
1996	9.77	11.1
1997	8.89	10.09
1998	8.25	9.85
1999	6.9	9.39
2000	6.78	9.46
2001	7.52	9.63
2002	8.35	10.5
2003	9.34	11.97
2004	9.43	12.43
2005	10.66	12.42
2006	12.05	13.2
2007	13.57	13.39
2008	9.07	12.76
2009	8.67	14.74
2010	9.91	14.49
2011	8.78	13.52

续表

年份	人均资本存量增长率	人均产出增长率
2012	12.78	7.13
2013	12.77	7.14

对中国 1978 年之后人均资本存量增长率和人均产出增长率的变化趋势作图，如图 6-3 所示。

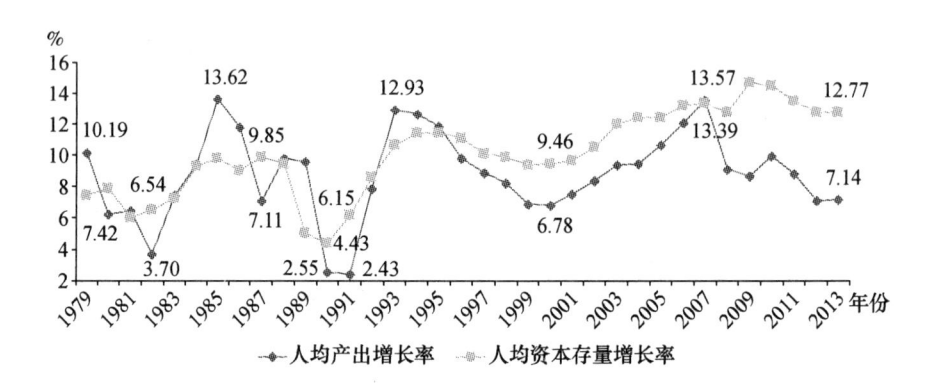

图 6-3 中国人均产出增长率与人均资本存量增长率的变化趋势

第一，从整体上看，1979—2013 年中国的人均产出增长率和人均资本存量增长率变化趋势非常相似，两条曲线几乎同步上升或下降。第二，人均产出增长率比人均资本存量增长率的变化要相对滞后，滞后期为 1—2 年。比如，1981 年相对 1980 年人均资本存量增长率下降，但 1981 年的人均产出增长率相比 1980 年是上升的，1982 年却出现下降。类似的还有 1990—1991 年，人均资本存量增长率由 4.43% 上升至 6.15%，人均产出增长率却由 2.55% 下降至 2.43%，1992 年才开始上升。第三，1995 年之前人均资本存量增长率和人均产出增长率两条曲线交替变换位置，1996 年之后人均资本存量增长率曲线持续高于人均产出增长率曲线，2012 年人均资本存量增长率高出人均产出增长率 5.65 个百分点。

1960 年后日本的人均资本存量增长率和人均产出增长率如表 6-2 所示。

表 6-2　　日本的人均资本存量增长率和人均产出增长率　　单位:%

年份	人均资本存量增长率	人均产出增长率	年份	人均资本存量增长率	人均产出增长率
1961	5.72	9.16	1987	2.31	3.60
1962	7.62	7.90	1988	2.56	6.69
1963	7.43	7.38	1989	2.85	4.94
1964	5.79	10.52	1990	2.06	5.21
1965	4.19	4.69	1991	2.90	3.00
1966	4.31	9.63	1992	2.65	0.57
1967	4.84	10.05	1993	1.74	-0.08
1968	5.89	12.51	1994	1.57	0.52
1969	4.24	10.18	1995	1.81	1.55
1970	4.92	-2.14	1996	1.66	2.35
1971	4.40	3.36	1997	1.89	1.33
1972	4.69	6.91	1998	1.89	-2.25
1973	4.63	7.14	1999	2.05	-0.39
1974	3.23	-3.09	2000	2.17	2.08
1975	2.98	1.45	2001	2.37	0.14
1976	3.50	3.21	2002	2.36	0.06
1977	1.79	3.39	2003	2.43	1.47
1978	2.01	4.32	2004	2.37	2.33
1979	2.67	4.60	2005	2.37	1.29
1980	2.33	2.01	2006	2.33	1.71
1981	2.52	3.41	2007	2.37	2.18
1982	2.20	2.68	2008	2.40	-0.99
1983	1.93	2.36	2009	2.10	-5.42
1984	2.23	3.80	2010	1.29	4.74
1985	2.08	5.69	2011	0.89	-0.74
1986	2.21	2.21	2012	1.22	1.65

将表 6-2 中的核算结果作图，如图 6-4 所示。

152　中国的卡尔多事实研究

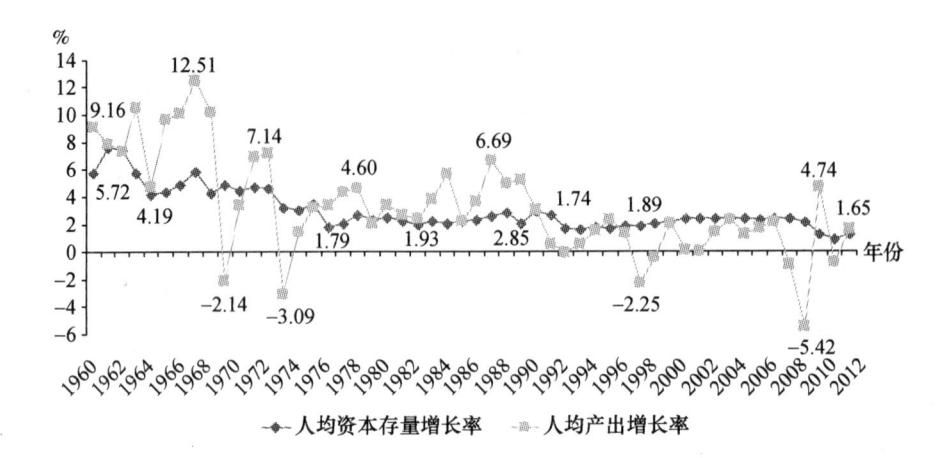

图 6-4　1960—2012 年日本人均资本存量增长率与人均产出增长率的变化趋势

可以看出，1960 年之后日本的人均资本存量增长率和人均产出增长率都是趋于下降的，与中国相似的是，两条曲线之间的关系可以划分为两个阶段：第一个阶段为 1960—1991 年，这段时间里两条曲线交替上升或下降；第二个阶段为 1992 年之后，人均产出增长率曲线基本上都位于人均资本存量增长率之下，仅有 2010 年人均产出增长率达到 4.74%，其原因在于 2009 年的人均产出增长率为负值，并不能说明 2010 年人均产出绝对额出现大幅增加。

1961—2012 年之间韩国的人均资本存量增长率和人均产出增长如表 6-3 所示。

表 6-3　1961—2012 年韩国的人均资本存量增长率和人均产出增长率　　　单位：%

年份	人均资本存量增长率	人均产出增长率	年份	人均资本存量增长率	人均产出增长率
1961	12.04	1.87	1965	10.34	2.55
1962	12.02	-0.43	1966	10.48	9.9
1963	11.51	6.52	1967	11.42	3.65
1964	11.88	4.78	1968	12.4	9.14

续表

年份	人均资本存量增长率	人均产出增长率	年份	人均资本存量增长率	人均产出增长率
1969	13.09	11.55	1991	5.74	8.63
1970	1.37	10.43	1992	4.91	4.67
1971	12.15	8.29	1993	4.25	5.25
1972	11.34	4.53	1994	3.76	7.68
1973	11.43	12.78	1995	3.49	7.84
1974	7.28	7.52	1996	2.58	6.17
1975	6.88	5.55	1997	3.47	4.78
1976	5.84	11.66	1998	3.47	-6.39
1977	5.25	10.09	1999	2.78	9.95
1978	6.09	8.63	2000	2.41	7.93
1979	5.52	6.76	2001	2.36	3.75
1980	3.96	-3.41	2002	2.27	6.84
1981	5	5.74	2003	1.93	2.42
1982	4.06	6.63	2004	1.95	4.51
1983	3.7	10.54	2005	2.03	3.71
1984	3.76	8.51	2006	1.68	4.67
1985	5.2	6.42	2007	1.67	4.97
1986	4.05	11.13	2008	1.33	2.09
1987	4.25	11.17	2009	1.31	0.23
1988	5.76	10.57	2010	0.8	6
1989	5.87	5.7	2011	0.47	2.91
1990	5.66	8.23	2012	0.76	1.83

1961—2012年韩国人均资本存量增长率和人均产出增长率的变化趋势如图6-5所示。

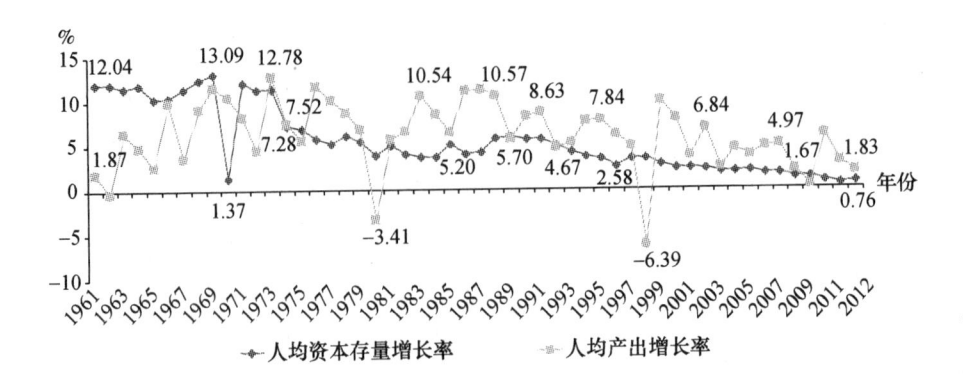

图 6-5　1961—2012 年韩国人均资本存量增长率和
人均产出增长率的变化趋势

由图 6-5 可以看出，1961—1973 年期间，韩国的人均资本存量增长率较高，保持在 10% 以上；人均产出增长率随之逐渐上升，由 1961 年的 1.87% 上升至 1973 年的 12.78%。1974—2012 年，韩国的人均资本存量增长率持续走低，由 1974 年的 7.28% 下降至 2012 年的 0.76%；同时人均产出增长率随之走低，由 1974 年的 7.52% 下降至 2012 年的 1.83%。

由图 6-3、图 6-4 和图 6-5 可以得到如下结论：第一，一个国家的工业化进程中，人均产出增长率都是由投资拉动的，即受到人均资本存量增长率的影响，且这种影响具有滞后性，滞后时间为 1—3 年。第二，人均产出增长率的波动性明显大于人均资本存量增长率的变化。第三，中国与日本非常相似的一点在于经济发展初期人均产出增长率高于人均资本存量增长率，后期人均产出增长率逐渐下降，最终低于人均资本存量增长率；而韩国的情况完全相反，初期人均产出增长率低于人均资本存量增长率，后期人均产出增长率逐渐上升，最终高于人均资本存量增长率。

此外，通过与日本及韩国的对比分析可以看出，中国人均资本存量增长率还处于上升趋势，并未出现与日本 1960 年后相似的下降趋势。但是，在新古典经济增长理论的背景下，卡尔多事实中人均资本存量增长率和人均产出增长率这两个指标之间的关系表明：虽然人均资本存量增长带来的人均产出增长上升趋缓，中国当前的人均产出增长率仍处于随着人均资本存量增长率的上升而提高的阶段。按照图 6-1 中的经济发展阶段来划分，中国仍处于增长曲线上 P 点之前的位置。

第二节 资本收益率和劳动收入份额

根据雷钦礼（2012）的研究，中国资本和劳动之间的要素替代弹性显著大于 0 小于 1；劳动偏向型技术进步使劳动效率迅速提高，资本效率迅速下滑；资本效率的下滑引起劳动收入份额持续下降。造成这种结果的主要原因在于中国企业生产经营方式的转型升级、政府经济政策偏差形成的扭曲性收入转移等。

本节主要分析中国的资本收益率和劳动收入份额，进而得到资本要素和劳动要素投入及产出之间的关系。由第二章资本收益率和第五章基于窄口径的劳动收入份额的核算结果，得到 1978—2013 年中国的资本收益率和劳动收入份额（见表 6-4）。

表 6-4　　　　中国的资本收益率和劳动收入份额　　　单位：%

年份	资本收益率	劳动收入份额
1978	46.34	32.70
1979	45.80	34.82
1980	45.21	35.36
1981	44.27	37.92
1982	44.64	39.94
1983	45.44	40.45
1984	47.28	41.21
1985	48.23	40.57
1986	47.48	40.98
1987	47.52	40.82

续表

年份	资本收益率	劳动收入份额
1988	47.57	41.63
1989	46.47	41.87
1990	45.57	46.86
1991	46.28	45.57
1992	48.12	54.19
1993	48.97	54.43
1994	49.12	53.46
1995	48.38	53.68
1996	47.37	51.15
1997	46.52	51.03
1998	45.24	50.43
1999	44.13	49.83
2000	43.37	50.43
2001	42.53	50.56
2002	41.71	50.11
2003	40.73	48.66
2004	39.64	42.46
2005	39.03	43.10
2006	38.64	41.91
2007	38.71	40.76
2008	37.44	40.10
2009	35.47	46.87
2010	34.11	44.65
2011	32.74	43.81
2012	31.13	44.07
2013	29.58	43.98

对中国 1978—2013 年资本收益率和劳动收入份额的变化作图，如图 6-6 所示。

第六章 资本和劳动之间的关系

%
58
53
48 46.34   44.64   47.52   54.19   50.43   48.66   46.87   43.98
43   48.12
38   32.70   39.94   40.82   45.24   40.73   29.58
33
28
1978 1980 1982 1984 1986 1988 1990 1992 1994 1996 1998 2000 2002 2004 2006 2008 2010 2012 年份

—●— 资本收益率   —■— 劳动收入份额

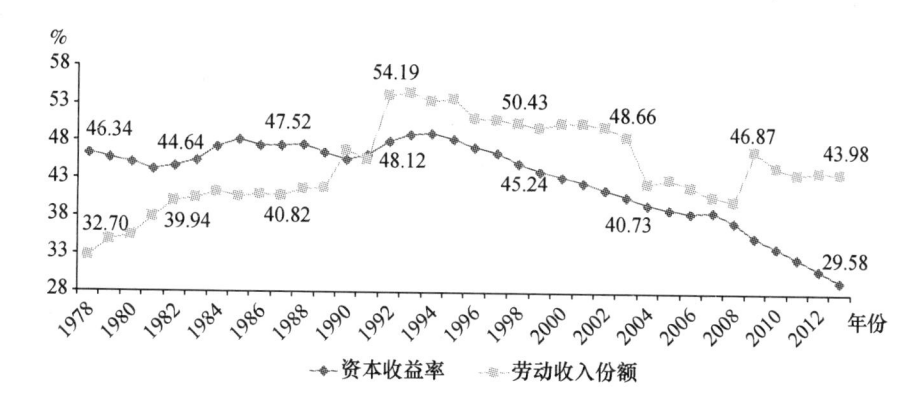

图 6-6　中国资本收益率和劳动收入份额的变化趋势

中国资本收益率和劳动收入份额的变化趋势可以分为两个阶段。第一阶段为 1978—1992 年，这一时期中资本收益率相对比较稳定，在 46%—48% 小幅波动；劳动收入份额稳步上升，由 32.70% 上升至 54.19%。第二阶段为 1993—2012 年，资本收益率开始下降，由 50% 左右下降至 30% 左右，降低了约 20 个百分点；劳动收入份额也出现下降趋势，由 55% 左右下降至 45% 左右，降低了约 10 个百分点。此外，1978—1989 年中国的资本收益率高于劳动收入份额；1990 年劳动收入份额首次超过资本收益率 1.29 个百分点；1990 年劳动收入份额比资本收益率略低；但 1992 年上升至 54.19%，高出资本收益率 6.07 个百分点；1992 年之后劳动收入份额曲线一直位于资本收益率的正上方，即持续高于资本收益率。

从整体上看资本收益率和劳动收入份额之间的关系，可以将 1990 年作为时间节点将两条曲线分为两个区间来分析。第一阶段为 1990 年之前，资本收益率保持稳定，劳动收入份额持续上升；第二阶段为 1991 年之后，资本收益率不断下降，劳动收入份额达到最高点后也开始下降。这从一定程度上说明了，投资份额过高、资本收益率较低造成对劳动收入份额的挤压。

利用 OECD 数据库，可计算 1970—2012 年日本的劳动收入份额，由附录 2-2 得到 1970 年之后日本的资本收益率（见表 6-5）。

表6-5　　1970—2012年日本的劳动收入份额和资本收益率　　单位:%

年份	资本收益率	劳动收入份额	年份	资本收益率	劳动收入份额
1970	54.33	42.09	1992	27.88	51.99
1971	49.73	45.36	1993	26.52	52.79
1972	47.52	46.12	1994	25.52	53.31
1973	45.27	47.47	1995	24.89	53.62
1974	40.97	50.48	1996	24.43	53.21
1975	38.86	53.23	1997	23.81	53.18
1976	37.57	53.47	1998	22.54	53.48
1977	36.68	53.60	1999	21.79	53.10
1978	35.85	52.60	2000	21.60	52.74
1979	35.30	52.45	2001	21.08	52.79
1980	34.38	52.55	2002	20.64	52.00
1981	33.58	52.92	2003	20.51	51.06
1982	32.85	53.28	2004	20.53	50.11
1983	32.17	53.86	2005	20.36	50.38
1984	31.98	53.45	2006	20.27	50.43
1985	32.01	52.05	2007	20.29	49.66
1986	31.32	51.84	2008	19.73	50.99
1987	30.97	51.59	2009	18.40	51.61
1988	31.07	50.78	2010	19.03	50.47
1989	30.62	50.51	2011	18.71	52.00
1990	30.30	50.61	2012	18.74	51.74
1991	29.31	51.57	—	—	—

将表6-5中日本1970—2012年的资本收益率和劳动收入份额作图（见图6-7）。

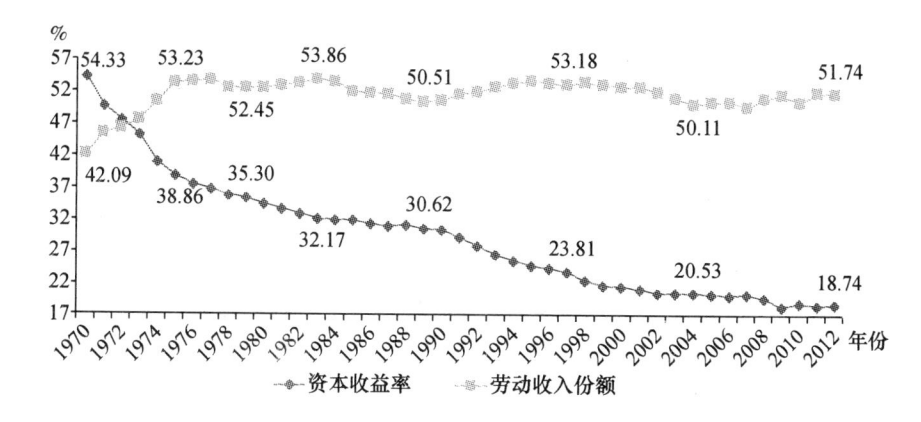

图 6-7　1970—2012 年日本资本收益率和劳动收入份额的变化趋势

由图 6-7 可以看出，1970 年之后日本资本收益率和劳动收入份额之间的关系与中国相比明显不同。日本的资本收益率从 1970 年起是逐年下降的，由 54.33% 下降至 2012 年的 18.74%；而劳动收入份额由 1970 年的 42.09% 上升至 1975 年的 53.23% 之后，劳动收入份额曲线开始变得更加平缓，近 40 年劳动收入份额的变化在 1—3 个百分点之间。也就是说，当前日本所处的发展阶段中劳动收入份额已经相当稳定，受资本收益率变化的影响较小。相比而言，中国劳动收入份额随着资本收益率的下降也随之下降（见图 6-4），即劳动收入份额受资本收益率的影响较大。

表 6-6 为韩国 1970—2012 年的资本收益率和劳动收入份额，将其作图（见图 6-8）。

表 6-6　　　　1970—2012 年韩国的资本收益率和劳动收入份额　　　单位:%

年份	资本收益率	劳动收入份额	年份	资本收益率	劳动收入份额
1970	67.51	33.63	1975	62.23	32.02
1971	66.28	33.74	1976	63.61	32.87
1972	63.77	33.04	1977	61.80	34.58
1973	66.12	33.39	1978	58.07	36.53
1974	64.46	31.65	1979	54.11	38.04

续表

年份	资本收益率	劳动收入份额	年份	资本收益率	劳动收入份额
1980	46.49	39.15	1997	31.74	44.27
1981	45.80	38.78	1998	28.12	42.59
1982	45.15	39.23	1999	29.21	41.19
1983	46.23	40.02	2000	29.70	41.03
1984	46.30	39.97	2001	29.15	41.51
1985	45.27	39.58	2002	29.41	41.39
1986	46.82	39.36	2003	28.46	42.36
1987	47.56	39.99	2004	28.17	42.49
1988	48.02	41.06	2005	27.70	43.65
1989	45.59	43.01	2006	27.61	44.11
1990	43.92	43.64	2007	27.63	43.89
1991	41.73	44.97	2008	27.09	43.73
1992	39.00	44.68	2009	26.11	43.50
1993	36.88	44.67	2010	26.60	42.39
1994	35.68	44.36	2011	26.46	42.80
1995	34.54	45.13	2012	26.07	43.51
1996	33.06	46.11	—	—	—

首先，韩国资本收益率和劳动收入份额两条曲线的交点位于1990年（见图6-8）。这与中国的情况非常相似，日本则较早，两条曲线的交点位于1973年。其次，韩国的资本收益率同样逐年降低，由1970年的67.51%下降至2012年的26.07%；劳动收入份额的变化趋势与日本相似，1970—1996年逐年上升，1997—2012年则保持大致稳定的状态，变动幅度在1—3个百分点。最后，与日本相比，2012年韩国的劳动收入份额较低，比日本低8.23个百分点；而资本收益率水平较高，高出日本7.33个百分点。因此，从这个角度看，韩国当前的经济发展状况稍落后于日本，所处阶段距离资本收益率和劳动收入份额的收敛区间较远。

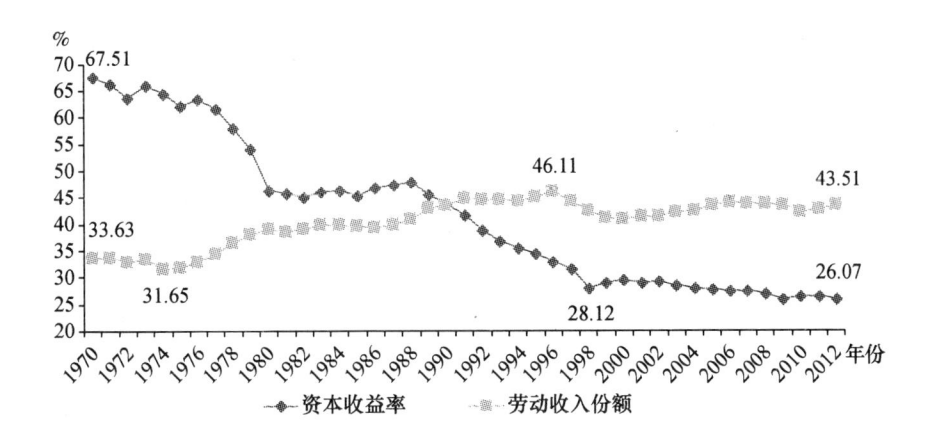

图 6-8　1970—2012 年韩国资本收益率和劳动收入份额的变化趋势

经过本节的分析可以看出，从资本收益率和劳动收入份额之间的关系来看，各国的资本收益率都呈现出逐年下降的趋势，劳动收入份额的变化则稍有不同，或者上升或者下降。同时，劳动收入份额都趋于上升的国家的收敛区间也有所不同，如日本位于50%左右，而韩国处于43%—45%。最后，结合中国、日本和韩国的数据分析，资本收益率和劳动收入份额之间的关系变化也可分为三个阶段：第一阶段，资本收益率的绝对水平较高，劳动收入份额随着资本收益率的增加也不断提高；第二阶段，资本收益率开始下降，劳动收入份额受到资本收益率下降的影响也逐渐下降；第三阶段，劳动要素代替资本要素占据了经济体收入分配的主要位置，劳动收入份额提高，资本收益率加速下降。第三阶段结束后，劳动收入份额和资本收益率逐渐收敛于卡尔多事实所述的稳定位置。按照以上阶段的划分，结合上文中对中国劳动收入份额与资本收益率之间关系的分析，可知中国当前正处于第二阶段，即随着资本收益率下降劳动收入份额下降的阶段。

第三节　本章小结

本章主要探讨资本和劳动相关指标之间的关系，通过人均资本存量增长率和人均产出增长率、资本收益率和劳动收入份额之间的关系，结合相关的经济增长阶段理论判断中国当前所处的位置。

通过实证分析发现：（1）人均资本存量增长率和人均产出增长率之间的关系可以分为两个阶段。其中，在第一阶段中，随着人均资本存量增长率的提高人均产出增长率不断上升，达到一定的水平后，人均资本存量增长率的继续提升所带来的人均产出增长速度将会减缓。这种情况以中国和日本为代表。（2）资本收益率和劳动收入份额之间的关系也可以分为三个阶段。第一阶段中，资本收益率虽逐年下降，但绝对水平较高，劳动收入份额不断上升；第二阶段中，随着资本收益率的下降，劳动收入份额也表现出逐年下降的趋势，以中国为例，原因在于资本收益率降低带来的劳动收入份额下降，这在一定程度上说明了投资对消费的挤占效应；第三阶段中，资本收益率下降至一定水平后，劳动收入份额曲线逐渐保持稳定，上下波动幅度较小。这种情况以日本和韩国为代表。

因此，从人均资本存量增长率和人均产出增长率之间的关系来看，中国已经出现了非常明显的减速趋势，即随着人均资本存量增长率提高人均产出的增长速度不断减缓；从资本收益率和劳动收入份额之间的关系看，中国位于第二阶段，即随着资本收益率的下降劳动收入份额减小，而以日本、韩国为代表的亚洲发达国家已经进入第三阶段。

第七章 结论及展望

一个国家的经济变革通常源于内部力量的爆发和外部环境的影响。内部力量诸如社会权利和有效价值观的平衡、政治经济制度的剧烈变革、收入分配等，以1848年的德国革命、1868年的日本明治维新为代表。外部环境包括：有利的贸易条件，如19世纪60年代英国、法国对瑞典木材市场的开放；以及出口价格相对急剧地上涨，抑或大量新资本的输入，如19世纪40年代后期的美国、19世纪90年代中期以后的加拿大和俄国等。但无论经济增长源于内部还是外部，其本质上都是资本和劳动这两种要素在经济发展过程中角色的交替变换。

第一节 结论

本书基于卡尔多事实，以中国1978年之后的发展历程为研究背景，探讨了一个国家或地区实现经济起飞及走向成熟的一般性规律，并深入剖析了资本和劳动这两个投入要素在不同的经济发展阶段扮演的不同角色。以第二章至第七章的核算及分析结果为基础，从资本和劳动两个要素的角度对中国的卡尔多事实进行总结。

一 与资本要素有关的指标不符合卡尔多事实

在卡尔多事实中，与资本要素有关的指标有四个：人均资本存量增长率、资本产出比、资本收益率以及资本收入份额。按照本书的核算方法，资本收入份额与劳动收入份额之和为1，因此仅在劳动要素的相关指标中对劳动收入份额进行总结即可。与资本要素有关的指标核算及分析结果如下。

(一) 人均资本存量增长率

首先，中国的人均资本存量增长率呈逐年上升趋势，由1979年的7.42%增加至2013年的12.77%，不符合卡尔多事实中的常数假定；其次，中国的人均资本存量增长率在整体上不仅高于美国、日本及韩国，也高于其他大部分OECD成员国的平均表现；再次，按照以日本、韩国为代表的成熟工业化国家所表现出的规律，中国实现工业化后人均资本存量增长率将会逐渐向各国收敛；最后，从人均资本存量增长率这一角度看，中国仍处于工业化的中期阶段，距离实现卡尔多事实所显示的稳定状态还需要一段相当长的时间。

(二) 资本收益率

首先，1978年后，中国资本收益率呈逐年下降趋势，由46.34%下降至2013年的29.58%，不符合卡尔多事实中的常数假定；其次，中国的资本收益率虽然逐年下降，但仍高于美国、日本、韩国以及OECD成员国及巴西的平均水平；再次，对OECD成员国及巴西的资本收益率收敛性的分析可知，资本收益率的收敛区间由1978年的35%—55%变为2012年的15%—35%，其中又属25%—35%最为密集；最后，中国的资本收益率处于OECD成员国及巴西资本收益率收敛区间的较高水平，未来资本收益率进一步下降的可能性很高。

(三) 资本产出比

首先，按照本书的核算方法，资本产出比和资本收益率呈倒数关系，因此，资本收益率下降在资本产出比方面则表现为逐年上升，资本产出比由1978年的2.16提高至2013年的3.38，不符合卡尔多事实中的常数假定；其次，中国的资本产出比低于美国、日本、韩国和OECD成员国及巴西的平均水平，但与各国之间的差距逐渐缩小；再次，1978年各国的资本产出比收敛于1.8—2.8，2012年收敛区间变化为2.8—3.8，资本产出比收敛区间出现上升趋势；最后，中国的资本产出比水平位于OECD成员国及巴西收敛区间的较低水平，未来有进一步提高的趋势。

二 与劳动要素有关的指标不符合卡尔多事实

在卡尔多事实中，与劳动要素有关的指标有两个，分别为人均劳动产出增长率（或劳均产出增长率）和劳动收入份额，这两个指标的核算及分析结果如下。

（一）人均产出增长率和劳均产出增长率

首先，中国的人均产出增长率由 1979 年的 10.19% 下降至 2013 年的 7.14%，不符合卡尔多事实中的常数假定；其次，中国的人均产出增长率不仅持续高于美国及其他 OECD 成员国，还高于高收入国家、中等收入国家及低收入国家的平均水平，也高于 OECD 高收入国家及非 OECD 高收入国家的平均水平；最后，各国的人均产出增长率收敛于 3% 之间，中国高于此区间 4—5 个百分点。

从基于实物量方法的劳均产出增长率来看，以经济活动人口核算中国的劳均产出是逐年上升的，由 1978 年的 450 美元/人左右上升至 2013 年的 6100 美元/人左右，但劳均产出增长率在 7%—15% 波动，不符合卡尔多事实中的常数假定；以世界发展指标数据库为基础核算的中国劳均产出增长率持续高于美国、OECD 成员国的平均水平，高于高收入国家、中等收入国家及低收入国家的平均水平，也高于 OECD 高收入国家及非 OECD 高收入国家的平均水平；各国基于实物量方法核算的劳均产出增长率收敛于 0—5%，中国高于此收敛区间。

从基于价值量方法的劳均产出增长率看，中国的劳均产出是逐年下降的，由 1978 年的 9.1 元/元下降至 7.5 元/元，因此劳均产出增长率为负，且逐年递减，不符合卡尔多事实中的常数假定；中国基于价值量方法的劳均产出绝对额高于美国等 OECD 成员国，但增长率为负，即向 OECD 成员国收敛；OECD 成员国基于价值量方法的劳均产出增长率收敛于 ±5% 之间，中国则远低于该水平，但随着中国劳均产出绝对值的下降，其增长率会上升。

（二）劳动收入份额

中国基于宽口径核算的劳动收入份额呈逐年下降趋势，由 1978 年的 57.56% 下降至 2013 年的 53.05%，基于窄口径核算的劳动收入份额先上升后下降，由 1978 年的 32.70% 上升至 1993 年的 54.43%，又下降至 2013 年的 43.98%，但无论使用何种核算方式，要素收入份额都不符合卡尔多事实中的常数假定；中国的劳动收入份额低于美国、韩国、日本以及 OECD 成员国的平均水平；当前 OECD 成员国的劳动收入份额收敛于55%—60%，中国不在此收敛区间之内。因此，可以推出，中国的资本收入份额远高于其他国家。

按照本书的核算结果，中国当前的经济发展状况没有实现卡尔多事实中的稳定状态，仍需要相当长的一段时间向OECD成员国收敛。

根据第六章对资本和劳动要素之间关系的探讨，可以看出资本要素和劳动要素在一个国家或社会不同的发展阶段中扮演着不同的角色。在经济发展初期，资本积累的重要性显然大于劳动收入分配的重要性，足够的投资才能带来人均产出的高速增长，表现在人均资本存量增长率对人均产出增长率的拉动上；在经济发展后期，经济全球化等国内外多种因素，使得各个国家的资本收益率不断下降，逐渐收敛于一个固定的区间，劳动收入份额随之保持稳定。通过与日本、韩国资本要素和劳动要素投入及产出之间的对比分析，可以看出，中国当前的人均资本存量增长率和人均产出增长率水平较高，经向OECD成员国当前水平的收敛仍需要相当长的一段时间。当前，资本收益率下降导致劳动收入份额减少，同时，投资对消费的挤占效应明显。这在一定程度上解释了当前中国新常态经济下的"结构性减速"。因此，如何解决这个问题将是未来中国宏观经济政策制定的重点。

观察表明，高水平经济增长陷阱并非在所有经济体中出现。一些经济体保持了一个世纪以上的持续增长，以美国为典型。该现象促使经济学家们重新审视卡尔多事实。查尔斯·I. 琼斯和保罗·M. 罗默（Charles I. Jones and Paul M. Romer，2009）考虑了21世纪以来创新、制度和人力资本对经济增长的影响，提出"新卡尔多事实"包括以下六个方面：（1）市场体制的不断深化和范围的不断扩大，即全球化和城市化带来的产品、创新、金融和人口流动；（2）人口和人均GDP增长加速；（3）前沿科技水平的差异导致人均GDP在不同国家和地区间的巨大差异；（4）国民收入和全要素生产率在不同国家之间差距较大，而要素投入仅能解释人均GDP国别差异的50%；（5）世界范围内工人的人均人力资本不断增加；（6）相对工资在长期中保持稳定，人力资本相对于非熟练工人的增长并未带来后者劳动力价格的相应下降。

考虑到创新传播速度的加快及其具有的非竞争性特征，全球化导致的市场范围迅速扩大以及长期的加速增长这两个重要事实就很容易理解。另外两个事实，即国民收入和全要素生产率巨大的跨国差异，以及技术落后国家间生产率的显著差异，证明了制度及其变迁的重要性。最后，两个事实与卡尔多最初的观察非常相似，但卡尔多强调实物资本，而现代增长理论强调人力资本。人力资本和创新间的良性循环能够说明增长的加快。新卡尔多事实表明，现代经济增长的驱动力并不一定是传统的资本和劳动投入，而是技术创新和人力资本的提升，好的制度能促进人力资本提升和激励创新，从而使经济机体充满活力并使增长得以持续。

按照本书的研究结论，考虑到当前中国的经济发展阶段，新卡尔多事实所指出的各项指标在未来一段时间内对中国的影响会很小，但是，这种趋势对经济全球化背景下中国未来经济政策的制定具有非常深刻的意义。

第二节 中国经济增长路径的展望

经过前文分析可以看出，多种迹象都表明中国正在向工业化后期推进，即国内人口转型、城市化、收入分配政策调整、开放条件下要素流动价格均等化机制等迫使中国经济部分指标，如投资率、产业结构、要素弹性等向经济发达阶段收敛。但是，我国在工业化时期面临的三个有利因素正在消减，表现出如下特征。

一 人口红利正在消失

2016年起，劳动年龄人口的持续下降以及劳动力供给的持续减少将成为常态。根据国家统计局第六次人口普查以及劳动力人口年龄移算估计，"十三五"期间中国劳动年龄人口年均增长率为 -0.01%。而鉴于正在消失的人口红利，劳动要素对经济增长率的贡献已经微乎其微，依靠劳动投入维持增长已无可能。

二 资本效率下降

由于计划经济体制的"惯性"以及我国市场经济转型的不彻底性，粗放式、高投入的经济发展路径已经无法扭转资本效率下滑的趋势。同时，资本弹性的下降以及劳动人口的负增长都会加重资本投入的低效。由刘霞辉（2016）的测算可以看出，在劳动年龄人口增长率、资本效率与资本弹性的负增长影响下，单纯提高净投资率已然无法有效支持 GDP 增长。

三 规模供给效率递减

中国经济的规模供给效率的递减主要表现为产能过剩、生产模式与消费模式的脱节以及过度储蓄和资产泡沫。首先，受大规模工业化惯性和理论认知滞后的影响，中国经济模式依然局限于物质资本主导生产和消费的阶段，在向更高级的生产、消费模式递进路径上会遇到产品过剩问题。其根源在于过分强调物质资本的重要性，而过度的物质资本积累所导致的收益递减以及广义人力资本缺乏所导致的知识生产过程的缺失，将迫使经济进入负反馈的非增长螺旋。其次，中国资本驱动的生产模式具有强烈的"外向"色彩，并导致生产与国内消费的脱节，或者说，生产模式已经不能与国内消费模式相匹配，现阶段时有发生的"海购"现象，就是这种问题的现实佐证。最后，中国现阶段的过度储蓄是现阶段生产模式主导消费模式，而消费模式中物质品需求已经得到满足情境下出现的现象。

面对上述困境，就需要对中国经济转型的未来发展动力进行思考，而技术创新和人力资本提升是使经济机体充满活力并使增长得以持续的唯一途径。要走创新之路，就要从造成资本效率下降的缘由入手，例如，减少政府投资，对于公益性投资要建立健全基础设施项目的科学评估与决策机制；减少行政干预，逐步放开要素市场的管制，深化价格体制改革，强调要素配置的价格机制作用；建立以提高资金使用率为目标的国有银行放贷以及资本配置效率的评估指标体系，促进利率市场化；打破各级政府的行政分割与区域垄断，减少重复建设，建立低效企业出清机制；消除政府制度性障碍，真正推动行政审批制度改革等。

附 录

附录1-1　　部分OECD成员国及巴西的资本存量（1960—2012年）　　单位：亿美元（2005年不变价）

年份 国家	1960	1961	1962	1963	1964	1965	1966	1967	1968	1969	1970	1971	1972
澳大利亚	3742	3997	4308	4217	4497	4970	5061	5500	5649	6080	6548	6854	7198
奥地利	1470	1607	1745	1882	2034	2203	2374	2539	2705	2877	3024	3249	3506
比利时	2536	2661	2794	2923	3081	3244	3421	3599	3765	3942	4124	4309	4495
巴西	2840	3042	3251	3420	3608	3823	4011	4210	4454	4867	5257	5716	6257
加拿大	5606	5795	5994	6203	6465	6776	7118	7457	7782	8124	8465	8715	9089
智利	482	498	522	550	577	596	612	636	663	686	715	741	757
丹麦	1420	1540	1668	1786	1942	2104	2268	2440	2609	2804	2997	3198	3376
芬兰	1366	1460	1550	1633	1721	1821	1924	2021	2105	2207	2281	2408	2541
法国	9675	10406	11202	12073	13048	14085	15194	16360	17577	18916	20296	21891	23473
德国	—	—	—	—	—	—	—	—	—	—	35765	37874	39943
希腊	819	901	989	1081	1196	1327	1458	1582	1739	1930	2111	2336	2614

续表

年份 国家	1960	1961	1962	1963	1964	1965	1966	1967	1968	1969	1970	1971	1972
冰岛	67	68	71	76	82	87	94	101	107	110	114	121	129
爱尔兰	—	—	—	—	—	—	—	—	—	—	762	812	867
以色列	349	377	409	441	482	522	550	567	601	648	699	764	839
意大利	11193	12145	13193	14318	15305	16120	16968	17956	19078	20301	21542	22782	24186
日本	8243	9514	10966	12573	14440	16344	18516	21118	24294	28102	29117	33306	37787
韩国	296	310	331	364	383	414	480	556	668	809	940	1057	1170
卢森堡	261	271	282	296	315	320	332	341	349	359	370	384	399
墨西哥	2260	2409	2564	2744	2974	3235	3473	3764	4152	4398	4787	5162	5597
荷兰	3735	3978	4224	4465	4775	5263	5626	6024	6475	6892	7343	7796	8143
新西兰	—	—	—	—	—	—	—	—	—	—	1319	1352	1429
挪威	2412	2511	2614	2721	2830	2950	3079	3232	3370	3479	3621	3848	4021
葡萄牙	824	891	956	1033	1110	1199	1307	1421	1514	1617	1791	1926	2084
西班牙	3355	3608	3918	4277	4627	5085	5621	6172	6762	7418	8094	8705	9430
瑞典	2465	2612	2768	2936	3118	3305	3499	3702	3900	4104	4295	4492	4696
瑞士	—	—	—	—	—	—	—	—	—	—	5469	5810	6165
土耳其	1400	1463	1532	1606	1707	1792	1895	2017	2158	2280	2417	2490	2684
英国	12518	13132	13852	14538	15331	16256	17175	18176	19216	20216	21307	22332	23323
美国	76650	78428	81431	84226	87179	91044	95913	99578	103983	108023	115072	118907	123500

续表

年份 国家	1973	1974	1975	1976	1977	1978	1979	1980	1981	1982	1983	1984	1985
澳大利亚	7473	7983	8236	8556	9107	9093	9584	9946	10564	11399	10878	11190	11721
奥地利	3754	4008	4231	4461	4725	4927	5177	5339	5555	5773	5988	6069	6244
比利时	4709	4938	5153	5373	5588	5805	6008	6220	6390	6444	6531	6646	6795
巴西	6928	7718	8579	9489	10347	11230	12128	13114	13878	14525	14952	15361	15857
加拿大	9472	9888	10318	10744	11248	11702	12283	13016	13763	14415	14916	15401	16060
智利	773	805	829	828	826	832	854	887	920	975	949	972	1032
丹麦	3594	3774	3880	4036	4206	4393	4557	4655	4697	4786	4851	4930	5038
芬兰	2693	2846	3023	3154	3272	3390	3482	3601	3709	3814	3946	4066	4188
法国	25425	27486	28661	30124	31558	33066	34507	35906	37119	38270	39541	40569	41465
德国	41926	43719	45357	46529	48150	49742	51447	53193	54860	56227	57562	58820	60227
希腊	2902	2976	3138	3318	3484	3695	3895	4034	4115	4185	4244	4313	4396
冰岛	139	149	157	165	174	180	187	197	206	216	226	235	243
爱尔兰	933	985	1032	1089	1147	1222	1311	1390	1478	1558	1621	1679	1735
以色列	923	999	1073	1132	1177	1225	1283	1329	1378	1430	1493	1540	1577
意大利	25516	26847	28095	29293	30107	30990	32088	33094	34179	35168	36090	37131	38136
日本	42858	46771	53840	54674	58449	62956	67443	71216	75954	80266	84475	88743	94285
韩国	1296	1454	1616	1794	2065	2424	2819	3219	3510	3855	4224	4633	5093
卢森堡	417	432	444	454	464	474	484	498	508	519	525	531	533
墨西哥	6101	6645	7260	7867	8390	9066	9896	10916	12037	12850	13265	13716	14211
荷兰	8653	9056	9409	9683	10001	10349	10646	11216	11435	11645	11920	12134	12392

续表

年份 国家	1973	1974	1975	1976	1977	1978	1979	1980	1981	1982	1983	1984	1985
新西兰	1517	1603	1666	1700	1760	1777	1770	1800	1818	1943	1997	2060	2121
挪威	4242	4402	4692	4933	5251	5441	5597	5792	6076	6246	6399	6648	6815
葡萄牙	2258	2406	2522	2636	2770	2915	3053	3208	3371	3536	3672	3752	3823
西班牙	10264	11164	11942	12683	13357	13994	14578	15267	15775	16257	16680	17027	17406
瑞典	4902	5088	5279	5469	5640	5777	5925	6082	6234	6364	6492	6648	6809
瑞士	6522	6840	7067	7232	7397	7584	7788	8034	8298	8492	8700	9062	9337
土耳其	2868	3031	3285	3685	4016	4258	4535	4668	4901	5047	5327	5588	5814
英国	24361	25349	26283	27179	27985	28730	29515	30245	30741	31438	32048	33000	33846
美国	129342	133674	137700	141763	146258	151940	158910	162840	167383	171498	176439	181863	188611

年份 国家	1986	1987	1988	1989	1990	1991	1992	1993	1994	1995	1996	1997	1998	1999
澳大利亚	12364	12533	13243	13832	14731	15265	15753	16286	16858	17526	18210	18951	19782	20653
奥地利	6497	6645	6815	7036	7202	7484	7757	8013	8287	8552	8833	9106	9388	9668
比利时	6926	7053	7242	7449	7676	7927	8174	8397	8612	8838	9063	9314	9576	9844
巴西	16582	17310	17928	18513	18953	19332	19628	19976	20461	21017	21572	22222	22843	23326
加拿大	16629	17482	18516	19453	20370	21164	21902	22594	23363	24084	24843	25793	26758	27815
智利	1051	1088	1123	1178	1248	1311	1394	1494	1600	1735	1881	2044	2208	2334
丹麦	5274	5425	5509	5590	5677	5803	5924	6031	6159	6319	6495	6704	6939	7166
芬兰	4328	4435	4581	4769	4942	5055	5119	5148	5175	5231	5308	5409	5540	5676

续表

年份 国家	1986	1987	1988	1989	1990	1991	1992	1993	1994	1995	1996	1997	1998	1999
法国	42439	43697	45457	47201	48798	50459	52009	53329	54659	56001	57323	58621	60102	61813
德国	61481	62622	64059	66090	68873	71163	73587	75730	77995	80177	82262	84323	86505	88840
希腊	4444	4432	4528	4681	4795	4876	4942	4995	5037	5089	5160	5248	5366	5516
冰岛	247	257	263	285	292	301	308	313	318	323	331	341	357	371
爱尔兰	1775	1816	1876	1927	1973	2026	2075	2112	2166	2246	2356	2500	2673	2879
以色列	1619	1677	1729	1775	1857	1839	1820	1802	1784	1996	2228	2455	2669	2883
意大利	39215	40320	41529	42889	43923	45338	46656	47584	48496	49564	50648	51734	52897	54139
日本	99085	104323	111420	119134	127120	135753	143909	151555	158845	166045	173575	180903	187250	193371
韩国	5527	6109	6755	7596	8613	9952	11263	12663	14238	16021	17941	19764	21035	22420
卢森堡	574	592	630	677	732	752	766	786	806	825	845	870	896	934
墨西哥	14598	14951	15310	15903	16633	17304	18077	18698	19445	19858	20409	21137	21969	22882
荷兰	12795	13246	13676	14097	14502	14955	15411	15840	16274	16748	17287	17896	18561	19308
新西兰	2172	2215	2343	2400	2435	2480	2526	2590	2672	2768	2871	2971	3064	3172
挪威	7062	7283	7542	7795	8065	8210	8344	8495	8660	8836	9043	9308	9629	9916
葡萄牙	3911	4087	4407	4559	4829	5054	5288	5502	5719	5954	6202	6495	6830	7187
西班牙	17884	18494	19245	20200	21230	22327	23305	24082	24861	25742	26636	27591	28732	30058
瑞典	7002	7226	7453	7753	8014	8243	8411	8497	8607	8753	8914	9072	9266	9497
瑞士	9560	9870	10295	10800	11353	11773	12123	12442	12780	13136	13470	13807	14185	14570

续表

年份 国家	1986	1987	1988	1989	1990	1991	1992	1993	1994	1995	1996	1997	1998	1999
土耳其	6059	6513	6725	6957	7253	7562	7884	8325	8654	9037	9494	10040	10543	10913
英国	34741	35732	37213	38740	40162	41413	42655	43901	45263	46705	48295	50089	52203	54330
美国	195188	201197	207114	215662	223186	229578	236344	243642	251656	260260	269930	280677	292883	306531

年份 国家	2000	2001	2002	2003	2004	2005	2006	2007	2008	2009	2010	2011	2012
澳大利亚	21612	22437	23363	24448	25654	26952	28396	29912	31599	33299	35009	36773	38768
奥地利	9970	10253	10500	10768	11030	11285	11535	11799	12058	12253	12432	12659	12888
比利时	10135	10421	10663	10896	11172	11484	11802	12157	12514	12784	13034	13305	13549
巴西	23857	24375	24802	25154	25607	26093	26698	27496	28503	29341	30545	31812	32939
加拿大	28928	30084	31240	32487	33860	35404	37079	38802	40536	41870	43409	45018	46703
智利	2472	2615	2759	2911	3081	3299	3519	3767	4067	4319	4606	4940	5319
丹麦	7420	7660	7893	8118	8354	8606	8922	9231	9507	9687	9851	10026	10200
芬兰	5828	5986	6124	6268	6424	6588	6754	6957	7150	7277	7407	7554	7691
法国	63711	65635	67427	69248	71144	73158	75276	77602	79873	81592	83316	85111	86800
德国	91235	93376	95133	96776	98353	99916	101820	103908	105997	107378	108991	110903	112637
希腊	5690	5877	6097	6363	6620	6831	7108	7504	7781	7964	8062	8068	8006
冰岛	389	404	415	428	449	481	523	556	578	579	578	580	583
爱尔兰	3096	3300	3501	3717	3960	4259	4566	4868	5096	5167	5146	5100	5055

续表

年份 国家	2000	2001	2002	2003	2004	2005	2006	2007	2008	2009	2010	2011	2012
以色列	3102	3311	3501	3681	3858	4042	4252	4497	4752	4991	5256	5568	5890
意大利	55542	56987	58499	59906	61333	62752	64244	65751	67053	67861	68659	69355	69749
日本	199414	205080	210087	214988	219807	224594	229416	234152	238344	241376	244312	247273	250556
韩国	24001	25553	27219	28944	30680	32422	34207	36058	37817	39509	41311	43044	44693
卢森堡	967	1004	1044	1087	1130	1175	1221	1280	1340	1382	1423	1472	1523
墨西哥	23895	24827	25743	26682	27717	28828	30070	31399	32797	33953	35104	36385	37753
荷兰	20042	20759	21599	22003	22572	23169	23840	24564	25330	25904	26368	26891	27350
新西兰	3277	3391	3519	3671	3838	4019	4188	4371	4528	4650	4777	4906	5048
挪威	10180	10433	10676	10917	11204	11555	11956	12422	12880	13274	13606	13979	14397
葡萄牙	7556	7921	8266	8570	8370	9162	9444	9733	10015	10254	10477	10654	10778
西班牙	31494	32998	34539	36187	37921	39810	41864	43999	45877	47047	48012	48793	49362
瑞典	9751	9999	10231	10464	10723	11023	11373	11776	12177	12440	12742	13094	13459
瑞士	14981	15353	15737	16036	16388	16762	17170	17614	18052	18404	18787	19199	19596
土耳其	11382	11621	11929	12313	12879	13581	14402	15238	15980	16493	17268	18237	19147
英国	56493	58541	60632	62753	65044	67419	69958	72745	75163	76836	78565	80171	81763
美国	321224	335219	348225	361746	376305	391895	407545	422227	434897	443345	451753	460711	470766

附录 1-2　部分 OECD 成员国及巴西的人均资本存量（1960—2012 年）

单位：美元/人

国家 \ 年份	1960	1961	1962	1963	1964	1965	1966	1967	1968	1969	1970	1971	1972	1973	1974
澳大利亚	36417	38127	37308	38515	40267	43643	43438	46612	47039	49579	52351	52982	54624	55856	58170
奥地利	20859	22679	24477	26225	28150	30292	32423	34417	36473	38662	40504	43313	46471	49487	52741
比利时	27707	28975	30306	31461	32853	34283	35901	37560	39147	40867	42710	44551	46291	48341	50530
巴西	3903	4057	4206	4294	4400	4530	4626	4728	4874	5193	5473	5808	6207	6711	7302
加拿大	31302	31717	32203	32710	33456	34432	35504	36533	37513	38633	39699	40260	41324	42342	43418
智利	6304	6342	6488	6664	6827	6888	6922	7042	7189	7294	7467	7595	7628	7655	7842
丹麦	30998	33399	35886	38123	41136	44201	47281	50458	53637	57313	60800	64442	67628	71572	74793
芬兰	30846	32725	34519	36099	37832	39907	42008	43883	45501	47721	49515	52215	54770	57710	60685
法国	20740	22002	23342	24793	26433	28201	30129	32185	34346	36717	39109	41841	44476	47756	51215
德国	—	—	—	—	—	—	—	—	—	—	45753	48362	50761	53113	55364
希腊	9825	10725	11708	12747	14055	15520	16931	18213	19891	22006	24009	26453	29414	32506	33208
冰岛	38008	38238	39119	40980	43293	45329	47904	51019	53276	54076	55631	58805	61570	65642	69205
爱尔兰	—	—	—	—	—	—	—	—	—	—	25760	27143	28542	30244	31409
以色列	16508	17274	17840	18543	19474	20365	20935	20642	21428	22528	23494	24887	26654	28146	29588
意大利	22297	24033	25929	27937	29619	30933	32309	33943	35837	37920	40025	42131	44474	46603	48715
日本	8912	10020	11443	12987	14761	16529	18555	20966	24038	27238	27905	31511	35253	39655	42457
韩国	1183	1201	1247	1334	1367	1442	1630	1847	2167	2564	2915	3215	3493	3799	4191

续表

年份 国家	1960	1961	1962	1963	1964	1965	1966	1967	1968	1969	1970	1971	1972	1973	1974
卢森堡	83160	85564	88011	91381	96123	96624	99418	101849	103949	106367	109226	112147	115124	118993	121650
墨西哥	5844	6031	6219	6448	6770	7134	7423	7799	8340	8563	9033	9443	9924	10490	11087
荷兰	32515	34177	35780	37516	39375	42808	45170	47814	50862	53517	56321	59087	61092	64387	66861
新西兰	—	—	—	—	—	—	—	—	—	—	46936	47384	49213	51233	53002
挪威	67340	69560	71837	74205	76607	79233	82036	85388	88295	90430	93435	98586	102234	107117	110459
葡萄牙	9298	9982	10632	11437	12283	13321	14638	16007	17133	18465	20629	22280	24143	26149	27488
西班牙	11018	11737	12629	13666	14638	15915	17413	18884	20419	22181	23935	25460	27330	29481	31758
瑞典	32930	34727	36606	38608	40699	42736	44813	47057	49290	51511	53402	55465	57816	60252	62358
瑞士	—	—	—	—	—	—	—	—	—	—	88481	93502	98461	103410	107866
土耳其	5082	5183	5298	5425	5636	5782	5975	6217	6502	6711	6950	6993	7360	7675	7918
英国	23889	24871	26013	27097	28390	29912	31429	33081	34805	36464	38278	39952	41585	43351	45082
美国	42425	42696	43654	44507	45432	46856	48796	50112	51808	53298	56118	57260	58839	61036	62507

年份 国家	1975	1976	1977	1978	1979	1980	1981	1982	1983	1984	1985	1986	1987	1988
澳大利亚	59281	60973	64171	63331	66034	67698	70774	75104	70778	71990	74383	77186	77060	80104
奥地利	55831	58961	62435	65150	68574	70727	73393	76222	79183	80268	82539	85826	87730	89848
比利时	52582	54722	56846	58995	61002	63093	64810	65382	66270	67440	68923	70226	71456	73139

续表

年份\国家	1975	1976	1977	1978	1979	1980	1981	1982	1983	1984	1985	1986	1987	1988
巴西	7928	8563	9120	9668	10198	10772	11137	11390	11461	11518	11641	11927	12210	12411
加拿大	44456	45683	47267	48685	50593	52924	55275	57197	58594	59922	61907	63459	65846	68846
智利	7953	7830	7699	7644	7740	7923	8092	8443	8088	8150	8513	8523	8677	8803
丹麦	76683	79563	82650	86059	89057	90866	91715	93512	94857	96444	98519	102991	105805	107397
芬兰	64169	66737	69049	71326	73080	75350	77265	79009	81260	83297	85421	87997	89928	92608
法国	53044	55447	57834	60370	62760	65017	66875	68564	70420	71817	72969	74253	76018	78640
德国	57652	59396	61604	63697	65851	67944	69968	71780	73676	75548	77528	79106	80449	81974
希腊	34684	36113	37423	39184	40792	41838	42296	42746	43101	43581	44246	44582	44313	45109
冰岛	72057	74776	78263	80613	82840	86227	89468	92291	95521	98094	100502	101655	104555	107504
爱尔兰	32364	33629	34954	36721	38865	40726	42801	44682	46176	47528	49027	50138	51296	53231
以色列	31060	32038	32570	33197	33882	34280	34834	35474	36377	37039	37265	37668	38394	38930
意大利	50675	52573	53805	55187	56978	58643	60493	62196	63804	65629	67386	69289	71234	73334
日本	45417	48482	51333	54793	58206	60982	64560	67764	70833	73941	78080	81557	85447	90871
韩国	4581	5004	5671	6556	7511	8444	9063	9803	10584	11467	12481	13410	14678	16072
卢森堡	123661	125892	128390	130846	133405	136696	139226	141885	143533	145002	145398	155743	159756	168705
墨西哥	11765	12392	12856	13529	14401	15516	16737	17503	17715	17964	18252	18383	18458	18527

续表

年份 国家	1975	1976	1977	1978	1979	1980	1981	1982	1983	1984	1985	1986	1987	1988
荷兰	68846	70296	72179	74232	75833	79269	80259	81362	82965	84125	85512	87802	90324	92655
新西兰	54050	54658	56390	56934	56928	57840	58191	61570	62420	63822	65330	66922	67656	71525
挪威	117096	122513	129882	134058	137424	141755	148202	151795	154999	160581	164108	169463	173936	179157
葡萄牙	27739	28170	29292	30502	31598	32846	34217	35673	36873	37537	38137	38985	40748	43989
西班牙	33611	35289	36727	37951	39187	40778	41799	42845	43754	44483	45307	46408	47873	49707
瑞典	64436	66515	68349	69809	71441	73185	74929	76438	77945	79750	81544	83663	86048	88346
瑞士	111487	114742	117767	120728	123724	127126	130594	132865	135539	140675	144308	146987	150796	156146
土耳其	8384	9190	9790	10149	10565	10632	10907	10972	11318	11609	11823	12073	12730	12901
英国	46746	48351	49801	51124	52473	53708	54570	55827	56891	58489	59850	61292	62907	65368
美国	63758	65018	66409	68262	70609	71664	72945	74029	75468	77118	79274	81283	83040	84709

年份 国家	1989	1990	1991	1992	1993	1994	1995	1996	1997	1998	1999	2000	2001
澳大利亚	82263	86324	88321	90043	92184	94418	96980	99449	102343	105725	109125	112837	115579
奥地利	92339	93802	96512	98932	101354	104419	107594	110978	114279	117696	120964	124442	127494
比利时	74962	77007	79236	81377	83265	85137	87182	89232	91484	93855	96262	98867	101307
巴西	12587	12665	12706	12696	12723	12834	12982	13122	13312	13479	13561	13671	13773
加拿大	71051	73299	75126	76796	78362	80253	82045	83727	86015	84462	91200	94014	96790
智利	9076	9441	9746	10172	10705	11265	12013	12831	13744	14648	15287	15993	16721
丹麦	108917	110436	112587	114560	116232	118293	120749	123410	126841	130812	134658	138965	142943

续表

年份 国家	1989	1990	1991	1992	1993	1994	1995	1996	1997	1998	1999	2000	2001
芬兰	96072	99106	100833	101535	101605	101697	102415	103577	105246	107493	109878	112597	115375
法国	81222	83545	86170	88376	90228	92133	94056	95936	97761	99861	102178	104597	106974
德国	83923	86705	88939	91272	93313	95771	98162	100424	102789	105433	108209	110976	113389
希腊	46390	47211	47537	47660	47729	47735	47851	48184	48703	49524	50688	52122	53664
冰岛	112642	114434	116726	117981	118765	119625	120697	123078	125615	130201	133900	138201	141783
爱尔兰	54884	56154	57311	58298	59047	60329	62242	64774	68044	72002	76689	81361	85354
以色列	39278	39857	37154	35533	34255	33046	36004	39136	42061	44704	47063	49321	51415
意大利	75680	77439	79880	82146	83728	85315	87193	89074	90936	92953	95120	97542	100023
日本	96766	102900	109548	115842	121696	127116	132371	138020	143470	148129	152682	157180	161291
韩国	17895	20105	22985	25745	28653	31894	35530	39409	43010	45445	48095	51057	53959
卢森堡	179648	191575	194341	195269	197845	200135	201941	204111	207363	211054	216855	221551	227415
墨西哥	18858	19323	19688	20140	20401	20787	20817	20996	21357	21821	22364	23004	23569
荷兰	94935	96996	99239	101491	103592	105795	108339	111310	114639	118170	122110	125851	129370
新西兰	72757	73132	70954	71533	72506	73813	75363	76926	78573	80317	82702	84937	87396
挪威	184412	190152	192640	194669	197016	199705	202687	206400	211299	217294	222240	226677	231138
葡萄牙	46565	48372	50739	53137	55211	57242	59383	61626	64252	67228	70336	73428	76442
西班牙	52073	54645	57339	59652	61451	63269	65357	67471	69706	72335	75284	78220	80966

续表

年份 国家	1989	1990	1991	1992	1993	1994	1995	1996	1997	1998	1999	2000	2001
瑞典	91288	93636	95654	97033	97464	98025	99161	100827	102559	104688	107211	109904	112398
瑞士	162486	169124	173129	176328	179328	182740	186571	190470	194774	199512	203947	208520	212354
土耳其	13110	13433	13771	14125	14578	15020	15441	15971	16630	17197	17532	18018	18129
英国	67873	70155	72117	74078	76061	78220	80500	83029	85890	89256	92582	95926	99022
美国	87377	89409	90749	92137	93738	95641	97740	100199	102942	106173	109852	113844	117634

年份 国家	2002	2003	2004	2005	2006	2007	2008	2009	2010	2011	2012
澳大利亚	118885	122884	127456	132154	137194	143616	148709	153512	158901	164607	170603
奥地利	129924	132589	134970	137160	139502	142145	144637	146478	148181	150586	152878
比利时	103199	105010	107205	109591	111890	114415	116848	118409	119353	120433	121750
巴西	13825	13840	13916	14018	14191	14472	14864	15164	15647	16154	16581
加拿大	99613	102560	105830	109570	113842	117983	121927	124507	127653	131085	134382
智利	17441	18202	19055	20191	21324	22600	24165	25421	26857	28543	30455
丹麦	146819	150597	154583	158803	164097	169028	173056	175384	177573	179983	182409
芬兰	117753	120229	122868	125580	128251	131540	134557	136306	138097	140187	142063
法国	109099	111256	113464	115800	118325	121229	124082	126103	128134	130252	132163
德国	115329	117255	119192	121155	123603	126307	129092	131105	133279	135582	140051
希腊	55508	57749	59875	61584	63878	67219	69560	71193	72279	72535	72176

续表

年份 国家	2002	2003	2004	2005	2006	2007	2008	2009	2010	2011	2012
冰岛	144358	147965	153704	161968	172002	178478	182193	181868	181840	181798	181642
爱尔兰	89045	92994	97302	102392	106829	110661	113500	113928	112856	111433	110201
以色列	53290	55018	56664	58318	60281	62631	65013	66681	68950	71702	74453
意大利	102523	104524	106323	108251	110492	112513	113983	114833	115827	116799	117147
日本	164845	168330	172046	175776	179574	183260	186638	189229	191691	193458	196420
韩国	57155	60478	63864	67352	70717	74198	77258	80333	83609	86470	89377
卢森堡	233964	240642	246780	252551	258314	266748	274230	277690	280655	283948	286776
墨西哥	24121	24693	25340	26034	26820	27657	28527	29164	29778	30483	31240
荷兰	132509	135608	138633	141966	145843	149948	154025	156705	158699	161091	163235
新西兰	89120	91144	93907	97222	100076	103383	106067	107754	109367	111366	113863
挪威	235239	239143	243997	249934	256536	263788	270113	274887	278288	282219	286879
葡萄牙	79327	81943	84604	87232	89754	92314	94855	97029	99090	100916	102506
西班牙	83364	85775	88349	91196	94293	97284	99833	101475	103082	104387	105562
瑞典	114633	116813	119231	122073	125249	128729	132072	133780	135870	138568	141388
瑞士	215617	218502	221766	225387	229429	233263	236043	237660	240090	242646	245050
土耳其	18345	18673	19266	20048	20985	21926	22711	23151	23938	24962	25875
英国	102125	105206	108428	111619	114974	118626	121609	123379	125171	126734	128365
美国	121069	124694	128517	132614	136586	140167	143014	144520	146044	147862	149986

附 录 183

附录 1-3　部分 OECD 成员国及巴西的人均资本存量增长率（1961—2012 年）

单位：%

年份 国家	1961	1962	1963	1964	1965	1966	1967	1968	1969	1970	1971	1972	1973	1974	1975	1976	1977	1978	1979
澳大利亚	4.70	-2.15	3.24	4.55	8.39	-0.47	7.31	0.92	5.40	5.59	1.21	3.10	2.26	4.14	1.91	2.85	5.25	-1.31	4.27
奥地利	8.73	7.93	7.14	7.34	7.61	7.04	6.15	5.97	6.00	4.77	6.94	7.29	6.49	6.58	5.86	5.60	5.89	4.35	5.26
比利时	4.58	4.59	3.81	4.43	4.35	4.72	4.62	4.23	4.40	4.51	4.31	3.90	4.43	4.53	4.06	4.07	3.88	3.78	3.40
巴西	3.95	3.68	2.10	2.45	2.98	2.10	2.21	3.10	6.54	5.38	6.12	6.87	8.13	8.80	8.57	8.02	6.50	6.01	5.49
加拿大	1.32	1.53	1.58	2.28	2.92	3.11	2.90	2.68	2.99	2.76	1.41	2.64	2.45	2.54	2.39	2.76	3.47	3.00	3.92
智利	0.60	2.31	2.72	2.44	0.89	0.49	1.74	2.08	1.47	2.37	1.72	0.43	0.35	2.45	1.41	-1.54	-1.68	-0.71	1.26
丹麦	6.66	-0.39	-5.23	3.33	0.69	-2.64	4.60	4.81	-2.46	2.10	6.89	6.66	6.85	8.06	7.90	9.94	5.94	7.88	7.65
芬兰	7.74	7.55	6.32	8.17	7.93	7.43	6.98	6.47	7.51	7.29	6.60	4.92	5.87	4.44	2.37	3.70	3.91	4.15	3.47
法国	5.38	4.66	3.79	3.97	4.60	4.64	4.21	3.45	4.12	2.61	4.73	4.61	5.05	4.86	5.49	3.75	3.30	3.20	2.33
德国	6.73	6.71	6.78	7.20	7.03	6.98	7.18	6.96	6.77	6.94	7.66	6.71	7.97	8.06	4.67	5.55	5.00	4.87	4.31
希腊	—	—	—	—	—	—	—	—	—	—	5.44	4.78	4.49	3.89	2.78	1.00	2.15	1.98	2.15
冰岛	7.90	7.81	7.35	8.71	9.04	8.05	6.71	8.44	10.01	8.78	9.77	10.29	9.35	1.16	4.09	4.71	4.21	5.25	4.38
爱尔兰	2.74	3.79	6.02	7.02	6.14	7.06	7.73	5.39	1.85	2.56	5.33	4.68	6.51	5.11	3.74	3.24	4.03	2.35	2.40
以色列	—	—	—	—	—	—	—	—	—	—	3.31	4.05	3.41	2.49	2.39	3.16	3.02	4.33	4.54
意大利	7.43	7.65	7.05	8.57	7.38	4.63	2.21	5.33	7.30	7.24	8.80	9.23	9.22	7.59	6.76	4.95	3.52	3.73	4.42
日本	5.72	7.62	7.43	5.79	4.19	4.31	4.84	5.89	4.24	4.92	4.40	4.69	4.63	3.23	2.98	3.50	1.79	2.01	2.67
韩国	12.04	12.02	11.51	11.38	10.34	10.48	11.42	12.40	13.09	1.37	12.15	11.34	11.43	7.28	6.88	5.84	5.25	6.09	5.52
卢森堡	3.68	5.54	8.86	4.02	6.91	15.12	15.58	19.78	20.48	15.62	11.41	9.37	9.49	10.76	9.97	10.44	14.90	17.17	16.10

续表

年份 国家	1961	1962	1963	1964	1965	1966	1967	1968	1969	1970	1971	1972	1973	1974	1975	1976	1977	1978	1979
墨西哥	0.55	0.86	1.64	3.06	−1.49	0.43	−0.37	−0.81	−0.32	0.03	0.47	0.73	1.35	0.51	−0.19	−0.56	−0.62	−0.57	−0.34
荷兰	5.17	4.96	5.59	6.93	7.28	5.98	7.16	9.18	4.69	7.49	6.57	7.33	8.10	8.07	8.29	7.52	6.02	7.40	8.40
新西兰	4.39	3.53	3.63	4.72	8.42	5.01	5.17	6.55	5.50	5.12	4.59	2.61	4.21	2.50	1.89	2.00	2.97	3.45	3.27
挪威	—	—	—	—	—	—	—	—	—	—	1.76	4.91	5.42	4.98	3.41	1.55	3.07	0.60	−0.74
葡萄牙	3.29	3.36	3.66	3.96	4.66	5.16	5.63	4.72	4.19	5.00	6.71	4.66	5.48	2.32	2.62	2.17	5.34	2.50	1.76
西班牙	7.22	6.30	7.06	6.40	6.84	7.95	7.33	5.19	5.77	9.51	6.36	7.22	7.37	5.57	3.71	3.29	3.85	3.83	3.78
瑞典	7.02	8.00	8.55	7.38	8.88	9.49	8.95	8.94	8.94	8.10	6.82	8.00	8.66	8.45	6.55	5.81	4.95	4.46	3.95
土耳其	3.88	3.34	3.82	4.46	4.78	4.76	4.51	4.02	4.07	3.89	4.03	3.75	3.63	3.24	3.79	4.20	3.47	2.42	2.36
英国	—	—	—	—	—	—	—	—	—	—	3.74	3.59	3.28	2.39	0.90	0.00	0.00	0.24	0.39
美国	3.71	3.80	4.04	5.64	4.31	5.16	5.87	6.48	5.18	5.58	2.62	7.43	6.63	5.60	8.42	12.20	9.01	6.02	6.43
	3.18	3.87	3.45	4.00	4.72	4.44	4.68	4.67	4.18	4.18	3.49	3.33	3.46	3.11	2.67	2.43	1.94	1.58	1.60

年份 国家	1980	1981	1982	1983	1984	1985	1986	1987	1988	1989	1990	1991	1992	1993	1994	1995
澳大利亚	2.52	4.54	6.12	−5.76	1.71	3.32	3.77	−0.16	3.95	2.70	4.94	2.31	1.95	2.38	2.42	2.71
奥地利	3.14	3.77	3.86	3.88	1.37	2.83	3.98	2.22	2.41	2.77	1.58	2.89	2.51	2.45	3.02	3.04
比利时	3.43	2.72	0.88	1.36	1.76	2.20	1.89	1.75	2.36	2.49	2.73	2.90	2.70	2.32	2.25	2.40
巴西	5.63	3.39	2.27	0.63	0.49	1.07	2.46	2.37	1.64	1.42	0.62	0.32	−0.08	0.21	0.87	1.16
加拿大	4.61	4.44	3.48	2.44	2.27	3.31	2.51	3.76	4.56	3.20	3.16	2.49	2.22	2.04	2.41	2.23

续表

年份 国家	1980	1981	1982	1983	1984	1985	1986	1987	1988	1989	1990	1991	1992	1993	1994	1995
智利	2.36	2.13	4.34	-4.20	0.77	4.44	0.12	1.81	1.46	3.10	4.03	3.23	4.37	5.24	5.23	6.64
丹麦	7.29	5.97	7.73	8.86	10.43	12.92	12.49	12.95	13.00	8.01	5.30	9.29	10.99	13.81	14.00	13.35
芬兰	1.84	0.48	1.32	0.77	1.08	1.77	4.34	2.57	1.26	1.11	1.11	1.66	1.52	1.31	1.68	2.22
法国	2.97	2.46	2.26	2.85	2.44	2.37	2.75	1.90	2.71	3.56	3.09	2.04	0.76	0.12	0.15	0.73
德国	3.84	3.22	3.20	3.59	2.96	2.44	2.30	2.81	3.62	3.04	2.50	2.65	2.29	1.87	2.14	2.16
希腊	2.38	2.21	1.86	1.78	1.68	2.00	1.74	1.52	1.92	2.63	3.52	2.32	2.27	1.97	2.14	2.01
冰岛	2.49	0.85	0.34	0.09	0.54	1.12	0.35	-1.36	0.58	2.10	1.66	0.50	0.10	0.05	-0.02	0.47
爱尔兰	3.99	3.73	3.56	4.14	3.15	3.10	1.85	3.98	4.89	6.51	2.30	2.60	1.66	1.19	1.20	0.93
以色列	3.49	4.24	3.43	2.20	2.22	1.51	0.74	0.68	1.63	0.97	-0.72	-3.35	-1.06	-0.88	-0.05	0.97
意大利	3.42	3.54	3.69	4.39	3.14	2.37	2.65	3.58	3.04	2.54	4.58	-1.07	-1.07	-1.06	-1.02	11.89
日本	2.33	2.52	2.20	1.93	2.23	2.08	2.21	2.31	2.56	2.85	2.05	2.90	2.65	1.74	1.57	1.81
韩国	3.96	5.00	4.06	3.70	3.76	5.20	4.05	4.25	5.76	5.87	5.65	5.74	4.91	4.25	3.76	3.49
卢森堡	13.78	8.70	9.76	9.54	9.57	9.71	8.03	9.83	9.78	11.36	12.05	13.93	11.68	10.93	10.92	10.96
墨西哥	0.44	-0.07	-0.09	-0.79	-0.82	-1.48	5.50	1.22	4.26	5.37	5.79	0.69	-0.30	0.56	0.48	0.34
荷兰	9.44	9.51	6.27	2.84	2.99	3.13	2.16	1.77	1.74	3.25	3.87	3.22	3.68	2.72	3.37	1.62
新西兰	5.23	1.55	0.83	0.98	0.92	1.50	3.27	2.64	2.96	2.58	1.9:	-1.76	1.98	1.62	1.39	1.42
挪威	1.40	0.65	6.47	2.43	2.84	2.69	2.05	1.50	5.44	1.79	1.1C	1.35	1.29	1.91	2.58	3.07

续表

年份 国家	1980	1981	1982	1983	1984	1985	1986	1987	1988	1989	1990	1991	1992	1993	1994	1995
葡萄牙	2.37	4.00	2.17	1.97	3.50	2.22	3.54	3.15	3.66	3.51	3.69	2.03	1.72	1.69	1.67	1.67
西班牙	4.41	4.24	4.33	3.35	1.78	1.51	2.01	4.24	7.60	5.50	3.50	4.41	4.30	3.71	3.68	3.86
瑞典	4.51	3.21	2.99	2.56	1.99	2.06	2.50	3.07	3.58	4.26	4.29	4.46	3.77	2.74	2.50	3.00
瑞士	2.24	1.95	1.48	1.58	2.04	1.97	2.30	2.55	2.39	3.18	2.31	1.58	0.92	0.11	0.49	1.01
土耳其	0.82	0.92	-0.03	0.11	1.86	0.86	0.33	1.26	2.40	3.05	3.35	1.93	1.31	1.01	1.11	1.18
英国	2.80	4.96	3.01	5.52	4.73	3.80	3.97	7.28	3.02	3.18	3.95	3.94	3.98	5.33	3.69	4.15
美国	1.50	0.65	1.30	1.01	2.08	1.66	1.70	1.94	3.20	3.12	2.51	1.75	1.58	1.57	1.84	1.97

年份 国家	1996	1997	1998	1999	2000	2001	2002	2003	2004	2005	2006	2007	2008	2009	2010	2011	2012
澳大利亚	1.41	2.99	2.99	3.20	3.16	3.24	2.56	2.85	3.44	3.55	3.52	4.70	3.25	3.49	3.75	3.68	3.27
奥地利	3.03	2.98	2.98	2.90	2.73	2.73	2.34	1.91	1.92	1.73	1.81	1.82	1.85	1.85	1.32	1.26	1.53
比利时	2.10	2.55	2.55	2.58	2.55	2.60	2.36	1.90	1.74	1.97	2.11	2.02	2.20	2.11	1.00	0.78	1.34
巴西	-0.45	1.46	1.46	1.28	0.65	0.85	0.79	0.43	0.18	0.63	0.82	1.32	2.04	2.74	2.03	3.19	3.25
加拿大	0.98	2.93	2.93	2.88	3.04	2.95	3.07	2.81	2.95	3.21	3.73	3.72	3.52	3.28	2.15	2.66	2.48
智利	5.30	7.21	7.21	6.65	4.41	4.66	4.60	4.35	4.39	4.72	5.99	5.64	6.01	6.94	5.22	5.67	6.29
丹麦	12.34	12.31	12.31	12.14	11.39	11.19	10.93	11.21	11.86	11.85	11.75	11.70	11.70	11.41	12.88	12.68	12.17
芬兰	2.14	2.94	2.94	3.27	3.07	3.31	2.98	2.79	2.55	2.56	2.62	3.23	2.98	2.50	1.42	1.23	1.29
法国	0.75	1.54	1.54	1.88	1.76	1.94	1.96	1.59	1.60	1.72	1.85	1.89	2.43	2.24	1.28	1.28	1.47
德国	1.92	2.25	2.25	2.46	2.71	2.90	2.85	2.67	2.72	2.80	2.95	3.03	3.29	3.19	2.31	2.09	3.90

续表

年份 国家	1996	1997	1998	1999	2000	2001	2002	2003	2004	2005	2006	2007	2008	2009	2010	2011	2012
希腊	1.25	1.95	1.95	2.14	2.37	2.37	2.05	1.56	1.38	1.29	1.27	1.59	1.84	2.00	1.61	1.78	2.03
冰岛	0.04	0.63	0.63	1.01	1.40	1.80	2.36	3.02	3.45	2.40	0.81	1.45	3.62	3.35	2.50	0.91	-0.45
爱尔兰	0.70	1.83	1.83	3.59	2.71	2.98	2.23	1.07	1.34	2.54	4.20	5.63	4.28	2.95	-0.38	-0.52	0.06
以色列	-0.34	3.71	3.71	4.24	4.91	5.01	4.47	4.20	4.29	4.70	5.66	5.31	4.73	2.21	-0.43	-2.22	-2.71
意大利	11.49	10.16	10.16	8.73	7.94	7.54	6.57	5.29	4.45	4.31	4.44	4.68	5.06	5.18	4.72	5.13	5.65
日本	1.66	1.89	1.89	2.05	2.17	2.37	2.36	2.43	2.37	2.37	2.33	2.37	2.40	2.10	1.29	0.89	1.22
韩国	2.58	3.47	3.47	2.78	2.41	2.36	2.27	1.93	1.95	2.03	1.68	1.67	1.33	1.31	0.80	0.47	0.76
卢森堡	9.09	8.80	8.80	5.00	5.16	5.78	5.36	5.23	4.84	4.39	4.01	3.89	3.54	2.95	2.59	2.26	1.72
墨西哥	-1.24	1.13	1.13	1.40	2.58	2.11	2.53	2.68	2.85	2.75	2.63	2.63	3.56	3.35	1.87	1.66	2.18
荷兰	1.77	2.93	2.93	3.25	3.42	3.64	3.24	3.20	3.29	3.64	3.84	4.03	4.01	3.92	2.99	2.91	3.27
新西兰	0.27	2.61	2.61	3.17	3.41	3.19	1.79	1.07	1.31	1.44	1.40	1.83	2.06	2.00	1.05	0.93	1.34
挪威	2.62	2.88	2.88	2.43	2.84	2.79	2.95	3.15	3.69	3.86	3.86	3.13	3.09	2.28	1.43	1.40	1.36
葡萄牙	1.51	2.41	2.41	2.37	2.26	1.94	1.93	1.94	2.01	2.44	2.95	3.27	3.75	3.58	3.01	2.66	3.15
西班牙	3.65	4.36	4.36	4.62	4.34	3.86	3.13	2.47	1.91	1.76	1.57	1.19	1.42	1.99	1.92	1.81	1.65
瑞典	3.25	3.53	3.53	4.05	4.45	4.50	4.44	4.28	4.36	4.38	4.39	4.38	4.28	3.39	1.68	1.28	0.88
瑞士	1.15	1.47	1.47	1.65	1.92	2.03	1.77	1.56	1.58	1.82	2.15	2.26	2.24	2.12	1.10	1.30	1.67
土耳其	-0.60	0.94	0.94	1.59	1.20	1.33	1.03	0.89	0.71	0.84	0.97	1.15	1.32	1.22	0.68	0.79	0.90
英国	4.52	5.45	5.45	4.66	3.14	3.91	1.66	2.17	2.63	3.88	4.68	5.22	4.98	4.08	2.40	3.89	4.88
美国	0.99	2.51	2.51	3.03	2.92	2.96	2.67	2.68	2.54	2.70	2.66	2.78	3.00	2.42	1.38	1.51	1.30

附录 2-1　部分 OECD 国家及巴西的国内生产总值（1960—2012 年）　单位：亿美元（2005 年不变价）

年份 国家	1960	1961	1962	1963	1964	1965	1966	1967	1968	1969	1970	1971	1972	1973	1974	1975
澳大利亚	1384	1417	1435	1524	1630	1728	1768	1880	1976	2115	2266	2357	2450	2513	2616	2651
奥地利	765	808	829	864	916	948	1002	1032	1078	1146	1209	1271	1350	1416	1472	1467
比利时	1022	1073	1129	1178	1260	1305	1346	1399	1457	1554	1646	1708	1798	1908	1988	1962
巴西	1257	1386	1458	1471	1522	1568	1633	1714	1910	2096	2279	2537	2843	3240	3533	3717
加拿大	2316	2389	2559	2692	2872	3063	3264	3360	3537	3724	4009	4174	4401	4708	4881	4970
智利	190	197	208	220	226	227	250	259	269	278	284	309	307	292	299	265
丹麦	789	839	887	892	975	1020	1048	1083	1126	1198	1222	1259	1311	1360	1349	1333
芬兰	457	492	506	523	550	579	593	606	620	680	716	733	789	844	872	888
法国	5203	5490	5856	6169	6571	6885	7244	7584	7907	8460	8944	9421	9848	10500	10992	10869
德国	—	—	—	—	—	—	—	—	—	—	13236	13651	14238	14918	15051	14920
希腊	447	496	504	555	601	657	697	736	785	862	931	1004	1106	1195	1118	1190
冰岛	27	27	29	32	35	38	41	41	39	39	42	48	51	54	57	58
爱尔兰	—	—	—	—	—	—	—	—	—	—	344	356	379	397	414	437
以色列	119	133	146	162	174	190	190	196	228	259	277	309	351	362	387	400
意大利	4523	4894	5197	5489	5643	5827	6176	6619	7052	7482	7880	8023	8319	8912	9402	9205
日本	6549	7337	7991	8668	9680	10243	11333	12589	14211	15984	15821	16564	17958	19400	19162	19755
韩国	277	290	298	326	351	369	416	441	493	562	634	701	746	857	937	1006

续表

年份\国家	1960	1961	1962	1963	1964	1965	1966	1967	1968	1969	1970	1971	1972	1973	1974	1975
卢森堡	67	70	71	73	79	78	79	79	83	91	92	95	101	109	114	107
墨西哥	1276	1340	1402	1516	1696	1817	1928	2040	2233	2309	2459	2552	2762	2979	3151	3332
荷兰	1527	1532	1637	1696	1836	1995	2050	2158	2296	2444	2583	2695	2763	2923	3047	3051
新西兰	—	—	—	—	—	—	—	—	—	—	463	480	505	544	577	567
挪威	621	660	678	704	739	778	808	858	878	917	935	988	1040	1087	1128	1185
葡萄牙	329	348	371	392	417	448	466	502	546	558	628	670	723	804	814	778
西班牙	1876	2098	2307	2528	2662	2829	3034	3165	3374	3675	3832	4010	4337	4675	4938	4964
瑞典	1116	1179	1230	1295	1383	1436	1466	1516	1571	1649	1749	1766	1806	1878	1938	1987
瑞士	—	—	—	—	—	—	—	—	—	—	2294	2388	2464	2539	2576	2389
土耳其	646	654	690	753	794	816	908	951	1015	1057	1091	1152	1237	1277	1349	1446
英国	7063	7245	7341	7631	8016	8239	8408	8603	8945	9129	9375	9568	9914	10632	10464	10405
美国	27948	28591	30335	31670	33507	35651	37968	38918	40786	42050	43393	44827	47180	49842	49585	49486

年份\国家	1976	1977	1978	1979	1980	1981	1982	1983	1984	1985	1986	1987	1988	1989	1990
澳大利亚	2720	2818	2843	2958	3049	3151	3256	3183	3330	3505	3643	3732	3940	4096	4266
奥地利	1534	1612	1608	1694	1724	1721	1756	1808	1809	1854	1897	1923	1986	2063	2153
比利时	2073	2086	2145	2195	2293	2287	2301	2308	2365	2404	2448	2504	2622	2713	2798

续表

年份 国家	1976	1977	1978	1979	1980	1981	1982	1983	1984	1985	1986	1987	1988	1989	1990
巴西	4081	4269	4407	4705	5134	4908	4936	4768	5019	5418	5851	6062	6055	6254	5985
加拿大	5229	5410	5623	5837	5964	6173	5986	6140	6482	6785	6934	7215	7556	7736	7746
智利	274	298	320	348	376	394	353	340	367	393	415	443	475	525	545
丹麦	1414	1442	1475	1533	1526	1512	1568	1610	1677	1744	1831	1836	1833	1844	1874
芬兰	891	893	919	984	1037	1051	1083	1115	1150	1188	1219	1262	1328	1395	1402
法国	11345	11751	12208	12630	12836	12962	13275	13439	13640	13859	14172	14510	15188	15824	16238
德国	15659	16183	16670	17361	17606	17699	17629	17907	18412	18841	19272	19542	20266	21056	22163
希腊	1271	1309	1403	1449	1459	1437	1420	1405	1433	1469	1477	1443	1505	1563	1563
冰岛	61	67	71	74	78	82	84	82	85	88	93	101	101	102	103
爱尔兰	443	480	514	530	546	564	577	576	601	619	617	646	679	719	780
以色列	405	405	425	452	483	508	517	535	540	558	585	627	640	645	689
意大利	9861	10114	10442	11064	11443	11540	11588	11723	12101	12440	12796	13204	13758	14224	14507
日本	20540	21442	22572	23810	24481	25503	26365	27172	28384	30182	31037	32311	34621	36480	38513
韩国	1141	1276	1407	1525	1497	1607	1741	1953	2145	2306	2588	2905	3244	3463	3785
卢森堡	109	111	115	118	119	119	120	123	131	135	148	154	167	183	193
墨西哥	3479	3597	3919	4299	4696	5108	5076	4863	5039	5169	4975	5068	5131	5346	5617
荷兰	3197	3258	3334	3401	3512	3485	3441	3513	3620	3713	3817	3891	4025	4202	4378

续表

年份 国家	1976	1977	1978	1979	1980	1981	1982	1983	1984	1985	1986	1987	1988	1989	1990
新西兰	572	550	551	564	571	597	603	624	654	664	682	675	688	691	693
挪威	1253	1305	1356	1415	1478	1501	1503	1561	1653	1742	1812	1844	1841	1860	1895
葡萄牙	832	879	903	954	998	1014	1036	1034	1015	1043	1086	1156	1242	1322	1374
西班牙	5128	5274	5351	5353	5472	5464	5533	5630	5731	5864	6055	6391	6716	7040	7307
瑞典	2008	1976	2011	2088	2124	2133	2160	2201	2294	2344	2407	2487	2551	2619	2638
瑞士	2355	2413	2422	2483	2597	2639	2604	2621	2700	2799	2851	2896	2991	3120	3235
土耳其	1597	1651	1676	1666	1625	1704	1764	1852	1977	2060	2205	2414	2470	2477	2707
英国	10694	10939	11305	11599	11356	11205	11440	11854	12171	12600	13115	13713	14403	14732	14847
美国	52152	54556	57590	59419	59273	60811	59649	62413	66943	69781	72232	74732	77874	80740	82289

年份 国家	1991	1992	1993	1994	1995	1996	1997	1998	1999	2000	2001	2002	2003
澳大利亚	4261	4275	4451	4631	4804	4994	5191	5421	5692	5912	6026	6259	6452
奥地利	2227	2274	2286	2341	2403	2462	2519	2614	2707	2806	2830	2878	2903
比利时	2850	2893	2866	2958	3029	3072	3186	3248	3363	3486	3514	3562	3591
巴西	6076	6047	6329	6667	6961	7111	7351	7354	7372	7690	7791	7998	8090
加拿大	7582	7646	7846	8203	8428	8569	8934	9303	9768	10269	10442	10735	10941
智利	588	660	706	747	826	887	946	976	959	1013	1046	1069	1111

续表

年份 国家	1991	1992	1993	1994	1995	1996	1997	1998	1999	2000	2001	2002	2003
丹麦	1898	1935	1934	2041	2103	2163	2232	2280	2338	2421	2438	2449	2459
芬兰	1318	1272	1262	1308	1360	1408	1496	1571	1632	1719	1759	1791	1827
法国	16407	16650	16539	16910	17256	17441	17822	18424	19030	19730	20093	20279	20462
德国	23295	23740	23502	24083	24487	24681	25109	25577	26055	26852	27259	27261	27159
希腊	1611	1622	1596	1628	1662	1702	1764	1823	1885	1970	2052	2123	2249
冰岛	103	99	100	104	104	109	114	122	127	132	137	137	141
爱尔兰	795	821	843	892	978	1073	1194	1300	1443	1596	1676	1767	1833
以色列	743	784	828	885	943	995	1028	1071	1107	1209	1206	1199	1218
意大利	14730	14853	14726	15043	15477	15653	15945	16176	16410	17010	17327	17405	17397
日本	39793	40119	40187	40534	41322	42400	43077	42214	42130	43081	43234	43359	44090
韩国	4153	4392	4670	5080	5533	5931	6273	5915	6549	7128	7450	8004	8239
卢森堡	210	214	223	231	235	238	252	269	291	316	324	337	343
墨西哥	5854	6067	6313	6612	6231	6597	7056	7388	7585	7987	7939	7949	8062
荷兰	4485	4562	4619	4756	4904	5071	5288	5495	5753	5980	6095	6099	6120
新西兰	682	689	733	773	807	835	862	872	919	940	974	1023	1065
挪威	1954	2023	2080	2185	2276	2392	2521	2589	2641	2727	2781	2823	2851
葡萄牙	1434	1450	1420	1434	1496	1551	1619	1702	1772	1841	1877	1892	1874

续表

年份 国家	1991	1992	1993	1994	1995	1996	1997	1998	1999	2000	2001	2002	2003
西班牙	7493	7562	7484	7663	7874	8067	8380	8754	9169	9631	9985	10255	10572
瑞典	2608	2578	2525	2626	2730	2774	2849	2968	3107	3245	3286	3368	3446
瑞士	3205	3204	3200	3241	3256	3272	3339	3430	3478	3606	3650	3657	3658
土耳其	2726	2863	3083	2939	3170	3404	3662	3747	3621	3866	3646	3870	4074
英国	14655	14845	15363	16124	16693	17276	18028	18671	19220	20058	20496	20967	21795
美国	82229	85153	87490	91022	93496	97045	101400	105912	111045	115588	116684	118757	122071

年份 国家	2004	2005	2006	2007	2008	2009	2010	2011	2012
澳大利亚	6720	6937	7144	7413	7687	7821	7974	8153	8448
奥地利	2978	3050	3162	3279	3326	3199	3256	3348	3377
比利时	3709	3774	3874	3986	4025	3912	4004	4074	4068
巴西	8552	8822	9171	9730	10233	10199	10968	11267	11383
加拿大	11285	11642	11947	12187	12330	11996	12401	12714	12931
智利	1179	1244	1299	1366	1411	1396	1477	1563	1647
丹麦	2515	2577	2664	2706	2685	2533	2568	2596	2586
芬兰	1902	1958	2044	2153	2160	1975	2042	2099	2078
法国	20982	21366	21893	22393	22375	21671	22044	22491	22494
德国	27474	27663	28686	29624	29945	28404	29544	30528	30739
希腊	2347	2401	2533	2623	2617	2535	2410	2238	2082

续表

年份 国家	2004	2005	2006	2007	2008	2009	2010	2011	2012
冰岛	152	163	171	181	183	171	164	168	171
爱尔兰	1910	2026	2137	2244	2195	2055	2033	2077	2080
以色列	1277	1340	1415	1512	1580	1600	1690	1767	1827
意大利	17698	17863	18256	18563	18348	17340	17639	17718	17299
日本	45131	45719	46493	47512	47017	44418	46485	46274	46944
韩国	8642	8981	9446	9962	10244	10317	10987	11391	11653
卢森堡	358	376	395	421	418	395	407	415	414
墨西哥	8408	8663	9097	9383	9515	9067	9531	9916	10311
荷兰	6257	6385	6601	6860	6984	6728	6831	6895	6809
新西兰	1102	1138	1159	1200	1178	1204	1212	1240	1271
挪威	2964	3041	3110	3193	3195	3143	3158	3200	3293
葡萄牙	1904	1918	1946	1992	1992	1934	1972	1947	1884
西班牙	10917	11308	11769	12178	12287	11816	11792	11798	11605
瑞典	3592	3706	3865	3993	3969	3769	4016	4134	4172
瑞士	3747	3848	3992	4145	4235	4153	4276	4352	4398
土耳其	4455	4830	5163	5404	5439	5177	5651	6147	6277
英国	22486	23214	23853	24671	24481	23215	23600	23864	23930
美国	126708	130954	134446	136852	136455	132631	135956	138468	142316

附录 2-2　部分 OECD 成员国及巴西的资本收益率（1960—2012 年）

单位：%

年份 国家	1960	1961	1962	1963	1964	1965	1966	1967	1968	1969	1970	1971	1972	1973	1974	1975	1976	1977
澳大利亚	36.98	35.44	35.80	36.13	36.25	34.76	34.94	34.18	34.97	34.79	34.62	34.39	34.03	33.63	32.77	32.19	31.79	30.94
奥地利	52.07	50.27	47.52	45.89	45.07	43.06	42.20	40.65	39.86	39.83	39.99	39.15	38.51	37.72	36.73	34.66	34.38	34.11
比利时	40.31	40.33	40.41	40.32	40.91	40.23	39.36	38.86	38.70	39.42	39.92	39.64	40.00	40.52	40.26	38.07	38.58	37.32
巴西	44.24	45.55	44.85	43.00	42.18	41.03	40.72	40.70	42.87	43.06	43.36	44.38	45.43	46.76	45.78	43.32	43.01	41.25
加拿大	41.31	41.23	42.69	43.39	44.42	45.20	45.86	45.05	45.46	45.84	47.35	47.89	48.42	49.70	49.37	48.17	48.67	48.09
智利	39.33	39.66	39.75	40.05	39.18	38.09	40.79	40.68	40.52	40.53	39.68	41.76	40.52	37.73	37.14	31.96	33.08	36.06
丹麦	55.57	54.49	53.17	49.97	50.20	48.47	46.18	44.40	43.17	42.72	40.78	39.35	38.84	37.85	35.76	34.35	35.04	34.29
芬兰	33.44	33.68	32.66	32.02	31.98	31.82	30.83	29.99	29.46	30.80	31.38	30.42	31.06	31.36	30.63	29.36	28.24	27.28
法国	53.78	52.76	52.28	51.10	50.36	48.88	47.68	46.36	44.99	44.72	44.07	43.04	41.96	41.30	39.99	37.92	37.66	37.24
德国	—	—	—	—	—	—	—	—	—	—	37.01	36.04	35.64	35.58	34.43	32.89	33.65	33.61
希腊	54.55	55.11	50.95	51.35	50.23	49.53	47.82	46.51	45.13	44.67	44.10	42.97	42.30	41.19	37.58	37.92	38.31	37.56
冰岛	40.41	39.36	40.90	42.30	43.24	43.58	44.09	40.21	35.91	35.88	37.28	39.56	39.53	39.01	38.59	36.82	37.23	38.42
爱尔兰	—	—	—	—	—	—	—	—	—	—	45.14	43.82	43.72	42.52	41.98	42.35	40.70	41.81
以色列	34.16	35.12	35.69	35.64	36.20	36.46	34.55	34.57	37.91	39.90	39.71	40.40	41.80	39.29	38.76	37.29	35.82	34.45
意大利	40.41	40.29	39.40	33.34	36.87	36.15	36.40	36.86	36.97	36.86	36.58	35.22	34.40	34.93	35.02	32.77	33.66	33.59
日本	79.44	77.12	72.87	63.94	67.04	62.67	61.21	59.61	58.50	56.88	54.33	49.73	47.52	45.27	40.97	38.86	37.57	36.68
韩国	93.57	93.84	89.99	89.61	91.63	89.14	86.64	79.27	73.74	69.49	67.51	66.28	63.77	66.12	64.46	62.23	63.61	61.80
卢森堡	25.68	25.68	25.00	24.64	24.99	24.40	23.80	23.21	23.63	25.27	24.92	24.68	25.32	26.24	26.41	24.01	24.06	23.92

续表

年份 国家	1960	1961	1962	1963	1964	1965	1966	1967	1968	1969	1970	1971	1972	1973	1974	1975	1976	1977
墨西哥	56.45	55.62	54.68	55.24	57.04	56.17	55.50	54.21	53.77	52.50	51.38	49.43	49.34	48.83	47.42	45.90	44.22	42.87
荷兰	40.89	38.51	38.75	37.98	38.46	37.91	36.43	35.82	35.47	35.46	35.18	34.57	33.93	33.77	33.64	32.42	33.01	32.58
新西兰	—	—	—	—	—	—	—	—	—	—	35.09	35.54	35.34	35.89	36.01	34.03	33.66	31.24
挪威	25.74	26.27	25.94	25.87	26.12	26.38	26.23	26.56	26.04	26.36	25.83	25.68	25.87	25.61	25.63	25.25	25.41	24.86
葡萄牙	39.98	38.99	38.75	37.98	37.58	37.39	35.68	35.31	36.08	34.49	35.08	34.78	34.72	35.63	33.81	30.85	31.57	31.72
西班牙	55.90	58.14	58.87	59.11	57.53	55.62	53.96	51.28	49.90	49.54	47.35	46.07	45.99	45.55	44.23	41.57	40.44	39.48
瑞典	45.28	45.16	44.42	44.11	44.37	43.46	41.91	40.94	40.28	40.19	40.73	39.31	38.46	38.30	38.08	37.65	36.72	35.04
瑞士	—	—	—	—	—	—	—	—	—	—	41.95	41.10	39.97	38.93	37.67	33.80	32.57	32.61
土耳其	46.16	44.68	45.06	46.88	46.50	45.54	47.90	47.13	47.04	46.35	45.14	46.24	46.08	44.54	44.51	44.00	43.33	41.12
英国	56.42	55.17	53.00	52.49	52.29	50.68	48.96	47.33	46.55	45.16	43.99	42.84	42.51	43.64	41.28	39.59	39.35	39.09
美国	36.46	36.46	37.25	37.60	38.43	39.16	39.59	39.08	39.22	38.93	37.71	37.70	38.20	38.54	37.09	35.94	36.79	37.30

年份 国家	1978	1979	1980	1981	1982	1983	1984	1985	1986	1987	1988	1989	1990	1991	1992	1993	1994	1995
澳大利亚	31.27	30.87	30.65	29.83	28.56	29.26	29.76	29.90	29.46	29.78	29.75	29.62	28.96	27.91	27.14	27.33	27.47	27.41
奥地利	32.64	32.73	32.28	30.99	30.42	30.20	29.81	29.70	29.20	28.93	29.14	29.32	29.89	29.76	29.31	28.52	28.24	28.10
比利时	36.95	36.54	36.87	35.79	35.70	35.34	35.58	35.38	35.34	35.50	36.21	36.42	36.46	35.95	35.40	34.13	34.35	34.27
巴西	39.24	38.79	39.15	35.37	33.99	31.89	32.68	34.17	35.29	35.02	33.78	33.78	31.58	31.43	30.81	31.68	32.58	33.12
加拿大	48.06	47.53	45.82	44.85	41.53	41.16	42.09	42.25	41.70	41.27	40.81	39.77	38.02	35.82	34.91	34.72	35.11	34.99
智利	38.49	40.74	42.43	42.86	36.26	35.83	37.77	38.09	39.51	40.68	42.30	44.58	43.65	44.84	47.35	47.27	46.66	47.62

续表

年份 国家	1978	1979	1980	1981	1982	1983	1984	1985	1986	1987	1988	1989	1990	1991	1992	1993	1994	1995
丹麦	33.58	33.64	32.77	32.19	32.77	33.18	34.02	34.62	34.71	33.85	33.28	32.98	33.00	32.71	32.67	32.06	33.13	33.28
芬兰	27.10	28.27	28.80	28.33	28.39	28.27	28.28	28.37	28.18	28.45	28.99	29.25	28.38	26.07	24.85	24.51	25.28	26.00
法国	36.92	36.60	35.75	34.92	34.69	33.99	33.62	33.42	33.39	33.21	33.41	33.52	33.28	32.52	32.01	31.01	30.94	30.81
德国	33.51	33.75	33.10	32.26	31.35	31.11	31.30	31.28	31.35	31.21	31.64	31.86	32.18	32.73	32.26	31.03	30.88	30.54
希腊	37.98	37.21	36.17	34.91	33.94	33.11	33.23	33.42	33.23	32.57	33.25	33.38	32.59	33.04	32.82	31.96	32.32	32.67
冰岛	39.24	39.65	39.86	33.60	38.69	36.10	36.22	36.23	37.78	39.44	37.73	35.66	35.23	34.07	32.16	32.04	32.67	32.25
爱尔兰	42.05	40.41	39.30	33.19	37.06	35.52	35.79	35.71	34.75	35.55	36.20	37.30	39.51	39.23	39.59	39.94	41.17	43.53
以色列	34.69	35.21	36.31	36.83	35.13	35.82	35.03	35.39	36.13	37.38	37.00	36.36	37.12	40.38	43.08	45.94	49.62	47.24
意大利	33.69	34.48	34.58	33.76	32.95	32.48	32.59	32.62	32.63	32.75	33.13	33.16	33.03	32.49	31.83	30.95	31.02	31.23
日本	35.85	35.30	34.38	33.58	32.85	32.17	31.98	32.01	31.32	30.97	31.07	30.62	30.30	29.31	27.88	26.52	25.52	24.89
韩国	58.07	54.11	46.49	45.80	45.15	46.23	46.30	45.27	46.82	47.56	48.02	45.59	43.92	41.73	39.00	36.88	35.68	34.54
卢森堡	24.38	24.42	23.95	25.31	23.12	23.53	24.70	25.28	25.84	26.01	26.52	27.08	26.42	27.92	27.92	28.33	28.68	28.43
墨西哥	43.23	43.45	43.02	42.44	39.50	36.66	36.74	36.38	34.08	33.90	33.51	33.62	33.77	33.83	33.56	33.76	34.00	31.38
荷兰	32.22	31.95	31.31	30.47	29.55	29.47	29.83	29.97	29.83	29.37	29.43	29.81	30.19	29.99	29.60	29.16	29.22	29.28
新西兰	31.04	31.85	31.70	32.85	31.02	31.23	31.73	31.30	31.39	30.45	29.29	28.80	28.46	27.49	27.27	28.30	28.92	29.14
挪威	24.92	25.28	25.53	24.71	24.07	24.40	24.87	25.56	25.66	25.33	24.42	23.86	23.50	23.81	24.25	24.48	25.23	25.76
葡萄牙	30.98	31.26	31.11	30.09	29.30	28.16	27.04	27.29	27.77	28.28	28.18	28.38	28.46	28.38	27.42	25.82	25.08	25.12
西班牙	38.24	36.72	35.84	34.64	34.03	33.76	33.66	33.69	33.86	34.56	34.90	34.85	34.42	33.56	32.45	31.08	30.82	30.59

续表

国家\年份	1978	1979	1980	1981	1982	1983	1984	1985	1986	1987	1988	1989	1990	1991	1992	1993	1994	1995
瑞典	34.81	35.24	34.92	34.22	33.94	33.90	34.50	34.42	34.37	34.42	34.23	33.78	32.92	31.64	30.65	29.71	30.51	31.18
瑞士	31.94	31.88	32.33	31.80	30.67	30.12	29.79	29.97	29.82	29.34	29.05	28.89	28.48	27.23	26.43	25.72	25.36	24.79
土耳其	39.37	36.72	34.81	34.76	34.96	34.77	35.37	35.44	36.39	37.06	36.73	35.61	37.32	36.05	36.32	37.03	33.96	35.08
英国	39.35	39.30	37.54	36.45	36.39	36.99	36.88	37.25	37.75	38.38	38.71	38.03	36.97	35.39	34.80	34.99	35.62	35.74
美国	37.90	37.39	36.40	36.33	34.78	35.37	36.81	37.00	37.01	37.14	37.60	37.44	36.87	35.82	36.03	35.91	36.17	35.92

国家\年份	1996	1997	1998	1999	2000	2001	2002	2003	2004	2005	2006	2007	2008	2009	2010	2011	2012
澳大利亚	27.42	27.39	27.40	27.56	27.36	26.86	26.79	26.39	26.20	25.74	25.16	24.78	24.33	23.49	22.78	22.17	21.79
奥地利	27.88	27.66	27.85	28.00	28.15	27.60	27.41	26.96	27.00	27.02	27.41	27.79	27.58	26.11	26.19	26.45	26.20
比利时	33.89	34.21	33.92	34.16	34.40	33.72	33.41	32.16	33.20	32.86	32.83	32.79	32.16	30.60	30.72	30.62	30.03
巴西	32.96	33.08	32.19	31.61	32.23	31.96	32.25	33.68	33.40	33.81	34.35	35.39	35.90	34.76	35.91	35.42	34.56
加拿大	34.49	34.64	34.77	35.12	35.50	34.71	34.36	33.68	33.33	32.88	32.22	31.41	30.42	28.65	28.57	28.24	27.69
智利	47.16	46.27	44.22	41.52	40.96	40.01	38.75	38.17	38.25	37.71	36.90	36.26	34.69	32.32	32.06	31.64	30.96
丹麦	33.30	33.29	32.86	32.63	32.63	31.83	31.03	30.29	30.11	29.94	29.86	29.32	28.24	26.15	26.07	25.89	25.36
芬兰	26.53	27.65	28.36	28.76	29.50	29.38	29.24	29.15	29.61	29.72	30.27	30.95	30.20	27.14	27.56	27.79	27.02
法国	30.42	30.40	30.65	30.79	30.97	30.61	30.08	29.55	29.49	29.20	29.08	28.86	28.01	26.56	26.46	26.43	25.92
德国	30.00	29.78	29.57	29.33	29.43	29.19	28.66	28.06	27.93	27.69	28.17	28.51	28.25	26.45	27.11	27.53	27.29
希腊	32.98	33.60	33.97	34.18	34.61	34.92	34.82	35.35	35.46	35.14	35.63	34.95	33.63	31.83	29.89	27.74	26.01

续表

年份 国家	1996	1997	1998	1999	2000	2001	2002	2003	2004	2005	2006	2007	2008	2009	2010	2011	2012
冰岛	32.96	33.60	34.10	34.10	34.00	33.98	33.13	32.88	33.83	33.89	32.64	32.50	31.62	29.50	28.34	29.01	29.30
爱尔兰	45.53	47.74	48.64	50.11	51.57	50.79	50.46	49.31	48.22	47.56	46.81	46.09	43.08	39.77	39.50	40.73	41.16
以色列	44.66	41.89	40.11	38.39	38.98	36.44	34.26	33.08	33.09	33.15	33.27	33.63	33.25	32.04	32.15	31.74	31.01
意大利	30.90	30.82	30.58	30.31	30.63	30.40	29.75	29.04	28.86	28.47	28.42	28.23	27.36	25.55	25.69	25.55	24.80
日本	24.43	23.81	22.54	21.79	21.60	21.08	20.64	20.51	20.53	20.36	20.27	20.29	19.73	18.40	19.03	18.71	18.74
韩国	33.06	31.74	28.12	29.21	29.70	29.15	29.41	28.46	28.17	27.70	27.61	27.63	27.09	26.11	26.60	26.46	26.07
卢森堡	28.17	29.00	29.97	31.20	32.68	32.25	32.29	31.53	31.64	32.04	32.35	32.88	31.19	28.56	28.60	28.18	27.19
墨西哥	32.32	33.38	33.63	33.15	33.43	31.98	30.88	30.22	30.34	30.05	30.25	29.88	29.01	26.71	27.15	27.25	27.31
荷兰	29.33	29.55	29.61	29.79	29.83	29.36	28.50	27.81	27.72	27.56	27.69	27.93	27.57	25.97	25.90	25.64	24.90
新西兰	29.08	29.01	28.47	28.97	28.68	28.71	29.06	29.00	28.72	28.31	27.68	27.46	26.01	25.89	25.37	25.27	25.19
挪威	26.45	27.09	26.88	26.64	26.79	26.66	26.45	26.12	26.45	26.31	26.02	25.70	24.81	23.68	23.21	22.89	22.87
葡萄牙	25.00	24.93	24.92	24.65	24.37	23.70	22.89	21.87	21.46	20.94	20.61	20.47	19.89	18.86	18.82	18.27	17.48
西班牙	30.28	30.37	30.47	30.50	30.58	30.26	29.69	29.22	28.79	28.41	28.11	27.68	26.78	25.12	24.56	24.18	23.51
瑞典	31.11	31.40	32.04	32.71	33.28	32.86	32.92	32.93	33.50	33.62	33.98	33.91	32.59	30.30	31.52	31.57	31.00
瑞士	24.29	24.18	24.18	23.87	24.07	23.78	23.28	22.81	22.86	22.95	23.25	23.53	23.46	22.57	22.76	22.67	22.44
土耳其	35.86	36.47	35.54	33.18	33.96	31.37	32.45	33.09	34.60	35.56	35.85	35.46	34.04	31.39	32.72	33.70	32.79
英国	35.77	35.99	35.77	35.38	35.50	35.01	34.58	34.73	34.57	34.43	34.10	33.91	32.57	30.21	30.04	29.77	29.27
美国	35.95	36.13	36.16	36.23	35.98	34.81	34.10	33.75	33.67	33.42	32.99	32.41	31.38	29.92	30.10	30.06	30.23

附录 3-1　　部分 OECD 成员国及巴西的资本产出比（1960—2012 年）

年份 国家	1960	1961	1962	1963	1964	1965	1966	1967	1968	1969	1970	1971	1972	1973	1974	1975	1976	1977	1978
澳大利亚	2.70	2.82	2.79	2.77	2.76	2.88	2.86	2.93	2.86	2.87	2.89	2.91	2.94	2.97	3.05	3.11	3.15	3.23	3.20
奥地利	1.92	1.99	2.10	2.18	2.22	2.32	2.37	2.46	2.51	2.51	2.50	2.56	2.60	2.65	2.72	2.89	2.91	2.93	3.06
比利时	2.48	2.48	2.47	2.48	2.44	2.49	2.54	2.57	2.58	2.54	2.50	2.52	2.50	2.47	2.48	2.63	2.59	2.68	2.71
巴西	2.26	2.20	2.23	2.33	2.37	2.44	2.46	2.46	2.33	2.32	2.31	2.25	2.20	2.14	2.18	2.31	2.33	2.42	2.55
加拿大	2.42	2.43	2.34	2.30	2.25	2.21	2.18	2.22	2.20	2.18	2.11	2.09	2.07	2.01	2.03	2.08	2.05	2.08	2.08
智利	2.54	2.52	2.52	2.50	2.55	2.63	2.45	2.46	2.47	2.47	2.52	2.39	2.47	2.65	2.69	3.13	3.02	2.77	2.60
丹麦	1.80	1.84	1.88	2.00	1.99	2.06	2.17	2.25	2.32	2.34	2.45	2.54	2.57	2.64	2.80	2.91	2.85	2.92	2.98
芬兰	2.99	2.97	3.06	3.12	3.13	3.14	3.24	3.33	3.39	3.25	3.19	3.29	3.22	3.19	3.27	3.41	3.54	3.67	3.69
法国	1.86	1.90	1.91	1.96	1.99	2.05	2.10	2.16	2.22	2.24	2.27	2.32	2.38	2.42	2.50	2.64	2.66	2.69	2.71
德国	—	—	—	—	—	—	—	—	—	—	2.70	2.77	2.81	2.81	2.90	3.04	2.97	2.98	2.98
希腊	1.83	1.81	1.96	1.95	1.99	2.02	2.09	2.15	2.22	2.24	2.27	2.33	2.36	2.43	2.66	2.64	2.61	2.66	2.63
冰岛	2.47	2.54	2.44	2.36	2.31	2.29	2.27	2.49	2.78	2.79	2.68	2.53	2.53	2.56	2.59	2.72	2.69	2.60	2.55
爱尔兰	—	—	—	—	—	—	—	—	—	—	2.22	2.28	2.29	2.35	2.38	2.36	2.46	2.39	2.38
以色列	2.93	2.85	2.80	2.73	2.76	2.74	2.89	2.89	2.64	2.51	2.52	2.47	2.39	2.55	2.58	2.68	2.79	2.90	2.88
意大利	2.47	2.48	2.54	2.61	2.71	2.77	2.75	2.71	2.71	2.71	2.73	2.84	2.91	2.86	2.86	3.05	2.97	2.98	2.97
日本	1.26	1.30	1.37	1.45	1.49	1.60	1.63	1.68	1.71	1.76	1.84	2.01	2.10	2.21	2.44	2.57	2.66	2.73	2.79
韩国	1.07	1.07	1.11	1.12	1.09	1.12	1.15	1.26	1.36	1.44	1.48	1.51	1.57	1.51	1.55	1.61	1.57	1.62	1.72
卢森堡	3.89	3.89	4.00	4.06	4.00	4.10	4.20	4.31	4.23	3.96	4.01	4.05	3.95	3.81	3.79	4.17	4.16	4.18	4.10

续表

年份 国家	1960	1961	1962	1963	1964	1965	1966	1967	1968	1969	1970	1971	1972	1973	1974	1975	1976	1977	1978
墨西哥	1.77	1.80	1.83	1.81	1.75	1.78	1.80	1.84	1.86	1.90	1.95	2.02	2.03	2.05	2.11	2.18	2.26	2.33	2.31
荷兰	2.45	2.60	2.58	2.63	2.60	2.64	2.74	2.79	2.82	2.82	2.84	2.89	2.95	2.96	2.97	3.08	3.03	3.07	3.10
新西兰	—	—	—	—	—	—	—	—	—	—	2.85	2.81	2.83	2.79	2.78	2.94	2.97	3.20	3.22
挪威	3.89	3.81	3.85	3.87	3.83	3.79	3.81	3.77	3.84	3.79	3.87	3.89	3.87	3.90	3.90	3.96	3.94	4.02	4.01
葡萄牙	2.50	2.56	2.58	2.63	2.66	2.67	2.80	2.83	2.77	2.90	2.85	2.88	2.88	2.81	2.96	3.24	3.17	3.15	3.23
西班牙	1.79	1.72	1.70	1.69	1.74	1.80	1.85	1.95	2.00	2.02	2.11	2.17	2.17	2.20	2.26	2.41	2.47	2.53	2.62
瑞典	2.21	2.21	2.25	2.27	2.25	2.30	2.39	2.44	2.48	2.49	2.46	2.54	2.60	2.61	2.63	2.66	2.72	2.85	2.87
瑞士	—	—	—	—	—	—	—	—	—	—	2.38	2.43	2.50	2.57	2.65	2.96	3.07	3.07	3.13
土耳其	2.17	2.24	2.22	2.13	2.15	2.20	2.09	2.12	2.13	2.16	2.22	2.16	2.17	2.25	2.25	2.27	2.31	2.43	2.54
英国	1.77	1.81	1.89	1.91	1.91	1.97	2.04	2.11	2.15	2.21	2.27	2.33	2.35	2.29	2.42	2.53	2.54	2.56	2.54
美国	2.74	2.74	2.68	2.66	2.60	2.55	2.53	2.56	2.55	2.57	2.65	2.65	2.62	2.60	2.70	2.78	2.72	2.68	2.64

年份 国家	1979	1980	1981	1982	1983	1984	1985	1986	1987	1988	1989	1990	1991	1992	1993	1994	1995	1996
澳大利亚	3.24	3.26	3.35	3.50	3.42	3.36	3.34	3.39	3.36	3.36	3.38	3.45	3.58	3.69	3.66	3.64	3.65	3.65
奥地利	3.06	3.10	3.23	3.29	3.31	3.36	3.37	3.42	3.46	3.43	3.41	3.35	3.36	3.41	3.51	3.54	3.56	3.59
比利时	2.74	2.71	2.79	2.80	2.83	2.81	2.83	2.83	2.82	2.76	2.75	2.74	2.78	2.83	2.93	2.91	2.92	2.95
巴西	2.58	2.55	2.83	2.94	3.14	3.06	2.93	2.83	2.86	2.96	2.96	3.17	3.18	3.25	3.16	3.07	3.02	3.03
加拿大	2.10	2.18	2.23	2.41	2.43	2.38	2.37	2.40	2.42	2.45	2.51	2.63	2.79	2.86	2.88	2.85	2.86	2.90
智利	2.45	2.36	2.33	2.76	2.79	2.65	2.63	2.53	2.46	2.36	2.24	2.29	2.23	2.11	2.12	2.14	2.10	2.12

续表

年份 国家	1979	1980	1981	1982	1983	1984	1985	1986	1987	1988	1989	1990	1991	1992	1993	1994	1995	1996
丹麦	2.97	3.05	3.11	3.05	3.01	2.94	2.89	2.88	2.95	3.00	3.03	3.03	3.06	3.06	3.12	3.02	3.00	3.00
芬兰	3.54	3.47	3.53	3.52	3.54	3.54	3.52	3.55	3.51	3.45	3.42	3.52	3.84	4.02	4.08	3.96	3.85	3.77
法国	2.73	2.80	2.86	2.88	2.94	2.97	2.99	2.99	3.01	2.99	2.98	3.01	3.08	3.12	3.22	3.23	3.25	3.29
德国	2.96	3.02	3.10	3.19	3.21	3.19	3.20	3.19	3.20	3.16	3.14	3.11	3.05	3.10	3.22	3.24	3.27	3.33
希腊	2.69	2.76	2.86	2.95	3.02	3.01	2.99	3.01	3.07	3.01	3.00	3.07	3.03	3.05	3.13	3.09	3.06	3.03
冰岛	2.52	2.51	2.53	2.58	2.77	2.76	2.76	2.65	2.54	2.65	2.80	2.84	2.94	3.11	3.12	3.06	3.10	3.03
爱尔兰	2.47	2.54	2.62	2.70	2.82	2.79	2.80	2.88	2.81	2.76	2.68	2.53	2.55	2.53	2.50	2.43	2.30	2.20
以色列	2.84	2.75	2.72	2.77	2.79	2.85	2.83	2.77	2.68	2.70	2.75	2.69	2.48	2.32	2.18	2.02	2.12	2.24
意大利	2.90	2.89	2.96	3.03	3.08	3.07	3.07	3.06	3.05	3.02	3.02	3.03	3.08	3.14	3.23	3.22	3.20	3.24
日本	2.83	2.91	2.98	3.04	3.11	3.13	3.12	3.19	3.23	3.22	3.27	3.30	3.41	3.59	3.77	3.92	4.02	4.09
韩国	1.85	2.15	2.18	2.21	2.16	2.16	2.21	2.14	2.10	2.08	2.19	2.28	2.40	2.56	2.71	2.80	2.90	3.02
卢森堡	4.10	4.18	4.29	4.33	4.25	4.05	3.96	3.87	3.84	3.77	3.69	3.79	3.58	3.58	3.53	3.49	3.52	3.55
墨西哥	2.30	2.32	2.36	2.53	2.73	2.72	2.75	2.93	2.95	2.98	2.97	2.96	2.96	2.98	2.96	2.94	3.19	3.09
荷兰	3.13	3.19	3.28	3.38	3.39	3.35	3.34	3.35	3.40	3.40	3.35	3.31	3.33	3.38	3.43	3.42	3.42	3.41
新西兰	3.14	3.15	3.04	3.22	3.20	3.15	3.19	3.19	3.28	3.41	3.47	3.51	3.64	3.67	3.53	3.46	3.43	3.44
挪威	3.96	3.92	4.05	4.16	4.10	4.02	3.91	3.90	3.95	4.10	4.19	4.25	4.20	4.12	4.09	3.96	3.88	3.78
葡萄牙	3.20	3.21	3.32	3.41	3.55	3.70	3.66	3.60	3.54	3.55	3.52	3.51	3.52	3.65	3.87	3.99	3.98	4.00
西班牙	2.72	2.79	2.89	2.94	2.96	2.97	2.97	2.95	2.89	2.87	2.87	2.91	2.98	3.08	3.22	3.24	3.27	3.30

续表

年份 国家	1979	1980	1981	1982	1983	1984	1985	1986	1987	1988	1989	1990	1991	1992	1993	1994	1995	1996
瑞典	2.84	2.86	2.92	2.95	2.95	2.90	2.91	2.91	2.91	2.92	2.96	3.04	3.16	3.26	3.37	3.28	3.21	3.21
瑞士	3.14	3.09	3.14	3.26	3.32	3.36	3.34	3.35	3.41	3.44	3.46	3.51	3.67	3.78	3.89	3.94	4.03	4.12
土耳其	2.72	2.87	2.88	2.86	2.88	2.83	2.82	2.75	2.70	2.72	2.81	2.68	2.77	2.75	2.70	2.94	2.85	2.79
英国	2.54	2.66	2.74	2.75	2.70	2.71	2.68	2.65	2.61	2.58	2.63	2.71	2.83	2.87	2.86	2.81	2.80	2.80
美国	2.67	2.75	2.75	2.88	2.83	2.72	2.70	2.70	2.69	2.66	2.67	2.71	2.79	2.78	2.78	2.76	2.78	2.78

年份 国家	1997	1998	1999	2000	2001	2002	2003	2004	2005	2006	2007	2008	2009	2010	2011	2012
澳大利亚	3.65	3.65	3.63	3.66	3.72	3.73	3.79	3.82	3.89	3.98	4.04	4.11	4.26	4.39	4.51	4.59
奥地利	3.61	3.59	3.57	3.55	3.62	3.65	3.71	3.70	3.70	3.65	3.60	3.63	3.83	3.82	3.78	3.82
比利时	2.92	2.95	2.93	2.91	2.97	2.99	3.03	3.01	3.04	3.05	3.05	3.11	3.27	3.26	3.27	3.33
巴西	3.02	3.11	3.16	3.10	3.13	3.10	3.11	2.99	2.96	2.91	2.83	2.79	2.88	2.79	2.82	2.89
加拿大	2.89	2.88	2.85	2.82	2.88	2.91	2.97	3.00	3.04	3.10	3.18	3.29	3.49	3.50	3.54	3.61
智利	2.16	2.26	2.41	2.44	2.50	2.58	2.62	2.61	2.65	2.71	2.76	2.88	3.09	3.12	3.16	3.23
丹麦	3.00	3.04	3.06	3.06	3.14	3.22	3.30	3.32	3.34	3.35	3.41	3.54	3.82	3.84	3.86	3.94
芬兰	3.62	3.53	3.48	3.39	3.40	3.42	3.43	3.38	3.37	3.30	3.23	3.31	3.68	3.63	3.60	3.70
法国	3.29	3.26	3.25	3.23	3.27	3.32	3.38	3.39	3.42	3.44	3.47	3.57	3.77	3.78	3.78	3.86
德国	3.36	3.38	3.41	3.40	3.43	3.49	3.56	3.58	3.61	3.55	3.51	3.54	3.78	3.69	3.63	3.66
希腊	2.98	2.94	2.93	2.89	2.86	2.87	2.83	2.82	2.85	2.81	2.86	2.97	3.14	3.35	3.60	3.85

续表

年份 国家	1997	1998	1999	2000	2001	2002	2003	2004	2005	2006	2007	2008	2009	2010	2011	2012
冰岛	2.98	2.93	2.93	2.94	2.94	3.02	3.04	2.96	2.95	3.06	3.08	3.16	3.39	3.53	3.45	3.41
爱尔兰	2.09	2.06	2.00	1.94	1.97	1.98	2.03	2.07	2.10	2.14	2.17	2.32	2.51	2.53	2.46	2.43
以色列	2.39	2.49	2.60	2.57	2.74	2.92	3.02	3.02	3.02	3.01	2.97	3.01	3.12	3.11	3.15	3.22
意大利	3.24	3.27	3.30	3.27	3.29	3.36	3.44	3.47	3.51	3.52	3.54	3.65	3.91	3.89	3.91	4.03
日本	4.20	4.44	4.59	4.63	4.74	4.85	4.88	4.87	4.91	4.93	4.93	5.07	5.43	5.26	5.34	5.34
韩国	3.15	3.56	3.42	3.37	3.43	3.40	3.51	3.55	3.61	3.62	3.62	3.69	3.83	3.76	3.78	3.84
卢森堡	3.45	3.34	3.20	3.06	3.10	3.10	3.17	3.16	3.12	3.09	3.04	3.21	3.50	3.50	3.55	3.68
墨西哥	3.00	2.97	3.02	2.99	3.13	3.24	3.31	3.30	3.33	3.31	3.35	3.45	3.74	3.68	3.67	3.66
荷兰	3.38	3.38	3.36	3.35	3.41	3.51	3.60	3.61	3.63	3.61	3.58	3.63	3.85	3.86	3.90	4.02
新西兰	3.45	3.51	3.45	3.49	3.48	3.44	3.45	3.48	3.53	3.61	3.64	3.84	3.86	3.94	3.96	3.97
挪威	3.69	3.72	3.75	3.73	3.75	3.78	3.83	3.78	3.80	3.84	3.89	4.03	4.22	4.31	4.37	4.37
葡萄牙	4.01	4.01	4.06	4.10	4.22	4.37	4.57	4.66	4.78	4.85	4.89	5.03	5.30	5.31	5.47	5.72
西班牙	3.29	3.28	3.28	3.27	3.30	3.37	3.42	3.47	3.52	3.56	3.61	3.73	3.98	4.07	4.14	4.25
瑞典	3.18	3.12	3.06	3.00	3.04	3.04	3.04	2.99	2.97	2.94	2.95	3.07	3.30	3.17	3.17	3.23
瑞士	4.14	4.14	4.19	4.15	4.21	4.29	4.38	4.37	4.36	4.30	4.25	4.26	4.43	4.39	4.41	4.46
土耳其	2.74	2.81	3.01	2.94	3.19	3.08	3.02	2.89	2.81	2.79	2.82	2.94	3.19	3.06	2.97	3.05
英国	2.78	2.80	2.83	2.82	2.86	2.89	2.88	2.89	2.90	2.93	2.95	3.07	3.31	3.33	3.36	3.42
美国	2.77	2.77	2.76	2.78	2.87	2.93	2.96	2.97	2.99	3.03	3.09	3.19	3.34	3.32	3.33	3.31

附录 4-1　中国的劳均产出增长率（1978—2013 年）

年份	GDP(2005年不变价美元)	就业人口(万人)	经济活动人口(万人)	劳动力总数(人)	劳动生产率(美元/人)	劳均产出增长率(%)	劳动生产率(美元/人)	劳均产出增长率(%)	劳动生产率(美元/人)	劳均产出增长率(%)
1978	1.81055E+11	40152	40682	—	450.92	—	445.05	—	—	—
1979	2.02184E+11	41024	41592	—	492.84	9.30	436.11	9.23	—	—
1980	2.17495E+11	42361	42903	—	513.43	4.18	506.95	4.29	—	—
1981	2.3455E+11	43725	44165	—	536.42	4.48	531.08	4.76	—	—
1982	2.46847E+11	45295	45674	—	544.98	1.60	540.45	1.77	—	—
1983	2.69204E+11	46436	46707	—	579.73	6.38	576.37	6.64	—	—
1984	2.98421E+11	48197	48433	—	619.17	6.80	616.15	6.90	—	—
1985	3.43709E+11	49873	50112	—	689.17	11.31	685.88	11.32	—	—
1986	3.89994E+11	51282	51546	—	760.49	10.35	756.59	10.31	—	—
1987	4.24494E+11	52783	53060	—	804.22	5.75	800.03	5.74	—	—
1988	4.73664E+11	54334	54630	—	871.76	8.40	867.04	8.38	—	—
1989	5.27096E+11	55329	55707	—	952.66	9.28	946.19	9.13	—	—
1990	5.48513E+11	64749	65323	633236930	847.14	-11.08	839.69	-11.26	866.21	—
1991	5.69571E+11	65491	66091	642323210	869.69	2.66	861.80	2.63	886.74	2.37
1992	6.21851E+11	66152	66782	651196155	940.03	8.09	931.17	8.05	954.94	7.69
1993	7.10407E+11	66808	67468	659797392	1063.36	13.12	1052.95	13.08	1076.71	12.75
1994	8.09611E+11	67455	68135	668088190	1200.22	12.87	1188.25	12.85	1211.83	12.55
1995	9.15513E+11	68065	68855	677071847	1345.06	12.07	1329.63	11.90	1352.17	11.58
1996	1.01553E+12	68950	69765	685951509	1472.85	9.50	1455.65	9.48	1480.47	9.49

续表

年份	GDP(2005年不变价美元)	就业人口(万人)	经济活动人口(万人)	劳动力总数(人)	劳动生产率(美元/人)	劳均产出增长率(%)	劳动生产率(美元/人)	劳均产出增长率(%)	劳动生产率(美元/人)	劳均产出增长率(%)
1997	1.11717E+12	69820	70800	695649735	1600.08	8.64	1577.93	8.40	1605.94	8.47
1998	1.221E+12	70637	72087	705159019	1728.61	8.03	1693.84	7.35	1731.58	7.82
1999	1.317E+12	71394	72791	714378563	1844.25	6.69	1808.86	6.79	1843.12	6.44
2000	1.417E+12	72085	73992	724325746	1965.75	6.59	1915.09	5.87	1956.32	6.14
2001	1.535E+12	72797	73884	731359728	2108.10	7.24	2077.08	8.46	2098.33	7.26
2002	1.674E+12	73280	74492	738923140	2284.40	8.36	2247.23	8.19	2265.47	7.97
2003	1.842E+12	73736	74911	746320096	2497.87	9.34	2458.69	9.41	2467.89	8.93
2004	2.028E+12	74264	75290	752711357	2730.24	9.30	2693.03	9.53	2693.7	9.15
2005	2.257E+12	74647	76120	758612921	3023.43	10.74	2964.93	10.10	2975.04	10.44
2006	2.543E+12	74978	76315	763693185	3391.66	12.18	3332.24	12.39	3329.87	11.93
2007	2.903E+12	75321	76531	768074459	3854.37	13.64	3793.43	13.84	3779.78	13.51
2008	3.183E+12	75564	77046	770992463	4212.14	9.28	4131.11	8.90	4128.26	9.22
2009	3.476E+12	75828	77510	773686144	4584.23	8.83	4484.75	8.56	4492.95	8.83
2010	3.839E+12	76105	78388	774172295	5044.72	10.04	4897.8	9.21	4959.21	10.38
2011	4.196E+12	76420	78579	782422530	5491.15	8.85	5340.27	9.03	5363.26	8.15
2012	4.517E+12	76704	78894	787632272	5889.47	7.25	5725.99	7.22	5735.49	6.94
2013	4.864E+12	76977	79300	—	6318.77	7.29	6133.67	7.12	—	—

注：1990年的劳均产出增长率为负，原因在于非经济因素导致的GDP增长小于就业增长。

附录 207

附录 4-2　OECD 成员国的人均产出增长率（1979—2013 年）

单位：%

年份 国家	1979	1980	1981	1982	1983	1984	1985	1986	1987	1988	1989	1990
澳大利亚	2.9	1.8	1.7	1.6	-3.4	3.5	3.8	2.2	0.9	3.9	2.2	2.6
奥地利	5.5	1.7	-0.4	1.9	3.1	0.1	2.5	2.2	1.3	3.1	3.4	3.6
比利时	2.2	4.4	-0.3	0.6	0.3	2.5	1.6	1.8	2.2	4.4	3.1	2.8
加拿大	2.8	0.8	2.2	-4.2	1.5	4.6	3.7	1.2	2.7	3.4	0.6	-1.4
智利	7.2	6.6	3.2	-11.7	-5.3	6.2	5.3	3.8	4.8	5.5	8.7	1.9
丹麦	3.7	-0.6	-0.9	3.8	2.7	4.2	4.0	4.8	0.2	-0.2	0.5	1.4
芬兰	6.8	5.1	0.9	2.5	2.4	2.6	2.9	2.3	3.2	4.9	4.7	0.1
法国	3.1	1.2	0.5	1.8	0.6	0.9	1.0	1.7	1.8	4.1	3.6	2.1
德国	4.1	1.2	0.4	-0.3	1.8	3.2	2.6	2.2	1.2	3.3	3.1	4.4
匈牙利	2.0	-0.3	-2.4	-1.7	-1.7	1.5	2.1	0.2	-2.6	3.9	3.3	-0.7
希腊	2.5	0.1	2.9	2.9	0.9	2.9	-0.1	1.7	4.2	0.1	1.8	-2.5
冰岛	3.8	4.6	3.1	0.8	-3.4	3.0	2.5	5.5	7.4	-1.6	-1.0	0.4
爱尔兰	1.7	1.9	2.1	1.3	-0.9	3.7	2.9	-0.5	4.7	5.7	6.2	8.4
以色列	3.6	4.3	3.1	-0.1	1.6	-0.4	1.6	3.2	5.5	0.3	-0.8	3.6
意大利	5.7	3.2	0.7	0.3	1.1	3.2	2.8	2.9	3.2	4.1	3.3	1.9
日本	4.6	2.0	3.4	2.7	2.4	3.8	5.7	2.2	3.6	6.7	4.9	5.2
韩国	6.8	-3.4	5.7	6.6	10.5	8.5	6.4	11.1	11.2	10.6	5.7	8.2

续表

年份 国家	1979	1980	1981	1982	1983	1984	1985	1986	1987	1988	1989	1990
卢森堡	2.1	0.5	-0.8	1.0	3.0	6.1	2.6	9.5	3.3	7.7	8.7	4.0
墨西哥	7.0	6.7	6.4	-2.7	-6.1	1.6	0.6	-5.6	-0.1	-0.8	2.1	2.9
荷兰	1.3	2.4	-1.5	-1.7	1.7	2.7	2.1	2.2	1.3	2.8	3.8	3.5
新西兰	2.6	1.1	4.2	-0.1	2.1	3.9	1.0	2.7	-1.9	1.7	0.0	-0.7
挪威	4.0	4.2	1.2	-0.2	3.5	5.6	5.0	3.7	1.3	-0.7	0.6	1.6
葡萄牙	4.5	3.5	0.7	1.5	-0.6	-2.3	2.5	4.0	6.4	7.6	6.6	4.2
西班牙	-0.8	1.6	-0.9	0.7	1.3	1.4	1.9	2.9	5.3	4.9	4.6	3.6
瑞典	3.6	1.5	0.3	1.2	1.9	4.1	2.0	2.5	3.0	2.1	2.0	-0.0
瑞士	2.3	4.2	1.0	-1.9	0.2	2.6	3.2	1.3	0.9	2.5	3.5	2.6
土耳其	-2.8	-4.7	2.5	1.2	2.6	4.3	2.0	4.9	7.4	0.4	-1.5	7.4
英国	2.5	-2.2	-1.4	2.1	3.6	2.5	3.4	3.8	4.3	4.8	2.0	0.5
美国	2.0	-1.2	1.6	-2.8	3.7	6.3	3.3	2.6	2.5	3.3	2.7	0.8

年份 国家	1991	1992	1993	1994	1995	1996	1997	1998	1999	2000	2001	2002
澳大利亚	-1.4	-0.9	3.1	2.9	2.5	2.6	2.8	3.3	3.8	2.6	0.6	2.6
奥地利	2.4	1.0	-0.3	2.0	2.5	2.3	2.2	3.7	3.3	3.4	0.5	1.2
比利时	1.5	1.1	-1.3	2.9	2.2	1.2	3.5	1.7	3.3	3.4	0.5	0.9
加拿大	-3.4	-0.4	1.5	3.6	1.9	0.6	3.2	3.2	4.1	4.2	0.7	1.9

续表

年份 国家	1991	1992	1993	1994	1995	1996	1997	1998	1999	2000	2001	2002
智利	6.0	10.2	5.1	3.9	8.8	5.8	5.1	1.9	-2.0	3.2	2.1	1.0
丹麦	1.0	1.6	-0.4	5.2	2.5	2.3	2.8	1.8	2.2	3.2	0.3	0.1
芬兰	-6.5	-4.0	-1.3	3.2	3.6	3.2	5.9	4.8	3.7	5.1	2.1	1.6
法国	0.8	1.0	-1.1	1.9	1.7	0.7	1.8	3.0	2.8	3.0	1.1	0.2
德国	4.3	1.1	-1.7	2.1	1.4	0.5	1.6	1.8	1.8	2.9	1.3	-0.2
匈牙利	2.1	-0.4	-2.5	1.2	1.3	1.6	3.0	2.8	3.0	4.1	3.9	3.1
希腊	-11.9	-3.0	-0.5	3.1	1.6	0.3	3.3	4.3	3.5	4.5	4.0	4.8
冰岛	-1.4	-4.6	0.3	2.7	-0.4	4.2	4.1	5.2	2.8	2.9	2.5	-0.8
爱尔兰	1.3	2.6	2.2	5.3	9.1	8.8	10.2	7.8	9.7	9.2	3.3	3.7
以色列	1.4	2.0	2.8	4.2	3.7	2.8	0.8	1.8	0.8	6.4	-2.5	-2.6
意大利	1.5	0.8	-0.9	2.1	2.9	1.1	1.8	1.4	1.4	3.6	1.8	0.3
日本	3.0	0.6	-0.1	0.5	1.6	2.3	1.3	-2.3	-0.4	2.1	0.1	0.1
韩国	8.6	4.7	5.3	7.7	7.8	6.2	4.8	-6.4	9.9	7.9	3.8	6.8
卢森堡	7.2	0.5	2.8	2.4	0.0	0.1	4.6	5.2	7.0	7.0	1.3	3.0
墨西哥	2.1	1.5	1.9	2.6	-7.6	3.9	5.1	2.9	1.0	3.7	-2.0	-1.2
荷兰	1.6	0.9	0.6	2.3	2.6	2.9	3.7	3.3	4.0	3.2	1.2	-0.6
新西兰	-6.3	-0.0	5.2	4.0	2.9	1.9	1.9	0.3	4.8	1.7	3.0	3.2
挪威	2.6	2.9	2.2	4.5	3.6	4.6	4.8	2.1	1.3	2.6	1.5	1.0

续表

年份 国家	1991	1992	1993	1994	1995	1996	1997	1998	1999	2000	2001	2002
葡萄牙	4.6	1.2	-2.2	0.7	3.9	3.3	3.9	4.6	3.5	3.2	1.3	0.2
西班牙	2.3	0.6	-1.3	2.1	2.5	2.2	3.6	4.1	4.2	4.2	2.4	1.0
瑞典	-1.8	-1.7	-2.6	3.3	3.4	1.5	2.6	4.1	4.6	4.3	1.0	2.2
瑞士	-2.1	-1.1	-1.0	0.5	-0.2	0.0	1.8	2.4	0.9	3.1	0.6	-0.6
土耳其	-1.0	3.3	5.9	-6.2	6.2	5.7	5.9	0.7	-4.8	5.2	-7.1	4.7
英国	-1.6	1.0	3.2	4.7	3.3	3.2	4.1	3.3	2.6	4.0	1.8	1.9
美国	-1.4	2.1	1.4	2.8	1.5	2.6	3.2	3.2	3.6	2.9	-0.0	0.8

年份 国家	2003	2004	2005	2006	2007	2008	2009	2010	2011	2012	2013
澳大利亚	1.8	3.0	1.9	1.5	3.1	1.6	-0.3	0.4	0.8	1.9	0.9
奥地利	0.4	2.0	1.7	3.2	3.3	1.0	-4.1	1.5	2.6	0.6	-0.2
比利时	0.4	2.8	1.2	2.0	2.1	0.2	-3.6	1.2	0.6	-0.9	-0.4
加拿大	0.9	2.1	2.2	1.8	1.0	0.1	-3.8	2.2	1.5	0.5	0.8
智利	2.8	4.9	4.5	3.3	4.1	2.3	-2.0	4.8	4.9	4.4	3.2
丹麦	0.1	2.0	2.2	3.1	1.1	-1.4	-6.2	0.9	0.7	-0.7	0.0
芬兰	1.8	3.8	2.6	4.0	4.9	-0.2	-9.0	2.9	2.3	-1.5	-1.8
法国	0.2	1.8	1.1	1.8	1.7	-0.6	-3.6	1.2	1.5	-0.5	-0.3
德国	-0.4	1.2	0.7	3.8	3.4	1.3	-4.9	4.2	3.3	2.4	0.2
匈牙利	5.6	4.0	1.9	5.2	3.2	-0.4	-3.1	-4.7	-6.9	-6.7	-3.3

续表

年份 国家	2003	2004	2005	2006	2007	2008	2009	2010	2011	2012	2013
希腊	4.1	5.0	4.2	4.1	0.3	1.1	-6.7	1.5	1.7	-1.2	1.3
冰岛	1.7	6.9	5.5	2.3	3.3	-0.7	-6.9	-4.0	2.3	0.9	2.5
爱尔兰	2.1	2.3	3.8	2.7	2.0	-4.1	-7.3	-1.6	1.8	-0.1	-0.5
以色列	-0.3	3.0	3.1	3.7	5.0	2.6	-1.1	3.8	2.7	1.5	1.4
意大利	-0.5	1.1	0.4	1.9	1.2	-1.8	-5.9	1.4	0.3	-2.6	-2.3
日本	1.5	2.3	1.3	1.7	2.2	-1.0	-5.4	4.7	-0.7	1.7	1.7
韩国	2.4	4.5	3.7	4.7	5.0	2.1	0.2	6.0	2.9	1.8	2.5
卢森堡	0.4	2.9	3.7	3.3	5.0	-2.5	-7.3	1.2	-0.3	-2.5	-0.2
墨西哥	0.2	3.0	1.8	3.7	1.9	0.1	-5.9	3.8	2.8	2.7	-0.2
荷兰	-0.1	1.9	1.8	3.2	3.7	1.4	-4.2	1.0	0.5	-1.6	-1.1
新西兰	2.1	2.0	2.1	0.6	2.5	-2.8	1.1	-0.5	1.5	1.9	1.6
挪威	0.4	3.3	1.9	1.5	1.6	-1.2	-2.9	-0.8	0.0	1.6	-0.7
葡萄牙	-1.3	1.3	0.6	1.3	2.2	-0.2	-3.0	1.9	-1.1	-2.8	-0.9
西班牙	1.2	1.5	1.8	2.3	1.6	-0.7	-4.7	-0.7	-0.3	-1.7	-1.0
瑞典	2.0	3.8	2.7	3.7	2.6	-1.4	-5.8	5.7	2.2	0.2	0.9
瑞士	-0.7	1.7	2.0	3.1	2.9	0.9	-3.2	1.9	0.7	-0.0	0.9
土耳其	3.8	7.9	7.0	5.5	3.4	-0.6	-6.0	7.8	7.4	0.8	2.8
英国	3.5	2.6	2.5	2.0	2.6	-1.5	-5.9	0.9	0.3	-0.4	1.1
美国	1.9	2.8	2.4	1.7	0.8	-1.2	-3.7	1.7	1.1	2.0	1.1

附表 4-3　OECD 成员国基于实物量方法的劳均产出增长率（1991—2012 年）

单位：%

年份 国家	1991	1992	1993	1994	1995	1996	1997	1998	1999	2000	2001
澳大利亚	-0.66	-0.56	3.51	2.19	1.24	2.75	3.09	3.30	3.92	1.77	0.17
奥地利	1.94	-0.47	-0.47	-0.82	2.03	3.48	2.01	3.77	2.88	3.50	0.06
比利时	-0.44	0.70	-1.54	1.67	1.73	1.16	3.39	0.99	0.98	2.50	3.11
加拿大	-2.77	1.11	1.91	3.78	2.37	0.68	2.55	2.43	3.13	3.51	0.15
智利	6.15	7.82	2.44	3.96	10.55	6.39	4.06	1.12	-2.45	3.64	2.70
捷克	-12.88	-1.50	-0.79	1.79	5.91	4.53	-1.13	-0.65	1.29	4.85	3.70
丹麦	1.41	1.66	0.71	9.91	1.48	2.36	2.44	2.56	1.42	4.05	1.14
爱沙尼亚	—	—	—	2.68	8.70	7.00	12.68	8.55	1.80	8.75	5.98
芬兰	-4.48	-1.91	0.10	4.47	2.92	3.22	6.72	4.16	1.90	4.02	1.68
法国	1.40	0.58	-1.26	1.87	1.44	-0.14	2.37	2.78	2.17	2.97	1.49
德国	-1.85	2.12	-0.89	2.69	1.54	0.25	1.10	1.13	2.26	3.18	1.05
希腊	4.34	-2.22	-3.11	-0.24	-0.01	-0.21	2.96	0.67	2.24	3.83	5.40
匈牙利	-11.39	-3.97	3.28	6.15	3.17	1.16	4.73	4.26	0.91	3.57	4.27
冰岛	-1.81	-5.71	1.53	2.73	-2.43	5.64	4.32	3.19	1.43	2.04	2.36
爱尔兰	0.02	3.81	0.43	2.97	7.86	6.28	8.62	3.90	6.27	6.95	2.49
以色列	0.52	0.92	0.35	2.40	2.43	3.31	1.07	1.32	-0.37	5.47	-2.81
意大利	0.76	4.07	-0.44	3.12	3.50	0.68	1.64	0.85	0.68	3.51	1.30

续表

年份 国家	1991	1992	1993	1994	1995	1996	1997	1998	1999	2000	2001
日本	1.34	-0.50	-0.29	0.35	1.42	1.77	0.80	-2.11	0.10	2.62	0.38
韩国	7.13	3.53	4.73	5.63	6.52	4.89	3.55	-4.11	9.59	6.72	3.13
卢森堡	4.96	-0.78	4.09	2.90	3.85	-0.83	4.38	4.90	5.41	4.44	2.46
墨西哥	1.05	-0.46	0.07	2.38	-8.06	3.25	2.04	2.70	1.84	3.53	-1.50
荷兰	0.66	0.25	0.28	1.21	2.00	1.96	1.73	1.97	2.67	1.58	0.07
新西兰	-5.95	0.55	5.32	2.69	1.91	0.58	2.20	0.89	4.48	1.21	1.67
挪威	4.28	3.53	2.85	3.98	2.68	2.31	3.07	0.98	1.59	2.49	1.63
波兰	-6.24	3.19	3.89	6.30	8.19	6.56	7.18	4.72	5.62	3.87	0.57
葡萄牙	2.44	4.02	-2.33	-0.28	4.22	1.89	2.07	2.81	2.97	1.89	0.06
斯洛伐克	-16.29	-4.62	-1.69	9.03	4.73	5.37	4.49	3.59	-1.34	0.38	2.02
斯洛文尼亚	-9.31	-5.58	2.77	-4.94	2.06	5.57	3.05	1.43	6.85	4.86	1.91
西班牙	1.62	0.33	-2.14	0.94	1.82	1.01	2.47	3.05	2.83	1.92	3.59
瑞士	-1.04	0.65	-0.05	4.68	3.06	1.33	4.08	4.85	3.89	2.59	0.61
瑞典	-3.07	-0.99	-0.70	1.83	0.23	-0.19	2.26	1.62	0.81	3.54	-0.20
土耳其	-1.12	4.25	12.93	-11.31	6.45	5.61	7.69	-0.24	-5.35	10.66	-7.31
英国	-0.87	2.30	4.23	4.97	3.65	2.88	3.84	3.47	1.76	3.61	2.04

续表

年份\国家	1991	1992	1993	1994	1995	1996	1997	1998	1999	2000	2001
美国	-0.57	1.73	1.62	2.17	1.34	2.22	2.66	2.94	3.48	2.75	0.21
高收入国家	0.17	1.28	0.98	2.51	1.83	2.01	2.75	1.84	1.82	3.19	1.10
中等收入国家	0.00	0.77	2.39	2.61	2.52	3.99	3.45	1.04	0.92	3.38	1.16
低收入国家	-2.34	-4.64	-2.32	-0.63	1.33	2.14	1.04	0.96	1.10	0.22	2.01
非OECD 高收入国家	0.41	-3.64	0.64	0.05	-0.24	2.28	5.15	0.01	-1.70	6.34	3.01
OECD 高收入国家	-0.08	1.34	0.71	2.29	2.01	1.81	2.34	1.79	2.58	3.00	0.84
OECD 成员国	-0.18	1.17	0.86	1.92	1.73	1.81	2.27	1.70	2.41	3.19	0.65
全球	-0.56	0.06	0.06	1.46	1.20	1.62	2.04	0.88	1.35	2.62	0.08

年份\国家	2002	2003	2004	2005	2006	2007	2008	2009	2010	2011	2012
澳大利亚	2.36	1.40	2.86	0.03	0.59	2.08	0.95	-0.35	0.29	0.80	2.37
奥地利	-0.24	-0.36	3.10	0.39	1.63	1.43	0.50	-4.74	1.73	2.12	0.14
比利时	-0.58	0.08	1.34	-0.63	2.26	0.88	0.10	-3.09	0.04	2.33	-0.78
加拿大	0.13	-0.51	1.73	2.39	1.44	-0.08	-0.52	-3.34	2.35	1.73	0.63
智利	0.97	1.05	2.92	2.50	1.43	2.22	-0.74	-2.46	-0.34	2.13	3.97
捷克	2.24	4.07	4.86	5.91	6.80	5.59	2.61	-5.27	2.74	1.77	-1.74
丹麦	-0.49	0.64	1.11	2.57	2.31	1.57	-1.87	-5.23	2.13	1.09	0.19

续表

年份 国家	2002	2003	2004	2005	2006	2007	2008	2009	2010	2011	2012
爱沙尼亚	8.66	4.75	5.99	9.58	6.87	7.58	-4.90	-13.66	3.31	8.49	5.15
芬兰	1.56	2.42	4.31	2.02	2.93	4.30	-0.72	-7.66	3.77	2.27	-1.18
法国	-0.11	-1.35	2.07	0.63	1.89	1.44	-0.84	-4.01	1.18	1.84	-0.73
德国	0.05	0.12	0.00	-0.58	2.84	2.64	0.89	-5.24	3.99	2.12	2.44
希腊	2.10	4.40	2.69	1.84	4.55	3.42	-0.37	-3.98	-4.77	-5.76	-6.33
匈牙利	4.47	2.14	4.91	2.83	2.95	0.42	1.46	-6.81	0.37	0.84	-2.86
冰岛	0.11	1.54	8.56	3.67	0.61	3.00	-0.07	-5.13	-4.55	3.15	0.54
爱尔兰	2.53	-.38	1.25	0.55	1.45	1.21	-3.13	-5.45	0.39	2.80	0.37
以色列	-2.23	-0.88	1.82	2.43	2.80	3.47	2.00	-1.81	3.02	2.63	-8.34
意大利	-0.80	-1.36	-0.40	1.43	1.87	1.57	-2.42	-4.77	2.04	0.49	-4.42
日本	0.98	1.94	2.83	1.31	1.73	1.88	-0.78	-5.05	4.46	0.84	1.90
韩国	5.53	2.99	2.99	3.30	4.17	4.23	2.18	0.67	5.12	1.95	0.76
卢森堡	1.06	1.69	1.06	1.96	1.93	5.25	-2.93	-11.06	1.75	-0.12	-4.15
墨西哥	-1.85	0.66	0.07	1.36	1.56	0.90	-1.00	-4.81	1.39	3.37	-0.21
荷兰	-1.63	-0.15	1.51	1.69	2.57	2.04	0.38	-4.55	3.43	0.75	-2.38
新西兰	1.82	2.03	0.91	0.53	-0.56	1.87	-3.07	1.15	-0.45	0.85	2.06
挪威	0.60	1.36	3.36	1.87	1.12	0.14	-2.87	-1.75	-0.03	0.37	1.32

续表

年份 国家	2002	2003	2004	2005	2006	2007	2008	2009	2010	2011	2012
波兰	2.53	3.75	4.91	2.69	6.94	6.80	3.61	0.18	2.31	3.04	1.16
葡萄牙	-0.59	-1.40	1.55	-0.15	0.68	1.74	-0.10	-2.17	1.77	-0.27	-2.66
斯洛伐克	4.51	3.55	4.70	7.23	8.66	10.50	4.18	-4.71	3.93	2.73	0.75
斯洛文尼亚	3.39	4.06	-0.43	3.38	5.15	5.38	3.72	-8.75	1.21	2.65	-2.15
西班牙	-1.16	-0.85	-0.70	0.09	0.79	0.79	-1.95	-4.73	-0.86	-0.32	-1.68
瑞士	1.91	1.86	4.05	0.69	3.08	2.09	-1.64	-5.26	5.59	1.59	0.05
瑞典	-0.68	-1.15	2.15	2.17	2.16	2.13	-0.17	-3.56	2.25	0.19	-0.15
土耳其	4.64	6.03	9.59	6.15	5.42	2.84	-2.34	-8.61	5.29	4.73	0.56
英国	1.25	3.00	2.31	2.30	1.01	3.00	-2.10	-5.63	1.32	0.31	-0.74
美国	1.24	2.31	3.09	2.03	1.33	0.95	-1.40	-2.90	2.79	1.78	2.07
高收入国家	0.75	1.29	2.34	1.63	2.01	1.68	-0.75	-3.95	2.58	1.34	0.87
中等收入国家	2.24	3.54	5.94	5.21	6.92	7.39	4.49	2.11	6.76	4.22	3.52
低收入国家	0.38	1.13	3.36	3.63	3.43	3.85	2.84	2.55	3.81	3.32	3.63
非OECD高收入国家	1.66	3.80	5.84	4.33	5.68	4.28	2.53	-4.64	5.24	3.74	2.20
OECD高收入国家	0.82	1.31	2.20	1.52	1.81	1.67	-0.92	-3.80	2.45	1.28	0.81
OECD成员国	0.72	1.39	2.10	1.52	1.72	1.57	-1.05	-3.99	2.17	1.26	0.52
全球	0.37	1.10	2.41	1.82	2.83	2.77	0.30	-3.10	3.06	1.27	0.90

附录 4-4　OECD成员国基于价值量方法的劳均产出（1978—2013年）

单位：美元/美元

年份 国家	1978	1979	1980	1981	1982	1983	1984	1985	1986	1987	1988	1989	1990	1991	1992	1993	1994	1995	1996
澳大利亚	1.88	1.92	1.88	1.87	1.82	1.94	1.94	1.96	1.98	2.04	2.07	2.03	2.00	2.01	2.03	2.05	2.05	2.04	2.01
奥地利	1.85	1.90	1.89	1.88	1.93	1.99	1.98	1.98	1.96	1.96	1.98	1.99	1.99	1.97	1.95	1.93	1.94	1.96	2.00
比利时	1.78	1.78	1.81	1.82	1.87	1.89	1.91	1.93	1.94	1.97	2.02	2.04	2.01	1.96	1.96	1.95	1.97	1.99	1.99
加拿大	1.85	1.88	1.87	1.86	1.84	1.90	1.93	1.94	1.91	1.92	1.91	1.90	1.87	1.84	1.84	1.88	1.94	1.97	1.99
丹麦	1.95	1.94	1.90	1.92	1.93	1.95	1.99	1.99	1.99	1.91	1.89	1.91	1.92	1.93	1.94	1.94	2.01	2.00	1.99
芬兰	1.90	1.93	1.91	1.86	1.89	1.90	1.91	1.87	1.88	1.87	1.91	1.91	1.85	1.76	1.82	1.95	2.03	2.07	2.06
法国	1.83	1.84	1.81	1.80	1.81	1.83	1.85	1.87	1.92	1.93	1.98	2.00	1.98	1.97	1.96	1.95	1.97	1.97	1.97
德国	1.79	1.80	1.77	1.75	1.79	1.82	1.84	1.85	1.85	1.82	1.84	1.88	1.89	1.85	1.83	1.84	1.88	1.87	1.88
希腊	3.49	3.47	3.47	3.36	3.28	3.23	3.28	3.20	3.38	3.38	3.37	3.17	3.14	3.39	3.50	3.51	3.52	3.42	3.47
冰岛	2.18	2.12	2.16	2.16	2.17	2.39	2.43	2.26	2.27	2.00	1.98	2.17	2.21	2.09	2.06	2.14	2.18	2.12	2.06
爱尔兰	2.08	1.96	1.86	1.91	1.97	1.99	2.04	2.06	2.05	2.08	2.17	2.27	2.26	2.21	2.18	2.19	2.21	2.30	2.32
意大利	2.16	2.18	2.21	2.13	2.21	2.24	2.29	2.30	2.36	2.38	2.41	2.41	2.40	2.39	2.38	2.41	2.49	2.58	2.57
日本	1.90	1.91	1.90	1.89	1.88	1.86	1.87	1.92	1.93	1.94	1.97	1.98	1.98	1.94	1.92	1.89	1.88	1.86	1.88
韩国	2.88	2.77	2.68	2.73	2.70	2.62	2.62	2.64	2.66	2.61	2.52	2.39	2.35	2.28	2.29	2.28	2.28	2.25	2.20
卢森堡	1.99	2.00	1.97	1.91	2.00	2.06	2.12	2.11	2.15	2.08	2.17	2.19	2.16	2.17	2.09	2.14	2.16	2.15	2.15
墨西哥	2.45	2.46	2.57	2.47	2.63	3.16	3.23	3.23	3.25	3.45	3.54	3.57	3.57	3.42	3.21	3.03	2.98	3.39	3.65

续表

国家\年份	1978	1979	1980	1981	1982	1983	1984	1985	1986	1987	1988	1989	1990	1991	1992	1993	1994	1995	1996
荷兰	1.73	1.72	1.74	1.80	1.80	1.84	1.93	1.93	1.90	1.86	1.88	1.93	1.92	1.91	1.88	1.88	1.93	1.97	1.98
新西兰	1.87	1.87	1.83	1.84	1.90	2.08	2.15	2.11	2.12	2.14	2.22	2.28	2.29	2.31	2.33	2.40	2.41	2.42	2.38
挪威	1.87	1.98	2.08	2.11	2.09	2.14	2.20	2.20	2.02	1.95	1.93	2.03	2.07	2.08	2.06	2.11	2.11	2.13	2.18
葡萄牙	1.87	1.93	1.91	1.86	1.87	1.91	1.98	2.06	2.15	2.16	2.22	2.21	2.15	2.04	2.00	2.01	2.10	2.14	2.11
英国	1.77	1.79	1.76	1.80	1.85	1.90	1.91	1.93	1.93	1.99	2.00	1.99	1.96	1.93	1.94	1.98	2.02	2.03	2.07
美国	1.78	1.78	1.76	1.79	1.77	1.81	1.82	1.82	1.80	1.79	1.78	1.80	1.79	1.79	1.78	1.80	1.82	1.82	1.83
瑞典	—	—	—	—	—	—	—	—	—	—	—	—	—	—	—	2.15	2.19	2.27	2.20
瑞士	—	—	—	—	—	—	—	—	—	—	—	—	1.79	1.74	1.72	1.74	1.77	1.75	1.75

国家\年份	1997	1998	1999	2000	2001	2002	2003	2004	2005	2006	2007	2008	2009	2010	2011	2012	2013
澳大利亚	2.04	2.02	2.04	2.04	2.06	2.07	2.09	2.07	2.09	2.09	2.07	2.13	2.11	2.11	2.08	2.07	2.10
奥地利	2.03	2.04	2.04	2.06	2.08	2.10	2.10	2.14	2.17	2.18	2.20	2.16	2.10	2.12	2.14	2.11	2.08
比利时	2.00	2.00	1.99	2.01	1.96	1.95	1.97	2.02	2.04	2.05	2.04	1.99	1.95	2.00	1.99	1.96	1.96
加拿大	1.99	1.96	1.99	2.01	1.99	1.99	2.01	2.02	2.03	2.00	2.00	2.01	1.93	1.98	2.00	1.98	1.97
丹麦	2.00	1.96	1.95	2.00	1.97	1.95	1.94	1.97	1.98	1.98	1.93	1.89	1.81	1.89	1.90	1.91	1.90
芬兰	2.12	2.14	2.12	2.14	2.15	2.14	2.14	2.14	2.11	2.11	2.16	2.11	1.99	2.02	2.03	1.98	2.00
法国	1.98	2.00	1.98	1.98	1.97	1.95	1.95	1.96	1.96	1.97	1.99	1.98	1.91	1.92	1.93	1.92	1.91

续表

年份 国家	1997	1998	1999	2000	2001	2002	2003	2004	2005	2006	2007	2008	2009	2010	2011	2012	2013
德国	1.91	1.92	1.91	1.39	1.91	1.93	1.93	1.97	2.01	2.05	2.10	2.06	1.97	2.01	2.02	1.98	1.97
希腊	3.38	3.32	3.22	3.23	3.21	2.98	3.02	3.03	2.92	2.99	2.98	2.94	2.81	2.79	2.83	2.93	3.08
冰岛	2.07	1.99	1.91	1.87	1.91	1.88	1.84	1.87	1.82	1.76	1.78	1.86	2.10	2.06	2.00	1.94	1.91
爱尔兰	2.40	2.46	2.52	2.59	2.61	2.71	2.67	2.63	2.57	2.53	2.47	2.26	2.23	2.35	2.44	2.46	2.41
意大利	2.56	2.67	2.66	2.71	2.69	2.66	2.64	2.66	2.62	2.60	2.61	2.55	2.48	2.50	2.52	2.50	2.50
日本	1.88	1.87	1.88	1.90	1.89	1.92	1.96	2.00	1.98	1.98	2.01	1.96	1.94	1.98	1.92	1.93	1.93
韩国	2.28	2.36	2.43	2.44	2.41	2.42	2.36	2.35	2.29	2.27	2.28	2.29	2.30	2.36	2.34	2.30	2.26
卢森堡	2.11	2.12	2.21	2.19	2.04	2.00	2.02	2.03	2.06	2.12	2.09	2.03	1.91	2.00	2.05	2.04	2.00
墨西哥	3.56	3.45	3.38	3.37	3.24	3.24	3.33	3.47	3.50	3.59	3.61	3.59	3.48	3.63	3.70	3.71	3.71
荷兰	2.01	2.00	1.98	1.99	2.00	1.97	1.97	2.00	2.04	2.09	2.09	2.07	1.98	2.03	2.02	1.98	1.98
新西兰	2.37	2.36	2.45	2.46	2.46	2.43	2.41	2.38	2.32	2.28	2.28	2.19	2.22	2.25	2.28	2.31	2.34
挪威	2.18	2.02	2.05	2.32	2.27	2.16	2.18	2.29	2.41	2.45	2.34	2.36	2.13	2.22	2.24	2.23	2.18
葡萄牙	2.11	2.10	2.10	2.08	2.08	2.08	2.08	2.11	2.09	2.14	2.17	2.14	2.10	2.12	2.16	2.23	2.23
英国	2.04	1.98	1.93	1.91	1.86	1.89	1.92	1.92	1.93	1.91	1.90	1.92	1.87	1.91	1.95	1.95	1.96
美国	1.82	1.79	1.78	1.75	1.75	1.79	1.81	1.82	1.84	1.84	1.83	1.82	1.85	1.88	1.87	1.88	1.89
瑞典	2.20	2.30	2.29	2.22	2.17	2.17	2.18	2.22	2.22	2.26	2.23	2.18	2.12	2.20	2.16	2.09	2.09
瑞士	1.77	1.78	1.78	1.80	1.74	1.69	1.70	1.75	1.76	1.79	1.81	1.80	1.73	1.77	1.74	1.71	1.69

附录 4-5　OECD 成员国基于价值量方法的劳均产出增长率（1979—2013 年）

单位：%

年份 国家	1979	1980	1981	1982	1983	1984	1985	1986	1987	1988	1989	1990	1991	1992	1993	1994	1995	1996
澳大利亚	1.83	-2.06	-0.43	-2.79	6.61	0.13	0.70	1.07	3.12	1.52	-2.12	-1.22	0.57	0.92	0.86	0.13	-0.38	-1.74
奥地利	3.06	-0.40	-0.98	2.97	2.84	-0.24	-0.26	-0.62	-0.15	0.97	0.67	-0.26	-1.12	-1.01	-0.94	0.63	0.95	2.10
比利时	0.04	1.97	0.25	2.58	1.53	0.86	1.05	0.47	1.39	2.67	1.09	-1.62	-2.64	-0.01	-0.46	1.46	0.68	0.01
加拿大	1.52	-0.53	-0.54	-1.22	3.44	1.47	0.28	-1.22	0.27	-0.23	-0.63	-1.59	-1.84	0.07	2.12	3.42	1.55	1.06
丹麦	-0.68	-2.24	1.16	0.79	0.74	2.00	0.20	-0.09	-3.80	-1.27	1.37	0.13	0.63	0.77	-0.24	3.60	-0.54	-0.30
芬兰	1.43	-1.29	-2.29	1.51	0.67	0.58	-2.19	0.40	-0.76	2.38	0.00	-3.07	-4.70	3.15	6.93	4.10	2.19	-0.59
法国	0.59	-1.31	-0.57	0.16	1.06	1.22	1.25	2.48	0.76	2.36	1.26	-1.03	-0.74	-0.22	-0.60	1.23	-0.30	-0.01
德国	0.30	-1.62	-0.14	1.00	2.16	0.92	0.48	0.04	-1.76	1.21	2.16	0.58	-2.23	-1.14	0.68	1.93	-0.09	0.49
希腊	-0.53	0.02	-3.07	-2.62	-1.38	1.40	-2.40	5.74	0.13	-0.49	-5.99	-0.87	7.95	3.27	0.31	0.38	-2.88	1.35
冰岛	-2.81	1.96	0.18	0.23	10.37	1.67	-6.92	0.03	-11.9	-0.69	9.33	2.14	-5.68	-1.29	3.62	2.28	-2.89	-2.83
爱尔兰	-5.62	-4.83	2.40	3.25	1.04	2.29	1.16	-0.67	1.69	4.16	4.60	-0.41	-2.37	-1.03	0.28	1.09	3.76	0.89
意大利	0.88	1.52	-1.49	1.34	1.36	2.50	0.49	2.32	0.85	1.28	0.22	-0.74	-0.31	-0.31	1.02	3.42	3.89	-0.72
日本	0.28	-0.18	-0.71	-0.66	-1.08	0.76	2.69	0.41	0.49	1.59	0.53	-0.19	-1.86	-0.80	-1.52	-0.97	-0.59	0.77
韩国	-3.95	-2.98	1.84	-1.37	-2.81	-0.14	1.00	0.73	-2.06	-3.30	-5.18	-1.80	-2.95	0.31	-0.26	-0.03	-1.49	-2.07
卢森堡	0.68	-1.55	-2.94	4.78	3.10	2.67	-0.19	1.63	-3.00	3.96	1.23	-1.65	0.39	-3.57	2.54	0.64	-0.23	0.01

续表

年份 国家	1979	1980	1981	1982	1983	1984	1985	1986	1987	1988	1989	1990	1991	1992	1993	1994	1995	1996
墨西哥	0.46	4.60	-3.80	6.39	19.97	2.43	-0.07	0.46	6.37	2.55	0.79	0.03	-4.36	-6.10	-5.37	-1.68	13.71	7.69
荷兰	-0.73	1.34	3.23	0.28	2.14	4.95	-0.32	-1.26	-2.47	1.46	2.65	-0.42	-0.55	-1.56	0.04	2.59	1.71	0.60
新西兰	0.05	-2.24	0.90	3.13	9.38	3.30	-1.96	0.60	0.84	3.74	2.63	0.68	0.76	0.85	3.14	0.30	0.54	-1.55
挪威	5.61	5.24	1.20	-0.92	2.56	2.91	-0.10	-8.41	-3.03	-1.39	5.30	1.99	0.65	-1.07	2.51	-0.24	1.19	2.15
葡萄牙	3.01	-0.95	-2.56	0.88	2.08	3.65	3.87	4.25	0.71	2.65	-0.44	-2.94	-4.97	-1.96	0.39	4.70	1.73	-1.36
英国	0.95	-1.37	1.96	3.28	2.31	0.51	1.28	-0.14	2.98	0.70	-0.63	-1.54	-1.18	0.20	2.29	1.92	0.56	1.92
美国	-0.43	-0.96	1.61	-1.27	2.31	0.87	-0.15	-0.89	-0.91	-0.38	1.10	-0.67	-0.03	-0.41	1.07	1.22	0.06	0.45

年份 国家	1997	1998	1999	2000	2001	2002	2003	2004	2005	2006	2007	2008	2009	2010	2011	2012	2013
澳大利亚	1.40	-0.97	0.97	0.00	1.46	0.14	0.87	-0.56	0.87	-0.30	-0.58	2.71	-0.89	-0.02	-1.29	-0.50	1.17
奥地利	1.60	0.22	0.15	1.14	1.05	0.94	-0.18	1.98	1.46	0.48	0.87	-1.79	-2.88	0.82	0.96	-1.36	-1.16
比利时	0.65	0.18	-0.90	1.06	-2.43	-0.35	0.87	2.74	0.81	0.28	-0.03	-2.50	-2.30	2.57	-0.59	-1.27	-0.24
加拿大	-0.17	-1.36	1.60	0.70	-0.77	0.03	0.69	0.65	0.64	-1.45	-0.12	0.70	-4.33	2.77	0.95	-1.13	-0.25
丹麦	0.44	-2.14	-0.29	2.61	-1.77	-0.77	-0.73	1.76	0.41	0.06	-2.79	-1.78	-4.22	4.05	0.58	0.54	-0.27
芬兰	2.98	0.82	-0.55	0.90	0.30	-0.47	-0.21	0.36	-1.40	-0.07	2.37	-2.60	-5.48	1.72	0.41	-2.37	0.53
法国	0.63	0.72	-0.93	0.00	-0.50	-0.87	-0.21	0.95	-0.09	0.27	0.92	-0.49	-3.12	0.37	0.27	-0.48	-0.18

续表

年份 国家	1997	1998	1999	2000	2001	2002	2003	2004	2005	2006	2007	2008	2009	2010	2011	2012	2013
德国	1.62	0.43	-0.56	-1.33	1.44	0.73	0.36	2.08	1.56	2.29	2.23	-1.72	-4.30	1.90	0.48	-1.86	-0.60
希腊	-2.55	-1.84	-3.01	0.30	-0.49	-7.28	1.26	0.41	-3.59	2.54	-0.55	-1.31	-4.30	-0.73	1.30	3.47	5.13
冰岛	0.53	-3.78	-4.21	-1.96	1.94	-1.40	-2.17	1.38	-2.36	-3.41	0.92	5.00	12.63	-1.91	-2.94	-2.87	-1.51
爱尔兰	3.41	2.78	2.54	2.66	0.59	3.86	-1.53	-1.19	-2.61	-1.29	-2.35	-8.58	-1.19	5.41	3.65	0.91	-2.10
意大利	-0.21	4.46	-0.37	1.60	-0.59	-0.99	-0.79	0.47	-1.42	-0.51	0.16	-2.08	-2.97	0.84	0.64	-0.59	-0.10
日本	0.07	-0.57	0.72	0.68	-0.09	1.53	1.83	1.90	-0.53	-0.11	1.57	-2.62	-1.20	2.26	-2.93	0.24	0.24
韩国	3.59	3.60	3.19	0.11	-1.17	0.30	-2.29	-0.31	-2.65	-1.06	0.50	0.37	0.54	2.61	-0.96	-1.63	-1.63
卢森堡	-1.86	0.33	4.32	-0.82	-7.11	-1.83	1.11	0.40	1.52	3.15	-1.58	-2.67	-6.12	4.93	2.48	-0.67	-2.11
墨西哥	-2.59	-3.17	-2.02	-0.28	-3.79	-0.02	2.71	4.44	0.84	2.34	0.75	-0.54	-3.16	4.20	1.96	0.23	0.23
荷兰	1.50	-0.25	-1.19	0.39	0.54	-1.19	-0.24	1.38	2.30	2.45	0.02	-1.13	-4.20	2.64	-0.62	-1.96	-0.01
新西兰	-0.48	-0.42	3.51	0.58	0.10	-1.33	-0.74	-1.26	-2.58	-1.56	0.01	-4.20	1.53	1.27	1.27	1.27	1.27
挪威	-0.10	-7.37	1.81	12.95	-2.28	-4.79	1.08	4.93	5.23	1.91	-4.75	0.87	-9.58	3.91	1.27	-0.75	-2.01
葡萄牙	-0.08	-0.43	-0.07	-0.86	-0.05	0.37	-0.03	1.09	-0.56	1.95	1.40	-1.24	-1.90	1.08	1.78	3.27	0.04
英国	-1.26	-3.33	-2.31	-0.99	-2.51	1.50	1.34	-0.10	0.72	-0.74	-0.53	0.63	-2.35	1.93	2.44	-0.27	0.36
美国	-0.32	-1.96	-0.29	-1.63	0.03	1.74	1.19	0.70	1.42	-0.03	-0.73	-0.61	1.66	1.52	-0.15	0.07	0.95

附表 5-1　OECD 成员国的劳动收入份额（1978—2013 年）

单位：%

国家\年份	1978	1979	1980	1981	1982	1983	1984	1985	1986	1987	1988
澳大利亚	58.47	57.66	58.96	59.13	61.20	57.55	57.76	57.32	56.67	55.07	54.13
瑞典	—	—	—	—	—	—	—	—	—	—	—
瑞士	—	—	—	—	—	—	—	—	—	—	—
美国	60.80	61.31	61.88	60.86	60.87	60.26	59.40	59.60	60.40	60.40	60.12
英国	62.81	62.73	63.97	63.24	61.34	59.57	59.27	58.34	58.77	57.07	56.62
荷兰	62.76	63.11	62.05	59.95	59.73	58.42	55.70	55.89	56.80	58.21	57.45
西班牙	—	—	—	—	—	—	—	—	—	—	—
奥地利	61.73	59.89	60.11	60.72	58.78	57.25	57.94	57.89	57.83	57.93	57.63
比利时	61.68	61.58	60.48	60.42	59.17	58.30	57.52	57.02	56.64	56.35	54.88
意大利	48.97	48.23	47.70	48.24	47.80	47.47	46.31	46.08	45.08	44.99	44.82
日本	55.63	55.77	55.81	56.23	56.57	57.10	56.93	55.56	55.25	55.38	54.58
斯洛伐克	—	—	—	—	—	—	—	—	—	—	—
斯洛文尼亚	—	—	—	—	—	—	—	—	—	—	—
葡萄牙	56.67	54.94	56.05	57.53	57.78	57.05	54.90	52.98	51.92	51.59	50.69
波兰	—	—	—	—	—	—	—	—	—	—	—
挪威	59.21	56.11	53.19	53.02	53.21	52.45	51.05	51.91	57.45	58.84	58.77
捷克	—	—	—	—	—	—	—	—	—	—	—

附　录　223

续表

年份 国家	1978	1979	1980	1981	1982	1983	1984	1985	1986	1987	1988
智利	—	—	—	—	—	—	—	—	—	—	—
芬兰	58.52	57.42	58.22	59.75	58.93	58.46	58.60	60.06	60.03	60.71	60.09
法国	62.63	62.70	63.16	63.48	63.54	62.81	62.06	61.33	59.61	59.31	58.13
墨西哥	42.11	42.10	40.58	42.13	39.89	33.00	32.33	32.59	32.19	30.56	29.71
爱尔兰	51.66	54.46	58.55	58.33	57.05	56.63	55.02	53.70	54.25	53.28	50.83
爱沙尼亚	—	—	—	—	—	—	—	—	—	—	—
希腊	31.15	31.38	30.96	31.58	32.65	33.33	32.95	33.46	31.91	32.11	32.23
新西兰	57.77	58.15	59.71	58.97	57.26	52.70	51.41	52.39	53.10	54.14	51.85
德国	61.28	61.23	62.24	62.19	61.49	60.23	59.65	59.18	58.97	59.98	59.21
丹麦	59.51	60.54	61.76	60.92	59.79	59.45	58.41	58.65	59.72	61.72	62.19
加拿大	60.01	58.57	58.47	59.84	60.69	58.39	57.39	57.29	58.58	58.65	59.03
匈牙利	—	—	—	—	—	—	—	—	—	—	—
冰岛	56.26	57.67	57.15	57.93	57.63	51.04	51.17	54.38	54.11	62.30	62.78
以色列	—	—	—	—	—	—	—	—	—	—	—
卢森堡	53.71	53.15	54.37	55.73	53.41	52.26	51.06	51.64	50.64	52.27	50.28
韩国	38.87	40.52	42.03	41.30	41.95	43.37	43.04	42.40	42.00	42.77	44.12

续表

年份 国家	1989	1990	1991	1992	1993	1994	1995	1996	1997	1998	1999
澳大利亚	55.17	55.74	55.21	54.59	54.48	54.58	54.86	55.81	54.98	55.55	55.04
瑞典	—	—	—	—	56.98	55.80	53.72	56.36	56.39	55.72	55.99
瑞士	—	56.86	58.20	58.65	58.12	57.03	58.05	57.89	57.40	57.04	57.58
美国	60.20	60.93	61.08	61.49	61.09	60.28	59.67	59.03	58.85	59.47	59.73
英国	56.74	57.43	58.56	58.48	56.95	55.98	55.89	54.66	55.55	57.59	59.26
荷兰	55.92	56.35	56.73	57.61	58.05	56.51	56.10	55.96	55.13	55.29	56.16
西班牙	—	—	—	—	—	—	52.05	52.12	53.19	53.33	53.73
奥地利	57.29	57.27	57.78	58.40	58.96	58.97	57.74	57.03	56.41	56.10	56.18
比利时	54.58	55.46	56.86	56.98	57.43	56.86	56.33	56.55	56.50	56.34	57.04
意大利	44.72	45.41	45.75	45.99	45.78	44.34	42.88	43.12	43.55	43.09	43.14
日本	54.18	54.43	55.06	55.86	56.55	57.16	57.58	57.27	57.18	57.95	57.53
斯洛伐克	—	—	—	—	—	—	43.34	44.93	45.89	46.28	44.43
斯洛文尼亚	—	—	—	—	—	—	62.74	61.25	58.73	57.99	57.35
葡萄牙	50.77	52.24	54.93	56.57	55.83	53.67	52.79	53.47	53.51	54.00	54.08
波兰	—	—	45.70	50.19	48.35	46.89	47.16	48.66	49.39	49.29	49.11
挪威	55.23	53.88	53.55	54.35	53.33	53.68	53.44	52.41	52.69	56.96	55.81
捷克	—	—	—	42.13	43.47	44.44	43.03	44.21	44.49	42.28	41.93

续表

年份 国家	1989	1990	1991	1992	1993	1994	1995	1996	1997	1998	1999
智利	—	—	—	—	—	—	—	43.03	43.69	45.91	46.98
芬兰	60.05	61.38	64.11	61.86	57.77	55.62	54.06	54.82	53.68	53.15	53.44
法国	57.30	57.85	58.23	58.15	58.57	58.37	58.72	59.07	58.75	58.27	58.76
墨西哥	29.50	29.55	30.92	32.95	34.71	35.27	31.11	28.96	29.82	30.61	31.23
爱尔兰	49.70	48.81	49.88	50.81	50.14	50.29	48.48	47.83	46.33	45.21	44.21
爱沙尼亚	—	—	—	—	—	—	59.50	56.66	55.34	53.40	51.63
希腊	33.95	34.80	32.61	31.78	31.40	31.25	32.29	32.04	32.97	33.57	34.98
新西兰	51.19	50.88	50.29	49.61	47.90	47.74	47.39	48.09	48.28	48.36	46.64
德国	58.17	58.01	58.64	59.50	59.29	58.32	58.15	57.85	57.01	56.82	57.48
丹麦	60.73	60.27	59.75	58.80	59.15	57.37	57.73	58.16	58.21	60.10	60.22
加拿大	59.81	60.87	62.28	62.41	61.22	59.02	58.06	57.41	57.51	58.24	57.18
匈牙利	—	—	—	—	—	—	53.64	52.35	51.16	50.92	50.01
冰岛	56.35	54.66	57.78	57.37	55.25	53.85	55.64	57.46	57.04	59.34	62.73
以色列	—	—	—	—	—	—	56.54	58.19	58.67	58.13	58.27
卢森堡	49.83	50.73	50.52	52.46	51.80	51.27	51.43	51.29	52.75	52.81	50.93
韩国	46.36	47.46	48.64	48.55	48.59	48.83	49.63	50.94	49.34	46.95	46.05

附　录　227

续表

年份 国家	2000	2001	2002	2003	2004	2005	2006	2007	2008	2009	2010	2011	2012	2013
澳大利亚	55.48	54.51	54.67	54.16	54.16	53.57	53.63	53.84	51.86	52.56	52.45	52.95	53.49	53.04
瑞典	56.89	58.54	58.49	57.99	56.95	56.88	55.59	56.35	57.79	59.68	57.19	57.98	59.97	60.14
瑞士	57.34	59.01	60.49	60.08	58.76	58.44	57.38	56.75	57.48	59.72	58.31	59.35	60.12	60.69
美国	60.31	60.13	59.54	59.20	58.86	57.92	57.21	58.67	59.35	58.28	57.28	57.03	56.31	55.76
英国	59.83	61.15	60.13	59.16	59.23	58.51	58.90	59.22	58.58	59.64	59.26	58.23	58.42	58.36
荷兰	55.90	55.92	56.44	56.62	55.99	54.89	53.67	53.52	53.95	55.77	54.52	54.67	55.77	56.14
西班牙	53.63	53.29	53.06	53.23	53.18	53.44	53.54	53.72	54.61	54.68	54.84	53.99	52.27	51.67
奥地利	55.36	54.84	54.39	54.31	53.19	52.43	51.99	51.58	52.55	54.27	53.85	53.45	54.32	54.96
比利时	56.44	57.53	57.78	57.19	55.83	55.18	54.91	54.76	55.95	57.12	55.64	55.86	56.84	56.87
意大利	42.36	42.32	42.79	43.02	42.89	43.66	44.20	44.08	44.60	45.71	45.62	45.42	46.14	45.93
日本	57.06	57.20	56.26	55.14	54.21	54.62	54.86	53.91	55.40	55.77	54.64	56.46	56.32	51.75
斯洛伐克	44.59	43.15	43.28	42.26	39.96	40.72	39.62	39.09	38.75	41.09	40.44	40.90	40.69	40.85
斯洛文尼亚	58.41	58.78	57.99	57.60	57.79	57.79	56.91	55.96	56.79	58.51	59.31	58.51	58.75	58.14
葡萄牙	54.55	54.49	54.58	54.86	53.57	54.69	53.97	53.05	53.52	53.65	53.33	52.71	51.01	50.96
波兰	47.10	47.99	46.19	45.04	42.30	42.08	41.74	41.92	44.24	42.39	42.84	42.12	41.95	41.75
挪威	48.72	49.68	52.13	51.29	48.83	46.22	45.44	47.94	46.82	52.11	50.19	49.36	49.66	50.74
捷克	41.92	41.77	43.10	43.32	43.53	43.71	43.33	43.22	43.98	43.66	43.98	44.39	45.14	44.88

续表

年份 国家	2000	2001	2002	2003	2004	2005	2006	2007	2008	2009	2010	2011	2012	2013
智利	45.43	45.55	45.32	44.13	41.26	39.53	35.81	36.17	40.88	42.22	40.22	41.62	43.71	—
芬兰	52.68	52.27	52.72	53.11	52.71	53.54	53.54	52.03	53.25	56.55	55.61	55.97	57.55	57.51
法国	58.43	58.40	58.87	58.98	58.65	58.87	58.64	57.99	58.10	59.89	59.49	59.71	60.09	60.40
墨西哥	31.48	32.74	32.58	31.91	30.31	29.97	29.18	28.97	28.74	30.19	28.95	28.21	28.01	—
爱尔兰	43.17	42.41	40.77	41.58	42.41	43.68	44.72	45.57	49.13	49.06	46.69	44.78	44.53	45.74
爱沙尼亚	50.88	50.32	50.12	50.05	49.98	49.55	49.95	51.77	55.83	58.09	53.58	51.52	51.91	52.64
希腊	35.11	35.36	37.77	37.04	36.72	38.16	37.48	37.77	38.23	39.46	40.20	39.88	38.46	36.72
新西兰	46.23	46.07	46.93	47.25	47.85	49.14	49.98	49.78	51.88	51.17	50.51	—	—	—
德国	58.29	57.43	57.03	56.98	55.69	54.87	53.62	52.81	53.74	56.21	55.04	54.94	56.07	56.36
丹麦	58.17	59.33	59.87	60.26	59.42	59.52	59.49	61.27	61.80	64.09	61.68	61.34	61.08	61.38
加拿大	56.38	56.60	56.82	56.18	55.77	55.27	55.94	55.92	55.13	57.94	56.25	55.55	56.25	56.36
匈牙利	51.80	51.57	51.61	53.12	52.90	53.08	52.13	53.27	53.13	53.07	52.64	52.07	52.75	52.12
冰岛	63.55	60.77	61.56	63.47	63.38	65.78	68.67	67.11	61.81	53.81	55.10	56.79	58.90	59.78
以色列	57.84	59.57	58.51	56.99	56.03	55.90	55.93	56.42	56.31	53.64	53.90	54.17	52.87	—
卢森堡	51.72	55.46	56.16	55.59	55.84	55.12	53.07	54.17	55.16	58.83	55.87	54.55	55.08	56.64
韩国	46.16	46.85	46.83	47.76	47.54	48.81	49.48	49.26	49.15	48.53	47.40	47.71	48.48	48.48

附录 229

附录5-2　OECD成员国的资本收入份额（1978—2013年）

单位:%

年份 国家	1978	1979	1980	1981	1982	1983	1984	1985	1986	1987	1988
澳大利亚	41.53	42.34	41.04	40.87	38.80	42.45	42.24	42.68	43.33	44.93	45.87
瑞典	—	—	—	—	—	—	—	—	—	—	—
瑞士	—	—	—	—	—	—	—	—	—	—	—
美国	39.20	38.69	38.12	39.14	39.13	39.74	40.60	40.40	39.60	39.60	39.88
英国	37.19	37.27	36.03	36.76	38.66	40.43	40.73	41.66	41.23	42.93	43.38
荷兰	37.24	36.89	37.95	40.05	40.27	41.58	44.30	44.11	43.20	41.79	42.55
西班牙	—	—	—	—	—	—	—	—	—	—	—
奥地利	38.27	40.11	39.89	39.28	41.22	42.75	42.06	42.11	42.17	42.07	42.37
比利时	38.32	38.42	39.52	39.58	40.83	41.70	42.48	42.98	43.36	43.65	45.12
意大利	51.03	51.77	52.30	51.76	52.20	52.53	53.69	53.92	54.92	55.01	55.18
日本	44.37	44.23	44.19	43.77	43.43	42.90	43.07	44.44	44.75	44.62	45.42
斯洛伐克	—	—	—	—	—	—	—	—	—	—	—
斯洛文尼亚	—	—	—	—	—	—	—	—	—	—	—
葡萄牙	43.33	45.06	43.95	42.47	42.22	42.95	45.10	47.02	48.08	48.41	49.31
波兰	—	—	—	—	—	—	—	—	—	—	—
挪威	40.79	43.89	46.81	46.98	46.79	47.55	48.95	48.09	42.55	41.16	41.23
捷克	—	—	—	—	—	—	—	—	—	—	—

续表

年份 国家	1978	1979	1980	1981	1982	1983	1984	1985	1986	1987	1988
智利	—	—	—	—	—	—	—	—	—	—	—
芬兰	41.48	42.58	41.78	40.25	41.07	41.54	41.40	39.94	39.97	39.29	39.91
法国	37.37	37.30	36.84	36.52	36.46	37.19	37.94	38.67	40.39	40.69	41.87
墨西哥	57.89	57.90	59.42	57.87	60.11	67.00	67.67	67.41	67.81	69.44	70.29
爱尔兰	48.34	45.54	41.45	41.67	42.95	43.37	44.98	46.30	45.75	46.72	49.17
爱沙尼亚	—	—	—	—	—	—	—	—	—	—	—
希腊	68.85	68.62	69.04	68.42	67.35	66.67	67.05	66.54	68.09	67.89	67.77
新西兰	42.23	41.85	40.29	41.03	42.74	47.30	48.59	47.61	46.90	45.86	48.15
德国	38.72	38.77	37.76	37.81	38.51	39.77	40.35	40.82	41.03	40.02	40.79
丹麦	40.49	39.46	38.24	39.08	40.21	40.55	41.59	41.35	40.28	38.28	37.81
加拿大	39.99	41.43	41.53	40.16	39.31	41.61	42.61	42.71	41.42	41.35	40.97
匈牙利	—	—	—	—	—	—	—	—	—	—	—
冰岛	43.74	42.33	42.85	42.07	42.37	48.96	48.83	45.62	45.89	37.70	37.22
以色列	—	—	—	—	—	—	—	—	—	—	—
卢森堡	46.29	46.85	45.63	44.27	46.59	47.74	48.94	48.36	49.36	47.73	49.72
韩国	61.13	59.48	57.97	58.70	58.05	56.63	56.96	57.60	58.00	57.23	55.88

续表

年份 国家	1989	1990	1991	1992	1993	1994	1995	1996	1997	1998	1999
澳大利亚	44.83	44.26	44.79	45.41	45.52	45.42	45.14	44.19	45.02	44.45	44.96
瑞典	—	43.14	41.80	—	43.02	44.20	46.28	43.64	43.61	44.28	44.01
瑞士	—	43.14	41.80	41.35	41.88	42.97	41.95	42.11	42.60	42.96	42.42
美国	39.80	39.07	38.92	38.51	38.91	39.72	40.33	40.97	41.15	40.53	40.27
英国	43.26	42.57	41.44	41.52	43.05	44.02	44.11	45.34	44.45	42.41	40.74
荷兰	44.08	43.65	43.27	42.39	41.95	43.49	43.90	44.04	44.87	44.71	43.84
西班牙	—	—	—	—	—	—	47.95	47.88	46.81	46.67	46.27
奥地利	42.71	42.73	42.22	41.60	41.04	41.03	42.26	42.97	43.59	43.90	43.82
比利时	45.42	44.54	43.14	43.02	42.57	43.14	43.67	43.45	43.50	43.66	42.96
意大利	55.28	54.59	54.25	54.01	54.22	55.66	57.12	56.88	56.45	56.91	56.86
日本	45.82	45.57	44.94	44.14	43.45	42.84	42.42	42.73	42.82	42.05	42.47
斯洛伐克	—	—	—	—	—	—	56.66	55.07	54.11	53.72	55.57
斯洛文尼亚	—	—	—	—	—	—	37.26	38.75	41.27	42.01	42.65
葡萄牙	49.23	47.76	45.07	43.43	44.17	46.33	47.21	46.53	46.49	46.00	45.92
挪威	—	—	54.30	49.81	51.65	53.11	52.84	51.34	50.61	50.71	50.89
捷克	44.77	46.12	46.45	45.65	46.67	46.32	46.56	47.59	47.31	43.04	44.19
智利	—	—	—	57.87	56.53	55.56	56.97	55.79	55.51	57.72	58.07
	—	—	—	—	—	—	—	56.97	56.31	54.09	53.02

续表

年份 国家	1989	1990	1991	1992	1993	1994	1995	1996	1997	1998	1999
芬兰	39.95	38.62	35.89	38.14	42.23	44.38	45.94	45.18	46.32	46.85	46.56
法国	42.70	42.15	41.77	41.85	41.43	41.63	41.28	40.93	41.25	41.73	41.24
墨西哥	70.50	70.45	69.08	67.05	65.29	64.73	68.89	71.04	70.18	69.39	68.77
爱尔兰	50.30	51.19	50.12	49.19	49.86	49.71	51.52	52.17	53.67	54.79	55.79
爱沙尼亚	—	—	—	—	—	—	40.50	43.34	44.66	46.60	48.37
希腊	66.05	65.20	67.39	68.22	68.60	68.75	67.71	67.96	67.03	66.43	65.02
新西兰	48.81	49.12	49.71	50.39	52.10	52.26	52.61	51.91	51.72	51.64	53.36
德国	41.83	41.99	41.36	40.50	40.71	41.68	41.85	42.15	42.99	43.18	42.52
丹麦	39.27	39.73	40.25	41.20	40.85	42.63	42.27	41.84	41.79	39.90	39.78
加拿大	40.19	39.13	37.72	37.59	38.78	40.98	41.94	42.59	42.49	41.76	42.82
匈牙利	—	—	—	—	—	—	46.36	47.65	48.84	49.08	49.99
冰岛	43.65	45.34	42.22	42.63	44.75	46.15	44.36	42.54	42.96	40.66	37.27
以色列	—	—	—	—	—	—	43.46	41.81	41.33	41.87	41.73
卢森堡	50.17	49.27	49.48	47.54	48.20	48.73	48.57	48.71	47.25	47.19	49.07
韩国	53.64	52.54	51.36	51.45	51.41	51.17	50.37	49.06	50.66	53.05	53.95

续表

年份国家	2000	2001	2002	2003	2004	2005	2006	2007	2008	2009	2010	2011	2012	2013
澳大利亚	44.52	45.49	45.33	45.84	45.84	46.43	46.37	46.16	48.14	47.44	47.55	47.05	46.51	46.96
瑞典	43.11	41.46	41.51	42.01	43.05	43.12	44.41	43.65	42.21	40.32	42.81	42.02	40.03	39.86
瑞士	42.66	40.99	39.51	39.92	41.24	41.56	42.62	43.25	42.52	40.28	41.69	40.65	39.88	39.31
美国	39.69	39.87	40.46	40.80	41.14	42.08	42.79	41.33	40.65	41.72	42.72	42.97	43.69	44.24
英国	40.17	38.85	39.87	40.84	40.77	41.49	41.10	40.78	41.42	40.36	40.74	41.77	41.58	41.64
荷兰	44.10	44.08	43.56	43.38	44.01	45.11	46.33	46.48	46.05	44.23	45.48	45.33	44.23	43.86
西班牙	46.37	46.71	46.94	46.77	46.82	46.56	46.46	46.28	45.39	45.32	45.16	46.01	47.73	48.33
奥地利	44.64	45.16	45.61	45.69	46.81	47.57	48.01	48.42	47.45	45.73	46.15	46.55	45.68	45.04
比利时	43.56	42.47	42.22	42.81	44.17	44.82	45.09	45.24	44.05	42.88	44.36	44.14	43.16	43.13
意大利	57.64	57.68	57.21	56.98	57.11	56.34	55.80	55.92	55.40	54.29	54.38	54.58	53.86	54.07
日本	42.94	42.80	43.74	44.86	45.79	45.38	45.14	46.09	44.60	44.23	45.36	43.54	43.68	—
斯洛伐克	55.41	56.85	56.72	57.74	60.04	59.28	60.38	60.91	61.25	58.91	59.56	59.10	59.31	59.15
斯洛文尼亚	41.59	41.22	42.31	42.40	42.21	42.21	43.09	44.04	43.21	41.49	40.69	41.49	41.25	41.86
葡萄牙	45.45	45.51	45.42	45.14	46.03	45.31	46.03	46.95	46.48	46.35	46.67	47.29	48.99	49.04
波兰	52.90	52.01	53.81	54.96	57.70	57.92	58.26	58.08	55.76	57.61	57.16	57.88	58.05	58.25
挪威	51.28	50.32	47.87	48.71	51.17	53.78	54.56	52.06	53.18	47.89	49.81	50.64	50.34	49.26

续表

国家\年份	2000	2001	2002	2003	2004	2005	2006	2007	2008	2009	2010	2011	2012	2013
捷克	58.08	58.23	56.90	56.68	56.47	56.29	56.67	56.78	56.02	56.34	56.02	55.61	54.86	55.12
智利	54.57	54.45	54.68	55.87	58.74	60.47	64.19	63.83	59.12	57.78	59.78	58.38	56.29	—
芬兰	47.32	47.73	47.28	46.89	47.29	46.46	46.46	47.97	46.75	43.45	44.39	44.03	42.45	42.49
法国	41.57	41.60	41.13	41.02	41.35	41.13	41.36	42.01	41.90	40.11	40.51	40.29	39.91	39.60
墨西哥	68.52	67.26	67.42	68.09	69.69	70.03	70.82	71.03	71.26	69.81	71.05	71.79	71.99	—
爱尔兰	56.83	57.59	59.23	58.42	57.59	56.32	55.28	54.43	50.87	50.94	53.31	55.22	55.47	54.26
爱沙尼亚	49.12	49.68	49.88	49.95	50.02	50.45	50.05	48.23	44.17	41.91	46.42	48.48	48.09	47.36
希腊	64.89	64.64	62.23	62.96	63.28	61.84	62.52	62.23	61.77	60.54	59.80	60.12	61.54	63.28
新西兰	53.77	53.93	53.07	52.75	52.15	50.86	50.02	50.22	48.12	48.83	49.49	—	—	—
德国	41.71	42.57	42.97	43.02	44.31	45.13	46.38	47.19	46.26	43.79	44.96	45.06	43.93	43.64
丹麦	41.83	40.67	40.13	39.74	40.58	40.48	40.51	38.73	38.20	35.91	38.32	38.66	38.92	38.62
加拿大	43.62	43.40	43.18	43.82	44.23	44.73	44.06	44.08	44.87	42.06	43.75	44.45	43.75	43.64
匈牙利	48.20	48.43	48.39	46.88	47.10	46.92	47.87	46.73	46.87	46.93	47.36	47.93	47.25	47.88
冰岛	36.45	39.23	38.44	36.53	36.62	34.22	31.33	32.89	38.19	46.19	44.90	43.21	41.10	40.22
以色列	42.16	40.43	41.49	43.01	43.97	44.10	44.07	43.58	43.69	46.36	46.10	45.83	47.13	—
卢森堡	48.28	44.54	43.84	44.41	44.16	44.88	46.93	45.83	44.84	41.17	44.13	45.45	44.92	43.36
韩国	53.84	53.15	53.17	52.24	52.46	51.19	50.52	50.74	50.85	51.47	52.60	52.29	51.52	—

参考文献

中文文献：

白重恩：《改善恶化的投资效率》,《资本市场》2013 年第 1 期。

陈立泰、叶长华、林川：《农业资本利润变动趋势及其成因的实证研究》,《产业经济研究》,2010 年第 2 期。

白重恩、钱震杰：《国民收入的要素分配：统计数据背后的故事》,《经济研究》2009 年第 3 期。

白重恩、钱震杰：《劳动收入份额决定因素：来自中国省际面板数据的证据》,《世界经济》2010 年第 12 期。

白重恩等：《中国的资本回报率》,《比较》2007 年第 28 期。

包旭：《我国金融市场化与资本回报率关系的实证研究》,《中国城市经济》2011 年第 6 期。

曹静：《对卡尔多程式化事实的重新解释》,《政治经济学评论》2006 年第 1 辑。

曹跃群、刘冀娜：《我国服务业资本存量地区差异及其成因——基于空间经济学的实证分析》,《数量经济技术经济研究》2008 年第 11 期。

曹跃群、张祖妞、郭春丽：《服务业资本利润变动趋势及成因》,《产业经济研究》2009 年第 5 期。

蔡昉：《中国经济转型 30 年》,社会科学文献出版社 2009 年版。

CCER"中国经济观察"研究组：《我国资本回报率估测（1978—2006）——新一轮投资增长和经济景气微观基础》,《经济学》（季刊）2007 年第 3 期。

陈昌兵：《可变折旧率估计及资本存量测算》,《经济研究》2014 年第 12 期。

陈立泰、叶长华、林川：《农业资本利润变动趋势及其成因的实质研究》，《产业经济研究》，2010 年第 2 期。

成九雁、秦建华：《计量经济学在中国发展的轨迹——对〈经济研究〉1979—2004 年刊载论文的统计分析》，《经济研究》2005 年第 4 期。

［英］李嘉图：《政治经济学及赋税原理》，周洁译，华夏出版社 2005 年版。

樊纲、姚枝仲：《中国财产性生产要素总量和结构的分析》，《经济研究》2002 年第 11 期。

樊瑛、袁强、方富康：《中国经济增长中资本—产出比分析》，《北京师范大学学报》（自然科学版）1998 年第 1 期。

费方域：《转型的中国经济与中国宏观经济学研究的转型》，上海交通大学经济与金融系演讲稿，2005 年。

葛新元、陈清华、袁强、方福康：《中国六部门资本产出比分析》，《北京师范大学学报》（自然科学版）2000 年第 2 期。

龚六堂、谢丹阳：《我国省份之间的要素流动和边际生产率的差异分析》，《经济研究》2004 年第 1 期。

古明明、张勇：《中国资本存量的再估算和分解》，《经济理论与经济管理》2012 年第 12 期。

郭庆旺、贾俊雪：《中国潜在产出与产出缺口的估算》，《经济研究》2004 年第 5 期。

国家统计局：《中国国民经济核算体系 2002》，中国统计出版社 2003 年版。

国家统计局：《中国经济普查年鉴》，中国统计出版社 2006 年版。

国家统计局国民经济核算司：《中国国内生产总值核算历史资料：1996—2002》，中国统计出版社 2004 年版。

国家统计局国民经济核算司：《中国国民经济核算》，中国国家统计出版社 2004 年版。

国家统计局国民经济核算司：《年度 GDP 核算方案（试行）》，国家统计局核算司内部资料，2006 年。

国家统计局国民经济核算司：《中国国内生产总值核算历史资料：1952—2004》，中国统计出版社 2007 年版。

国家统计局国民经济核算司：《中国经济普查年度国内生产总值核算方法》，中国统计出版社 2007 年版。

李清华：《中国劳动收入份额的国际比较研究》，《当代财经》2013 年第 3 期。

国家统计局国民经济核算司：《中国非经济普查年度国内生产总值核算方法》，中国统计出版社 2008 年版。

贺菊煌：《我国资产的估算》，《数量经济技术经济研究》1992 年第 8 期。

黄梅波、吕朝凤：《中国潜在产出的估计与"自然率假说"的检验》，《数量经济技术经济研究》2010 年第 7 期。

黄赜琳：《中国经济周期特征与财政政策效应——一个基于三部门 RBC 模型的实证分析》，《经济研究》2005 年第 6 期。

黄伟力：《中国资本利润率的变动趋势及其影响因素》，《山西财经大学学报》2007 年第 8 期。

黄勇峰、任若恩、刘晓生：《中国制造业资本存量永续盘存法估计》，《经济学》（季刊）2002 年第 1 期。

黄先海、徐圣：《中国劳动收入比重下降成因分析——基于劳动节约型技术进步的视角》，《经济研究》2009 年第 7 期。

黄志钢、刘霞辉：《"新常态"下中国经济增长的路径选择》，《经济学动态》2015 年第 9 期。

黄志钢、刘霞辉：《中国经济中长期增长的趋势与前景》，《经济学动态》2014 年第 8 期。

胡永刚、刘方：《劳动调整成本、流动性约束与中国经济波动》，《经济研究》2007 年第 10 期。

胡永泰：《中国全要素生产率：来自农业部门劳动力再配置的首要作用》，《经济研究》1998 年第 3 期。

蒋云赟、任若恩：《中国工业的资本收益率测算》，《经济学》（季刊）2004 年第 3 期．

［美］库兹涅茨：《现代经济增长》，北京经济学院出版社 1989 年版。

［美］库兹涅茨：《各国的经济增长——总产值和生产结构》，施炜等译，商务印书馆 1985 年版。

雷辉:《我国资本存量测算及投资效率的研究》,《经济学家》2009年第6期。

李稻葵、刘霖林、王红岭:《GDP中劳动份额演变的U型规律》,《经济研究》2009年第1期。

李宾:《我国资本存量估算的比较分析》,《数量经济技术经济研究》2011年第12期。

李扬、殷剑峰:《劳动力转移过程中的高储蓄、高投资和中国经济增长》,《经济研究》2005年第2期。

李扬、殷剑峰:《中国高储蓄率问题探究——1992—2003年中国资金流量表的分析》,《经济研究》2007年第6期。

李谷成、范丽霞、冯中朝:《资本积累、制度变迁及农业增长——对1978—2011年中国农业增长及资本存量的估计》,《管理世界》2014年第5期。

李宏瑾:《经济增长、经济自由与不良贷款》,博士学位论文,中国人民大学,2008年。

李清华:《中国劳动收入份额的国际比较研究》,《当代财经》2013年第3期。

李未无:《劳动密集型行业出口竞争力研究——基于行业实际汇率视角》,《国际经贸探索》2009年第1期。

李治国、唐国兴:《资本形成路径与资本存量调整模型——基于中国转型时期的分析》,《经济研究》2003年第2期。

林仁文、杨熠:《中国的资本存量与投资效率》,《数量经济技术经济研究》2013年第9期。

林民书、张志民:《投资低效与经济增长:对中国资本存量和无效投资的估算》,《河南社会科学》2008年第5期。

林诗博、王如渊:《我国资本产出比上升趋势的原因分析:1979—2007》,《重庆工商大学学报》(社会科学版)2006年第3期。

刘盾、施祖麟、袁伦渠:《利润拉动还是工资拉动?——对劳动收入份额影响经济增长的理论探讨与实证研究》,《南开经济研究》2014年第2期。

刘宇春、景维民:《中国转型期投资效率下降的所有制结构解析》,

《南开经济研究》2011 年第 1 期。

刘霞辉:《论中国经济的长期增长》,《经济研究》2003 年第 5 期。

刘霞辉:《中国经济转型的路径分析》,《北京工商大学学报》(社会科学版)2016 年第 1 期。

刘树成:《经济周期与宏观调控》,社会科学文献出版社 2005 年版。

刘树成:《中国经济周期研究报告》,社会科学文献出版社 2006 年版。

刘红梅、王克强:《我国工业企业资金利润率的影响因素理论与实证研究》,《中国软科学》2000 年第 7 期。

刘遵义:《东亚经济增长的源泉与展望》,《数量经济技术经济研究》1997 年第 10 期。

吕光明:《中国劳动收入份额的测算研究:1993—2008》,《统计研究》2011 年第 12 期。

麦迪森:《世界经济二百年回顾》,改革出版社 1992 年版。

[美]迈克尔·波特:《国家竞争优势》,中信出版社 2007 年版。

罗朝晖:《利润率平均化问题探讨》,《消费导刊》2007 年第 13 期。

罗长远:《卡尔多"特征事实"在思考:对劳动收入占比的分析》,《世界经济》2008 年第 1 期。

庞明川:《中国的投资效率与过度投资问题研究》,《财经问题研究》2007 年第 7 期。

秦朵、宋海岩:《改革中的过度投资需求和效率损失——中国分省固定资产投资案例分析》,《经济学》(季刊)2003 年第 3 期。

任若恩:《关于中国制造业国际竞争力的进一步研究》,《经济研究》1998 年第 2 期。

任若恩、刘晓生:《关于中国资本存量估计的一些问题》,《数量经济技术经济研究》1997 年第 1 期。

单豪杰:《中国资本存量 K 的再估算:1952—2006》,《数量经济研究》2008 年第 10 期。

单豪杰、师博:《中国工业部门的资本回报率:1978—2006》,《产业经济研究》2008 年第 6 期。

沈坤荣、孙文杰:《投资效率、资本形成与宏观经济波动——基于金融发展视角的实证研究》,《中国社会科学》2004 年第 6 期。

施正一、鲁筱玲：《马克思的经济学说》，时事出版社 1990 年版。

舒元、徐现祥：《中国经济增长模型的设定：1952—1998》，《经济研究》2002 年第 11 期。

宋海岩、刘淄楠、蒋萍、吴桂英：《改革时期中国总投资决定因素的分析》，《世界经济文汇》2003 年第 1 期。

宋国青：《从货币产出比与资本产出比看中国投资与货币政策》，《中国市场》2013 年第 19 期。

孙琳琳、任若恩：《中国资本投入和全要素生产率的估算》，《世界经济》2005 年第 12 期。

孙琳琳、任若恩：《转轨时期我国行业层面资本积累的研究——资本存量和资本流量的测算》，《经济学》（季刊）2014 年第 3 期。

孙慧文：《我国劳动收入份额持续下降的制度解释》，《经济问题探索》2011 年第 3 期。

孙文凯等：《资本回报率对投资率的影响：中美日对比研究》，《世界经济》2010 年第 6 期。

唐要家：《中国工业产业绩效影响因素的实证分析中国经济问题》，《中国经济问题》2004 年第 4 期，第 28—36 页。

汤向俊：《资本深化、人力资本积累与中国经济持续增长》，《世界经济》2006 年第 8 期。

田成诗、盖美：《地区劳动生产率与其经济增长关系的分析》，《生产力研究》2007 年第 8 期。

[美] W. W. 罗斯托：《经济增长的阶段》，郭熙保、王构茂译，中国社会科学出版社 2001 年版，第 4—13 页。

王小鲁、樊纲：《中国经济增长的可持续性——跨世纪的回顾与展望》，经济科学出版社 2000 年版。

王小鲁：《中国经济增长的可持续性与制度变革》，《经济研究》2000 年第 7 期。

王诚：《从零散化事实到典型化事实再到规律发现》，《经济研究》2007 年第 3 期。

王诚：《中国经济运行与宏观调控及其理论发展》，《开放导报》2007 年第 5 期。

汪伟、郭新强、艾春荣:《融资约束、劳动收入份额下降与中国低消费》,《经济研究》2013年第11期。

魏下海、董志强、赵秋运:《人口年龄结构变化与劳动收入份额:理论与经验研究》,《南开经济研究》2012年第2期。

吴清峰、唐朱昌:《投资信息缺失下资本存量K估计的两种新方法》,《数量经济技术经济研究》2014年第9期。

吴进红、张为付:《劳动生产率不同计算方法的现实意义》,《生产力研究》2003年第4期。

伍山林:《劳动收入份额决定机制:一个微观模型》,《经济研究》2011年第9期。

辛清泉、林斌等:《中国资本投资回报率的估算和影响因素分析》,《经济学》(季刊)2007年第4期。

徐长生、庄佳强:《结构变迁与经济增长关系研究新进展》,《经济学动态》2009年第4期。

许宪春:《我国GDP核算与现行SNA的GDP核算之间的若干差异》,《经济研究》2001年第11期。

肖红叶、郝枫:《中国收入初次分配结构及其国际比较研究》,《财贸经济》2009年第2期。

亚当·斯密:《国富论》,唐日松等译,华夏出版社2008年版。

杨佐平、沐年国:《ICOR:固定资产投资效率与经济增长方式研究》,《经济问题探索》2011年第9期。

杨建芳、龚六堂、张庆华:《人力资本形成及其对经济增长的影响——一个包含教育和健康投入的内生增长模型及其检验》,《管理世界》2006年第5期。

余长林:《人力资本投资结构与经济增长——基于包含教育资本、健康资本的内生增长模型理论研究》,《财经研究》2006年第10期。

[英]约翰·穆勒:《政治经济学原理及其在社会哲学上的若干应用》,胡企林、朱泱、赵荣潜等译,商务印书馆2009年版。

张锋:《后增量改革时代我国资本产出比的变化分析》,《创新》2011年第3期。

张平、刘霞辉:《中国经济增长前沿》,社会科学文献出版社2007

年版。

张平:《经济增长波动与动力转变》,《现代经济探讨》2005 年第 10 期。

张帆:《中国的物质资本和人力资本估算》,《经济研究》2000 年第 8 期。

张峥、孟晓静、刘力:《A 股上市公司的综合资本成本与投资回报——从内部报酬率的视角观察》,《经济研究》2004 年第 8 期。

周明海、肖文、姚先国:《中国劳动收入份额的下降:度量与解释的研究进展》,《世界经济文汇》2010 年第 6 期。

赵秋运、魏下海、张建武:《国际贸易、工资刚性和劳动收入份额》,《南开经济研究》2012 年第 4 期。

张军:《资本形成、投资效率与中国的经济增长——实证研究》,清华大学出版社 2005 年版。

张军:《资本深化、工业化与经济增长:中国的转轨特征》,《经济研究》2002 年第 6 期。

张军、章元:《对中国资本存量 K 的再估计》,《经济研究》2003 年第 7 期。

张金昌:《中国的劳动生产率:是高还是低?——兼论劳动生产率的计算方法》,《中国工业经济》2002 年第 4 期。

张烨卿:《资本形成、内生技术与中国经济持续增长——基于资本产出比视角的实证研究》,《经济科学》2006 年第 6 期。

郑志国:《析利润率平均化与非平均化趋势》,《经济学家》2001 年第 2 期。

英文文献:

Abel, Andrew B., N. G. Mankiw, L. H. Summers and R. J. Zechhauser, "Assessing Dynamic Efficiency: Theory and Evidence", *Review of Economic Studies*, Vol. 56, No. 185, 1989, pp. 1 – 19.

Acemoglu, Daron, "Labor – and Capital – Augmenting Technical Change", *Journal of the European Economic Association*, Vol. 1, No. 1, 2002, pp. 1 – 37.

Acemoglu, Daron, Simon Johnson and James A. Robinson, "The Colonial

Origins of Comparative Development: An Empirical Investigation", *American Economic Review*, Vol. 91, 2001, pp. 1369 – 1401.

Aghion, Philippe and Peter Howtt, *Endogenous Growth Theory*, MIT Press, 1998.

Aghion, Philippe, Nicholas Bloom, Richard Blundell, Rachel Griffith and Peter Howitt, "Competition and Innovation: An Inverted U Relationship", *National Bureau of Economic Research*, Working Paper 9269, 2004.

Ainslie, George W., *Picoeconomics*, Cambridge: Cambridge University Press.

Bai Chong – En, Hsieh Chang – Tai and Qian Ying – Yi, "The Return to Capital in China", *Brooking Papers on Economic Activity*, 2006, pp. 61 – 88.

Barrett, David B., *World Christian Encyclopedia*, Oxford: Oxford University Press, 1982.

Barro, Robert J., *Macroeconomics*, Cambridge, MA: MIT Press, 1997.

Barro, Robert J., *Macroeonomics*, New York: Wiley, 1984.

Barro, R. J. and X. Sala – I – Martin, *Economic Growth*, New York: McGraw – Hill Inc., 1995.

Baumol, W., P. Heim, B. Malkiel and R. Quandt, "Earnings Retention, New Capital and the Growth of the Firm", *Review of Economics and Statistics*, Vol. 52, No. 4, pp. 345 – 355.

Becker, Gary S., "A Theory of the Allocation of Time", *Economic Journal*, Vol. 75, No. 299, 1965.

Bernanke, B. S. and R. S. Curkaynak, Is *Growth Exogenous Taking Mankiw Romer an Weil Seriously*, NBER Working Paper, No. 8365, 2001.

Blanchard, Olivier and Stanley Fischer, *Lectures on Macroeconomics*, Cambridge, MA: MIT Press.

Blanchard, Olivier, "Debt, Deficits, and Finite Horizons", *Journal of Political Economy*, Vol. 93, No. 2, 1985, pp. 223 – 247.

Brealey, R., S. Hodges and D. Capron, "The Return on Alternative Sources of Finance", *Review of Economics and Statistics*, Vol. 58, No. 4, 1976, pp. 469 – 477.

Caballe, J. and M. S. Santos, "On Endogenous Growth with Productivity and Human Capital", *Journal of Poltical Economy*, Vol. 101, No. 6, 1993, pp. 1042 – 1067.

Charles I. Jones and Paul M. Romer, *The New Kaldor Facts: Ideas, Institutions, Population and Human Capital*, Working Paper 15094, 2009.

Chong – En Bai, Jiang – yong Lu, Zhigang Tao, *The Multitask Theory of State Enterprise Reform: Empirical Evidence from China*, AEA Papers and Proceedings, Vol. 5, 2006.

Fama, E. F. and K. French, "The Corporate Cost of Capital and the Return on Corporate Investment", *Journal of Finance*, Vol. 54, No. 6, 1999, pp. 1939 – 1967.

Feldstein, M, "Social Security and Sawing: New Time Series Evidence", *National Tax Journal*, Vol. 49, No. 2, 1996, pp. 151 – 164.

Feldstein, M. and L. Summers, "Is the Rate of Profit Falling?", *Brooking Papers in Economic Activity*, No. 1, 1977, pp. 211 – 227.

Friend, I. and F. Husic, "Efficiency of Corporate Investment", *Review of Economics and Statistics*, Vol. 55, No. 1, 1973, pp. 122 – 127.

Goldsmith, W. Raymond, "A Perpetual Inventory of National Wealth", *NBER Studies in Income and Wealth*, New York: National Bureau of Economic, 1951.

Gollin, D., "Getting Income Shares Right", *Journal of Political Economy*, Vol. 110, No. 2, 2001, pp. 458 – 474.

Gomme, P. and P. C. Rupert, *Measuring Labor's Share of Income*, Federal Reserve Bank of Cleveland, 2004.

Gordon, Robert J., "Has the New Economy Rendered the Productivity Slowdown Obsolete?", *Manuscript Northwestern University*, Vol. 12, No. 6, 1999.

Hak K. Pyo, "A Test of the Convergence Hypothesis by Rates of Return to Capital: Evidence form OECD Countries", *CERJE*, No. 6, 1999.

Hall, Robert E. and Charles I. Jones, *Why Do Some Countries Produce So Much Output per Worker than Others?*, NBER Working Papers 6564, 1999.

Hoffman B, Kuijs L., "Profits Drive China's Boom", *Far Eastern Economic Review*, Vol. 169, 2006.

Hulten C. R. and F. C. Wykoff, "The Estimation of Economic Depreciation Using Vintage Asset Prices: An Application of the Box – Cox Power Transformation", *Journal of Econometrics*, Vol. 15, No. 3, 1981b, pp. 367 – 396.

Hulten, C. R. and F. C. Wykoff, "Economic Depreciation and the Taxation of Structures in the United States Manufacturing Industries: An Empirical Analysis", in D. Usher, ed., *The Measurement of Capital*, Chicago: University of Chicago Press, 1981a, pp. 83 – 120.

James M. Poterba, *The Rate of Return to Corporate Capital and Factor Shares: New Estimates using Revised National Income Accounts and Capital Stock Data*, NBER Working Paper, No. 6263, 1977.

Johnson, D. Gale, "The Functional Distribution of Income in the United States, 1850 – 1952", *The Review of Economics and Statistics*, Vol. 36, No. 2, 1954, pp. 175 – 182.

Jorgenson, D. W. and Z. Griliches, "The Explanation of Productivity Change", *Review of Economic Studies*, Vol. 34, No. 3, 1967, pp. 249 – 283.

Jorgenson, D. W., "Information Technology and the U. S. Economy", *American Economic Review*, Vol. 91, No. 1, 2001.

Kaldor, N., "Capital Accumulation and Economic Growth", in Friedrich A. Lutz and Douglas C. Hague, eds., *The Theory of Capital: Proceedings of a Conference Held by the International Economics Association*, New York: St. Martub's Press, 1963.

Kaldor, N., "Alternative Theories of Distribution", *The Review of Economic Studies*, Vol. 23, No. 1, 1955, pp. 83 – 100.

Kehoe, Timothy J., *Notes on Calibrating the Growth Model*, 2005, fall, www. econ. umn. edu/ – tkehoe classes calibration – 04. pdf.

Krugman, Paul, "The Myth of Asia's Miracle", *Foreign Affairs*, Vol. 73, No. 6, 1994, pp. 62 – 78.

Licandro Omar, Javier Ruiz – Castillo and Jorge Duran, "The Measurement of Growth under Embodied Technical Change", *European University Institute*, *Working Paper*, 2001, pp. 2 – 17.

Lucas, Robert Jr., "On the Mechanics of Economic Development", *Journal of Monetary Economics*, Vol. 22, No. 1, 1988, pp. 3 – 42.

H. Michael Mann, "Seller Concentration, Barriers to Entry, and Rates of Return in Thirty Industries, 1950 – 1960", *The Review of Economics and Statistics*, Vol. 48, No. 3, 1966, pp. 296 – 307.

Martin Feldstein and James M. Poterba, *State and Local taxes and Rate of Return on Nonfinancial Corporate Capital*, NBER Working Paper, No. 508R, 1980.

Martin Wolf, *Why Beijing should dip into China's corporate piggy Band*, http://www.ftchinese.com/story/001007210/ce. 2006.

McFetridge, D., "The Efficiency Implications of Earnings Retentions", *Review of Economics and Statistics*, Vol. 62, No. 2, 1978, pp. 218 – 224.

Moszkowska, N., *Das Marxsche System*, Berlin: H. R. Engelmann, 1929.

Mueller, D. and E. Reardon, "Rates of Return on Corporate Investment", *Southern Economic Journal*, Vol. 60, No. 2, 1993, pp. 430 – 453.

Mulligan, C. and X. Sala – I – Martin, "Transitional Dynamics in Two – Sector Models of Endogenous Growth", *Quarterly Journal of Economics*, Vol. 108, No. 3, 1993, pp. 739 – 773.

Nehru, V. and Dhareshwar, A., "A New Database on Physical Capital Stock: Sources, Methodology and Results", *Rev. Anal. Econ.*, 1993, pp. 37 – 59.

Okishio, N., "Technical Changes and the Rate of Profit", *Kobe University Economic Review*, Vol. 7, 1961, pp. 85 – 99.

Rebelo, S., "Long – Run Policy Analysis and Long – Run Growth", *Journal of Political Economy*, Vol. 99, No. 3, 1991, pp. 500 – 521.

Robert M. Solow, "A Contribution to the Theory of Economic Growth", *Quarterly Journal of Economics*, Vol. 70, No. 1, 1956, pp. 65 – 94.

Roemer, J. E., "Continuing Controversy on the Falling Rate of Profit: Fixed Capital and Other Issues", *Cambridge Journal of Economics*,

Vol. 3, 1979, pp. 379 – 398.

Romer, P. M., "Endogenous Technological Change", *Journal of Political Economy*, Vol. 98, 1990, pp. 71 – 103.

Romer, P. M., "Increasing Returns and Long – Run Growth", *Journal of Political Economy*, Vol. 96, 1986, p. 1002.

Shan W., "China's Boom", *Far Eastern Economic Review*, 2006.

Shibata, H., "Cordierite Pegmatites in Kai – doshimura", *J. Geol. Sco.*, Japan, 1934.

Solow, Robert M., "A Contribution to the Theory of Economic Growth", *Quarterly Journal of Economics*, Vol. 70, No. 1, 1956, pp. 65 – 94.

Song Z., K. Storesletten., and F. Zilibotti, "Growing Like China", *American Economic Review*, Vol. 101, 2011, pp. 196 – 233.

Swan, Trevor W., "Economic Growth and Capital Accumulation", *Economic Record*, Vol. 32, NO. 2, 1956, pp. 334 – 361.

Thomas R. Michl, "Wage – Profit Curves in U. S. Manufacturing", *Cambridge Journal of Economics*, Vol. 15, No. 3, 1991, pp. 271 – 287.

Von Neumann, "A Model of General Equilibrium", *Review of Economic Studies*, Vol. 222, 1937, p. 1945.

Wang, Y. X. and Y. Wu, "The Estimation of China Capital Stock of China State – Owned Economy", *Statistical Research*, 2003, pp. 40 – 45.

Whittington, G., "The Profitability of Retained Earnings", *The Review of Economics and Statistics*, Vol. 54, No. 1, 1972, pp. 152 – 160.

Young, Alwyn, *Gold into Base Metals: Productivity Growth in the People's Republic of China during the Reform Period*, NBER Working Paper, No. 7856, 2000.

Young, A., *Lessons from the East Asian NICS: A Contrarian View*, NBER Working Paper, No. 4482, 1994.

后　记

　　历时近一年三个月，终于完成博士毕业论文。将所有的数据和文字一一订正后，在这里写下第一行字，却突然不知从何下笔，不知如何描述这20多年求学历程的所有艰辛，不知如何用文字表达对那些在背后看着我、支撑着我一路走下来的人们的由衷感谢，不知应该使用怎样的语句才能完满地给这篇论文画上一个不华丽但足够让我心安的句号。感恩，是的。那些在我生命里给予我关爱的人们，一个个，我慢慢写。

　　感谢我的父亲和母亲。从咿呀学语到青葱少年，从十八岁成年到三十而立，从记事起面对铺天盖地数字游戏的兴奋紧张，到中学考试结束后害怕回家的忐忑不安……这些荏苒的时光里，都有着父亲和母亲模糊但深刻的剪影。求学路途漫长而又花费颇高，感谢父亲30年辛勤的工作，让我顺利地读完中学、大学，拿到博士学位。如果没有那些背后的支持，我无论如何都无法实现今天的优秀。谢谢您的严格，让一个顽皮捣蛋的孩子经历了那么多的三岔路口来到今天这一刻。求学路途艰辛而又挫折颇多，感谢母亲在我生命路途上遭遇或大或小的变故时不断的鼓励和抚慰，让我一直都有勇气面对那些已经过去的或即将到来的苦难。谢谢您的温柔，让我从出生起就感受到这个世界的暖意。谢谢你们，让我成长，让我不断看清自己的人生路。

　　感谢我的博士生导师。从第一次参加中国社会科学院研究生院博士入学考试的复试，您就开始出现在我的人生里。第二次报考、入学、选课、论文开题、论文撰写直到今天完成，感谢刘霞辉老师一直以来的严格要求和谆谆教诲，让我不断地更新和完善自己，让我可以顺利地完成博士毕业论文乃至完成学业。谢谢您在我骄傲时给予的叮咛，在我自卑时给予的鼓励，谢谢您三年来的用心良苦，让我感受到一个经济学者对年轻学子的关爱和厚望。从博士学位论文开题那一刻起,每一次遇到无法解决的困难,您都赋予我继续等下去的信心和勇气,从对整篇论文逻辑框架的修正,到数据的搜集、整理和处理,从在电脑上敲下第一个字,到今天完成全篇来到后记,我取得的成绩无一不饱含着您在背后的帮助和支持。谢谢您,让我一脚跨进经济学这一宽阔而又自由的领域;谢谢您,让我有机会完成博士研究生学业;谢谢您,让我,不断修正自己的人生路。

感谢我的师门兄弟姐妹。谢谢孙金山师弟在上海财经大学培训时的鼓励和陪伴,谢谢刘潋师弟在我遇到困难时的鼓励,谢谢陆明涛师兄在这三年里对我学习和工作的大力支持。有你们在,师门就在;有你们在,我就安心。谢谢你们,让我不断完善自己的人生路。

感谢我的同学们。感谢李芳芳同学从博士入学起每一次上课、下课,每一次返所、回校的陪伴,感谢辛超同学让我对经济学有了第一次深刻的认知,感谢包晓光同学这三年来的帮助和关爱,感谢许英杰班长和刘子飞同学在班级活动中对我缺点的包容。谢谢你们,在攻读博士学位的三年里给予我的关心和支持,让我回想起过去时都会由衷庆幸你们的出现,让我感受到温暖。谢谢你们,让我成长,不断审视自己的人生路。

感谢那些在我生命里不断出现又消失的人们,你们让我感受到温暖,让我有能力继续善良,继续对这个世界温柔相待。